本书得到电子科技大学马克思主义理论学科建设经费支持

王丽鸽 著

网络空间下人的生存与发展研究

中国社会科学出版社

图书在版编目（CIP）数据

网络空间下人的生存与发展研究／王丽鸽著．—北京：中国社会科学出版社，2020.2

ISBN 978－7－5203－5945－0

Ⅰ．①网…　Ⅱ．①王…　Ⅲ．①人学—研究　Ⅳ．①B038

中国版本图书馆CIP数据核字(2020)第017513号

出版人　赵剑英
责任编辑　孔继萍
责任校对　赵雪姣
责任印制　郝美娜

出　　版　中国社会科学出版社
社　　址　北京鼓楼西大街甲158号
邮　　编　100720
网　　址　http://www.csspw.cn
发行部　010－84083685
门市部　010－84029450
经　　销　新华书店及其他书店

印　　刷　北京君升印刷有限公司
装　　订　廊坊市广阳区广增装订厂
版　　次　2020年2月第1版
印　　次　2020年2月第1次印刷

开　　本　710×1000　1/16
印　　张　15
插　　页　2
字　　数　237千字
定　　价　88.00元

目　　录

导　　论

人类社会的文明史与技术史具有天然的同构性，技术变革与人类发展密不可分，技术以一种根本而广泛的力量形塑了人类的生存图景，推动着现代文明的演进。目前，网络信息技术俨然成为人类发展和社会进步的强大引擎，发挥着一种普遍的、强势的杠杆作用，不断变革着人类的生存方式、发展方向，也进一步规约了人类的未来生活，可以说，一个彰显了强大信息文明的生活时代已经来临。现代信息技术的历史意义，不仅体现在强大的技术价值，更表现在对人类生存和发展的深远影响。网络信息技术的设计初衷和程序逻辑，深刻地影响和改变了人类传统的生存实践方式，改变了人类的生存基础、思维方式以及发展方向。人类社会的现代化进程，随着现代信息科学技术的日益发展不断向纵深延展，人的发展问题再度成为时代发展所亟待攻克的命题。伴随现代信息技术的深入发展，以关怀人的生存与发展为旨归的马克思主义人学成为研究前沿。“马克思主义人学视野中思想政治教育的本原目的是促进人在社会中的生存和发展”[①]，这势必要求我们的理论工作要时刻与客观现实相结合，只有客观认识新技术革命助推下的社会变迁，才能把握人在社会中的生存规律和发展趋势，这是确保新时期思想政治教育工作目的顺利实现的前提。

一　选题缘由：解读网络空间的时代意义

美国未来学家泰普思科表示，“今日的网络，不仅结合了科技，更连

① 张耀灿、曹清燕：《思想政治教育目的的人学思考》，《广西教育学院学报》2008 年第 2 期。

接了人类、组织及社会"[①]。从技术层面讲，连接是互联网的设计初衷，也正因如此，"连接一切"构成了互联网的基本属性。网络信息时代，技术连接的背后，或者说网络互联的实质是人与人之间的普遍互联，这种"互联"并非简单、机械的技术连接，而是一个蕴含了丰富的主体需求、人际关系和文化气息的复杂系统。在网络空间下，人们的思维方式和行为方式得到了重组，人们的生存空间和发展活力得到了释放，人们的精神需求和情感需求得到了满足。在网络虚拟实践过程中，我们既要大胆肯定并享受科技文明的革命性成果，也要理性分析和对待现代技术发展过程中的异化现象，正视网络虚拟空间与实然物理世界的分化与融合，积极营建网络良好生态以促进人的自由全面发展。

根据中国互联网络信息中心（CNNIC）发布第 43 次《中国互联网络发展状况统计报告》显示，截至 2019 年 2 月，中国网民规模达 8.29 亿人，互联网普及率达到 59.6%。[②] 数据显示，互联网络正在以极其强劲的势头与人们的生产、生活发生关联。网络技术的迅猛发展，不仅表现在持续增高并以过半的普及率上，其关涉领域更是遍及了人类社会生活的方方面面，网络化、信息化、虚拟化的发展态势已经促成了人类社会前进的新方向。"网络作为认识技术化和思维工具化的成果，它再次深刻而又凝聚地显现了理性视野下的人的全部问题。"[③] 网络时代的到来，对人的生存和发展产生了深远而广泛的影响。网络信息技术不仅变革了个体认识世界、改变世界的具体方式，而且也重构了人类社会生活的整体格局。网络空间是一种新型的数字化社会文化生活空间，既实现了对现实世界的技术性延展，也成功超越了现实社会的时空限制。在信息时代，实践主体因由技术的进步而获得了全新的验证方式和实现形式，获得了虚拟与现实截然不同的生存体验和发展空间。

然而，网络空间作为一个全新的实践场域，时刻处于不断形成和持续发展的状态，无论是网络空间的技术逻辑，还是网络空间的生存秩序，

---

① ［美］泰普思科：《泰普思科预言：二十一世纪人类生活新模式》，卓秀娟、陈佳伶译，时事出版社 1998 年版，第 162—163 页。

② 参见第 43 次《中国互联网络发展状况统计报告》，中国互联网络信息中心（CNNIC）2019 年 2 月 28 日。

③ 唐少杰：《网络问题的哲学断想》，《学海》2000 年第 6 期。

都尚在建立之中。尤其是网络空间与现实世界之间的关系，更是有待实践的表征与验证。网络虚拟空间与实然物理世界，既紧密相连又相对独立，二者之间的分化与融合，使得人的生存问题面临多重境遇，这也必然会引发人的发展目标和行为方式的改变。事实证明，实践中的问题远比理论问题更为复杂、更为集中。在网络信息时代，如何正确认识现实社会与虚拟社会之间的内在关联，如何有效转换人的双重生存空间的虚实境遇，将直接决定着人的全面自由发展的现实走向和客观命运。这必将是一个在开拓中求索的过程，它不仅需要理论的创新，而且要具备开拓的实践精神，从而更好地解答人类自我解放与发展的时代命题。毛泽东曾在《实践论》一文中精辟地阐述了无产阶级和革命人民改造世界的任务。我们要切实做到，“改造客观世界，也改造自己的主观世界——改造自己的认识能力，改造主观世界同客观世界的关系”①。在人类历史发展的进程中，无论是人类的实践任务还是社会的发展目标，总是面临着机遇与挑战并存的时代课题，理论和实践正是在与时代变革的共振中促进了人类解放和自我超越。网络信息技术在当代的发展，不仅变革了客观世界，也在以特定的方式形塑着人们的主观世界，技术的进步再一次将人类实践推向了深入。为此，以提高人们改造客观世界和主观世界的能力为目的的思想政治教育活动，也应给予网络空间以时代性的回应。只有积极果敢地迎接时代的挑战和实践的考验，才能永葆理论的先进性和科学性，才能以正确的理论教育人们、指导行动，这是实现思想政治教育创新发展的必然要求。信息时代的来临，网络信息技术既为思想政治教育工作提供了现代化的媒介和平台，也为思想政治教育理论的创新开辟了广阔的天地。这就要求我们不能片面地发挥网络技术的工具价值，更要全面探索人在网络空间下的生存发展规律，充分肯定网络空间的社会价值。全面了解网络时代下人的交往、实践与精神生活实况，深入考究网络空间下人的思维模式与行为方式，客观分析网络社会中人的生存危机和发展困境，从而更好地遵循两个社会、两个世界之间的生存逻辑，以呈现人类更为科学全面的生存样态，这一诉求是本研究的选题初衷。

---

① 《毛泽东选集》第1卷，人民出版社1991年版，第296页。

二 研究价值：关注网络空间的人学关怀

网络空间是人们基于互联网络，以信息技术设施为基础、以数字技术逻辑为规则所建构的实践产物。网络空间不仅为人的发展提供了先进的数字信息传输手段和交往平台，更为重要的是为人的发展提供了独特的社会人文生活场域。因此，关注网络空间下人的生存与发展问题，探索人在网络空间下的生存发展规律，既是马克思主义人学理论视域下的基本课题，也是网络信息时代下极为紧迫而重大的社会课题。在网络空间下，人的生存与发展问题日益成为人的现代化研究中的热点和难点。网络信息技术的深入发展和快速普及，网络化的生存方式日益成为大多数现代人的日常生活样态。网络空间已经对接了人们生产、生活、交往、学习等不同的现实领域，彰显了极为强劲而深远的变革性力量，以全新的技术逻辑规约了人类的现代社会文明和未来生活图景。与此同时，我们也不得不承认，由于人们对网络世界的认知能力、改造能力有限，使得人们在网络空间下的生存矛盾和发展困境不断凸显。在网络虚拟实践中，人们不同程度地感受到了现实生存与虚拟生存的冲突、技术理性与价值理性的断裂、公共诉求与信息权利的纷争，以及主体多样化选择与确定感的削弱等矛盾。只有深刻地反思人们在网络空间下的生存状况和发展形态，只有客观阐释人们的虚拟生存现象和发展趋势，只有深入探求规避网络生存风险和克服网络生存矛盾的实践方法，才能真正发挥网络技术对人类生存与发展的进步性意义。

（一）有利于丰富和发展马克思主义人学理论

马克思主义经典理论以全新的实践性思维方式，展现了马克思哲学对人的关注脉络，人的生存发展问题正在哲学层面获得自觉表达，生成了哲学的自我批判、自我超越的辩证思维及精神气质。研究人在网络空间下的生存与发展问题，日益成为马克思主义人学研究的重要组成部分。网络空间作为人机互联、人际互动的衍生物，单纯从技术工具的角度来审视，已不能揭示网络空间以及人在网络空间下生存与发展的实质。马克思主义经典理论对人的关注，既立足于现实生活世界和实践过程，又超越了一般性的生存状况描述，是一种关于人的物化状况所进行的具体而历史的批判，这种批判不仅承载着基于现实又规约现实的人类关怀，而且为网络空间下人的生存发展提供了丰富的理论资源以及科学的理论指导。互联网络对客观世界以及人类社会的深远影响，不能不引起人们对自身生存境遇和发展前景的思索。在网络虚拟实践过程中，无论是人的主体地位还是人的价值实现，无论是人的本质验证还是人的自由发展，都进一步丰富和发展了马克思主义人学的理论内涵。网络空间不仅改变了传统的时空观和交往观，而且深刻地改变了人们的世界观、生存观和发展观，人们的认知形式、思维模式、行为方式都发生了根本性的改变，值得注意的是，这种改变仍在持续，尚无终结的痕迹。

（二）有利于正确解释网络虚拟空间与实然物理世界之间的关系

网络信息技术的迅速发展和日臻完善，为人类的生产生活开启了全新的网络时代，极大地延展了人们生存与发展的时空界域，落成了一个与实然物理世界全然不同的网络空间。至此，人们对自身生存样态及发展方向发起了时代的追问。社会历史条件的变迁，影响着传统哲学的发生基础、思考主题以及话语方式。直面网络空间下人的生存与发展问题，不仅能够促进马克思主义哲学的丰富和发展，而且有助于科学解释网络空间下人的生存现象和发展形态。马克思主义哲学在批判和超越中不断实现了继承性的发展。信息哲学以独立的问题领域，为哲学发展提供新的视角，为信息革命提供系统论证（新的理论）。信息哲学立足于一个与物质世界不同的全新存在领域——信息世界，从根本上改变了人们对世界构成的传统认知，关于事物存在与演化的方式图景给予了全新的认知。无论是网络空间，还是物理世界，信息都真实地表征着物质的间接存在，不同的是，网络空间构成了信息空间传输的主要信息场，甚至可以进一步将网络空间理解成是不同信息场在网络信息技术基础上的空间组合，是一种真实的客观存在。从这个意义上讲，信息哲学为我们正确理解和把握网络空间与实然物理空间之间的关系，以及虚拟与现实之间的关系提供了智力支撑，即网络空间的生存图景不仅是现实世界的间接存在和反映，而且与之相统一，同时又具有独特的运动、发展规律。

（三）有利于探索虚拟实践与人的全面发展之间的关系

网络信息技术为人类的生产生活开拓了新的实践空间，技术革命的变迁直接或间接地引发了人类生存方式和社会结构的转型，人们也因此获得了新的生活经验。网络空间以其独特的技术能力和社会功能改造着人类生存发展实践的基础模式和能力范围，不仅是人类社会的技术性延伸，更是人类开展虚拟实践的物质平台。就实践哲学研究而言，21 世纪以来，虚拟实践成为我国哲学研究的热点，在众多研究成果的基础上形成了比较一致的观点，即将虚拟实践作为人的思维与实践活动的延伸表达，是一种新的实践模式。虽然，关于虚拟实践是否属于实践这一关键性问题至今还没有达成一致，虚拟实践哲学的基础性研究还未完善，在虚拟实践系列问题的基本看法上学者们也莫衷一是，但是虚拟实践仍然成为众多相关学科的生长点和创新点。虚拟实践问题的相关研究更是为人的自由、全面、协调发展给予了新的探讨空间。虚拟实践在运行过程中极大地扩展了人类生存与发展的时空界域，以其特有的技术逻辑重组了人的生存方式与发展模式。将虚拟实践的哲学思考引入网络空间下人的生存发展研究，不但为理解人的空间活动和网络行为开辟了广阔的视角，而且促进了马克思主义哲学在网络时代的丰富和发展，加速了马克思主义哲学新形态的探索与建构。

（四）有利于促进思想政治教育的创新发展

张耀灿指出，“促进人在社会中的生存与发展”是马克思主义人学视野中思想政治教育的本原目的，那么，立足新的历史时期，实现思想政治教育的创新发展，既不能背离其本原目的，也不可脱离现实社会。“思想政治教育的培养目标就是要坚持全面发展观，促进人的自由全面发展。”① 思想政治教育的目的，反映了人的能动性特点和人的发展要求，这既为研究网络空间下人的生存发展提供理论支撑与价值引导，也为这项研究的全面开展提供了精神鼓励和动力来源。技术是人借以实现超越的条件，极大地扩展了人类的生存场域。网络信息时代，技术化的生存方式在现实世界与虚拟世界之间实现了结合和转换，为人类提供了一种前所未有的数字化的网络生存体验。历史与逻辑近乎一致地证明，随着人类认识世界和改造世界能力的不断提高，人的本质力量便会不断得以释放，人类主体意识的日渐觉醒，带有“目的设定”和“价值导向”的

---

① 张耀灿等：《现代思想政治教育学》，人民出版社 2006 年版，第 141 页。

主体性选择，必然会成为科学所考究的对象。在网络空间下追求思想政治教育的创新发展，既是一个深刻的理论命题，也是一个复杂的实践命题。选择网络信息化的发展维度，从广义层面讲，是指与传统选择相对应的人的实践活动，是对人的存在方式的选择；从狭义层面讲，是指生存环境发生改变时，关乎网络化建构与发展的态度、取向及行为的设计。基于思想政治教育发展的双重向度，如何有效完成传统思想政治教育向现代思想政治教育的转变，如何实现现代思想政治教育的进一步完善和深化，网络信息化选择成为现代化视域下思想政治教育发展的应然之举，它不仅是思想政治教育创新发展的内在动力，而且是人类实现自我验证、自我塑造的科学路径。在思想政治教育过程中，按照一定的社会、政治需求及思想政治教育本身的特性而对网络空间的生存资源和网络文化进行有目的的撷取与吸收或排斥与舍弃，便形成了网络空间维度下思想政治教育创新发展的现实选择。

（五）有利于科学把握人在网络空间下的生存发展规律

信息革命的内容，不仅包含信息技术的巨大突破，而且也包含了信息对人类生活面貌和生存方式的变革，使人类的社会生活呈现了全新的表征，人们面临着现实社会与虚拟社会相互融合、相互分化的复杂境遇。在网络空间下，无论是人们所经历的生存阶段、生存关系和生存形态，还是人们所面对的生存矛盾、生存限度以及生存困境，我们都应该给予高度的关注和认真的思考，深入探究其中的缘由，力图在理性认知的基础上获取解决问题的合理路径，积极建构网络信息化时代科学、健康、绿色的生存模式。本书深入分析网络空间下人的生存与发展问题，既有利于人们正确把握网络空间与现实社会的关系，也有利于人们积极开展网络虚拟实践，更有利于提高人们的虚拟认同。在网络虚拟实践过程中，绝大多数网民秉持自由、开放、平等、多元的生存理念，通过网络交往实践不断规约网络社会的行为准则和价值规范，进而形成自由、和谐的网络交流模式和网络社会秩序，这些准则和规范既与现实社会紧密相连，又具有网络社会自身的特殊性。事实证明，探讨网络空间下人的生存与发展问题，有利于人们更好地认识和运用网络社会发展规律；同时，科学把握人在网络空间下的生存发展规律，也将更好地促进人的自由全面发展。在网络空间下，只有遵循规律，才能为人类发展创建正确的理念、持续的动力和科学的进路，才能促使网络社会从无序走向有序，才能实现人类虚实相生、虚实和谐的现代化发展。

（六）有利于深化网络强国战略的实施

党的十八大以来，党和国家高度重视网信事业的发展进步，党的十八届五中全会提出了“实施网络强国战略”。网络信息技术的深化发展和广泛普及是实现网络空间与现实世界完美结合的基本前提，是实现虚拟与现实和谐共生的技术保障，是实现网络资源优化配置的集中体现，这不仅包含网络规模的扩大和网民数量的增加，更要注重从“网络大国”到“网络强国”的理念转换。加快实施网络强国战略，既是提高国家综合竞争力的必由之路，又是实现“两个一百年”奋斗目标的关键之举。加大网信基础设施建设是推进网络强国战略的根本路径，然而，强国战略离不开政治、经济、社会、文化等领域全面发展的坚实基础。“‘互联网+’行动计划的核心是生态计划，要重塑教育生态、创新生态、协作生态、虚拟空间生态、资源配置和价值实现机制、价值分配规制。”① 在网络虚拟实践的过程中，大数据处理方式彰显了新的智慧，现代化信息技术催生了新的生态。面对复杂多元的网络生态空间，立足于人们的生存发展问题，以坚定的信仰为律令，以文明的规约为指南，以先进的技术为保障，才能全面推进网络强国战略的实施。

（七）有利于推进网络命运共同体的创建

理论的价值在于贴近现实、解释现实，当人类的生存空间已经依托技术而覆盖了虚拟与实在两大物理空间，当人类的现实生活已经自由流转于虚拟与现实两个生活世界，此时的理论创新也应然地做出发展性的转变。马克思认为人的真正的共同体“是生活本身，是物质生活和精神生活、人的道德、人的活动、人的享受、人的本质”②，共同体的存在是个人实现自由发展的手段和条件，是人之所以为人的根本和表征。事实表明，网络信息技术为命运共同体的创建提供了条件，为民族发展和世界共荣搭建了平台。网络信息时代，技术的发展再次丰富了人的多维规定性，将现实性与超越性相统一，将实然性与应然性相结合。我们只有

---

① 马化腾等：《互联网+：国家战略行动路线图》，中信出版社2015年版，第58—59页。

② 《马克思恩格斯全集》第3卷，人民出版社2002年版，第394页。

深入研究人在网络空间下的生存发展问题，积极倡导和建设人类命运共同体，才能更好地建设自由开放的网络空间，以实现网络行为主体的共存共生、共享共治和共建共荣。

三　研究述评：厘清网络空间的生存认知

自20世纪90年代以来，互联网络的兴起与普及引发了不同学科领域学者的广泛关注，尤其是在哲学社会科学领域内更是进行了卓有成效的探索。哲学领域的研究方向集中在虚拟社会的本质以及人的虚拟认识与实践等，社会学领域的研究内容集中在网络社会主体、网络社会行为及其网络社会结构等，伦理学领域的研究视角集中在网络空间下的伦理道德问题，心理学领域的研究重点在于探索人在网络空间下生存与发展过程中各种网络心理现象。网络空间是建立在技术逻辑之上的符号化虚拟空间，与实然世界的现实空间具有本质的区别，我们在肯定网络空间下人的自由自觉活动得到技术性超越的同时，必须承认人的类本质在不同时空维度下的不同表现。网络空间是人的对象化存在，人们通过技术创新，不断创建着人们的生存方式和发展图景。为了进一步明晰网络空间视域下相关问题的研究历程与研究成果，为了综合比对国内外学者的学术观点，可以分别从网络研究历程和网络研究要点两个维度出发，对网络研究的相关问题加以归纳和总结。

（一）网络研究历程

近年来，国内外学者给予了因互联网技术而产生的网络空间以充分的社会认知和理论反思。网络信息技术日益成为社会进步和时代发展的杠杆，给人类的生产实践带来了革命性的影响，理论界将其纳入研究视野并积极给予回应，已经成为时代发展的必然。

1. 国外研究历程

（1）网络初级认知阶段：20世纪90年代前期

关于早期的网络研究主要是学者们围绕互联网、网络空间和“信息高速公路”等内容进行的通俗性介绍，大多以随笔、专栏文章和著作的形式得以体现，这一时期的研究重点集中在网络技术的功能性思考。在“网络利弊”问题上产生了激烈的争论，学者们进行了极具二元对立思想的争锋式探讨。事实上，早在20世纪50年代到70年代期间，人们就已经开始对计算机的功能属性展开了追问，在这一研究过程中比较具有代表性的人物有：控制论创始人维纳①以及哲南·福莱森②等。正如许多学者所言，早期的网络研究经常发出乌托邦或反乌托邦式的论断。在巴洛③将赛博空间形容为一个新的精神自由家园的同时，也有学者指出，网络的产生导致了政治、经济的对立以及社会的分裂。客观地说，国外真正具有规模的网络学术研究兴起于20世纪90年代万维网出现之后。

（2）网络本体研究阶段：20世纪90年代中期至末期

关于网络研究在这一阶段的显著特点，是网络研究成为不同学科领域的前沿热点。学者们既狂热地追求网络技术对人类生存带来的希望，又对网络技术所表现出来的异化问题忧心忡忡。莱恩格尔德④最早给予了“虚拟社区”思想以明确的阐述，特克⑤也曾以“在线身份”来分析网络技术对人们现实生活的影响。在莱恩格尔德和特克的影响下，人们将网络空间看成是一个极具影响力的线上空间，引发了人们探索和建构的热情。在这一时期，较具影响力的代表学者有尼葛洛庞蒂⑥、曼纽

---

① 1950年，控制论创始人维纳（Norbert Wiener）的《人类秩序——控制论与社会》，揭示了因科学技术进步而产生的人与计算机关系的问题。

② 1970年，哲南·福莱森（Zenon W. Pylyshyn）在伦理学刊物上发表了《计算机革命的前途》一文，重点论述了计算机专业的社会职责、隐私的法律保护以及计算机的社会文化影响问题。

③ 巴洛（John Perry Barlow）在《赛博空间的独立宣言》中满怀激情地宣称，赛博空间是一个新的精神自由家园，他认为随着互联网的发展和网际互动的深入，人类将置身自它诞生以来的绝大部分网络事件之中。

④ 莱恩格尔德（Howard Rheingold）认为，虚拟社区由或是或不是相互面对面聚集的一群人组成，他们通过网络媒介彼此交流。

⑤ 特克在《屏幕生活：互联网时代的身份》一书中揭示了多用户网络游戏者通过创造一个在线身份来改变他们的现实生活的手段。

⑥ 尼葛洛庞帝（N. Negro Ponte）的《数字化生存》（1995）以数字传教士的姿态向我们描绘了一个美好的网人共生的数字乌托邦图景。

尔·卡斯特[①]、比尔·盖茨[②]、埃瑟·戴森[③]、唐·泰普斯科特[④]等，至此，关于网络研究的著作纷纷形成，网络空间下的人类生存情境得到了进一步的阐述，网络空间自身的属性特征也得到了较为全面的概括。

（3）网络综合研究阶段：20 世纪 90 年代末期至今

自 20 世纪 90 年代末至今，网络研究伴随网络技术的深入发展而不断走向成熟，逐渐进入综合研究阶段，不同学科视角下的网络研究相继展开，研究领域覆盖了文化学、人类学、伦理学、传播学、心理学、社会学等不同学科，研究专著、丛书、文集大量涌现。随着网络研究的不断推进和综合发展，人们对网络的认知日益走向成熟，开始进入理性批判的研究阶段。从研究内容来看，这一时期的网络研究突破了对虚拟社区和在线身份研究的局限，不仅反思网络自身的局限和弊端，而且将网络技术与人类现实社会和未来生活的关系视为研究的焦点。学者开始深入分析网络技术带给人类的全新生存方式——虚拟生存。关于网络技术的哲学反思主要基于两条进路，一条是批判性的，另一条是建设性的，丰富的研究成果进一步证明了网络研究已经走向深入，尤其是信息哲学的诞生，更是为这一时期的理论研究提供了新的思路、开辟了新的空间。此外，这一时期在网络伦理、网络道德方面的研究也取得了显著的成效。其中，对互联网所引起的道德、法律问题进行了开拓性研究的代表成果是理查德·A. 斯皮内洛的《世纪道德：信息技术的伦理方面》（1999）和劳拉·昆兰蒂罗的《赛博犯罪：如何防范计算机犯罪》（1999）；对网络社会伦理特质、人的网络行为方式等问题给予充分探讨的代表成果是普拉特的《混乱的联线——因特网上的冲突与秩序》（1998）和马克·波

---

① 曼纽尔·卡斯特（M. Castell）的《信息时代三部曲：经济、社会与文化》（1996）（包括第 1 卷《网络社会的崛起》、第 2 卷《认同的力量》和第 3 卷《千年终结》）揭示了“正在被全球信息资本主义所取代的系统”，分析了互联网对民族认同、地区认同等的消极影响，如何体现为“网络社会与集体认同之间斗争的行动”，从而“透视了一种无法描述的后现代主义景象”。

② 比尔·盖茨（B. Gates）在《未来之路》（1996）中描述了信息高速公路的诱人前景。

③ 埃瑟·戴森在《2.0 版：数字化时代的生活设计》（1998）书中从多角度描绘了数字化时代的生活场景，提到网络“是一个虚弱的宣传工具，但却是施展阴谋的好地方”。

④ 唐·泰普斯科特的《数字化成长——网络时代的崛起》（1999）从社会学角度深刻诠释了伴随网络共同成长的新世代的全方位特征。

斯特的《信息方式——后结构主义与社会语境》(2000) 等。

2. 国内研究阶段

伴随互联网在中国的广泛建立，网络技术对中国的影响逐渐加大，相继引发了自然科学以及人文社会科学研究的重视。准确地说，我国学术界关于虚拟社会的研究历程与互联网在我国的发展历程基本同步，互联网的兴起和深入引发了我国学者的广泛关注与探索。

(1) 互联网在中国的全面建设时期：1986 年至 1995 年

以时间为线索，标记互联网在中国的启蒙和建设事件，有助于进一步明晰学者对网络技术的研究脉络。1986 年，北京市计算机应用技术研究所携手德国卡尔斯鲁厄大学共同实施了国际联网项目——中国学术网 (Chinese Academic Network，CANET)；1990 年，钱天白教授代表中国正式在国际互联网络信息中心的前身 SRI-NIC 注册登记了我国顶级域名 CN；1995 年，中国科技网 (CSTNET)、中国教育和科研计算机网络 (CERNET)、中国计算机公用信息网 (CHINANET)、中国金桥信息网 (CHINAGBN) 等计算机网络相继建成并投入使用。互联网创建时期的中国学术研究主要是以电子技术和信息科学为视角，学者们的研究重点集中在互联网技术本身及其相关知识，学术成果主要是对西方网络技术的介绍以及网络认知层面的一些评述。中国的网络研究在这一阶段尚未形成真正属于自己的研究成果。

(2) 互联网在中国的快速发展时期：1996 年至 1999 年

自 1996 年以来，研究网络的学术热潮在国内迅速掀起，在这股学术热潮的带动下，不仅引发了国内学者自主探索的科研热情，也积极引入了大量国外代表成果。如尼葛洛庞蒂的《数字化生存》、比尔·盖茨的《未来之路》、埃瑟·戴森的《2.0 版：数字时代的生活设计》，以及唐·泰普斯科特的《数字化成长——网络时代的崛起》等一批译著相继出版。从 1997 年年底至 1999 年年底，中国的互联网用户急速增长，从 62 万人发展到 890 万人。互联网的普及和迅猛增长的网民数量，进一步推进了网络实践的发展，加快了网络研究的探索进程。国内的开创性专著日益丰富，学者们分别从社会、文化、教育、法治、伦理等多个视角展开研究，比较有代表性的有：胡泳和范海燕合著的《网络为王》[①]、郭良主编的“网络文化丛书”[②]、严耕和陆俊等著的《网络伦理》[③]，以及严耕主编的“透视网络时代丛书”[④] 等。刘吉和金吾伦主编的《十年警醒》、陈炎的《Internet 改变中国》、刘建民的《网络上的二十一世纪》、巫汉祥的《寻找另类空间》、乔岗的《网络化生存》、姜奇平的《数字论坛丛书》、陈群的《网络中国：网络悄悄改变我们的生活》、谢海光的《互联网与思想政治工作概论》、张彦的《计算机犯罪及其社会控制》、熊澄宇主编的《信息社会 4.0》、万新恒的《信息化校园：大学的革命》、孟建和祁林合编的《网络文化论纲》、林众的《计算机与智力心理学》等专著，分别从不同视角，有针对性地探讨了网络技术对社会发展和人类未来的影响，并结合中国实际情况尝试性地提出了一些应对措施。

（3）互联网在中国的深化普及时期：2000 年至今

自 2000 年以来，互联网在中国得到了迅猛发展，最为显著的标志是互联网用户从 2000 年年底的 2250 万人，发展到 2016 年年底的 7.31 亿人，普及率达到 53.2%。在我国，关于网络的相关研究得到进一步深化和延展。一方面，积极借鉴和吸收西方学者的相关研究成果，广泛译介西方专著，如迈克尔·海姆的《从界面到网络空间——虚拟实在的形而上学》、凯斯·桑斯坦的《网络共和国》、马克·波斯特的《信息方式》和《第二媒介时代》、帕特·华莱士的《互联网心理学》、曼纽尔·卡斯特的《信息时代三部曲：经济、社会与文化》[⑤] 等；另一方面，基于不同的学科背景，形成了大量关于网络社会的本质、属性及发展趋势的专著，极大地丰富了网络研究的理论价值，具有极强的现实针对性。目前，我

① 胡泳、范海燕合著的《网络为王》（海南出版社 1997 年版）是国内第一部全面介绍互联网的诞生、发展、现状及未来趋势的著作。

② 郭良主编的“网络文化丛书”（中国人民大学出版社 1998 年版）是国内第一套以中国学者的视角，从文化的角度考察网络的丛书。

③ 严耕、陆俊等著的《网络伦理》（北京出版社 1997 年版）是我国第一部网络伦理学著作，具有一定的前瞻性和较强的开拓性。

④ 严耕主编的“透视网络时代丛书”分别从经济、文化、法律和社会学视角对互联网进行了研究。

⑤ 曼纽尔·卡斯特的《信息时代三部曲：经济、社会与文化》包括第 1 卷《网络社会的崛起》（2001）、第 2 卷《认同的力量》（2003）和第 3 卷《千年终结》（2001）。

国网络研究仍在持续进行，不同学科背景的研究学者以及研究机构日益增多，理论研究与网络实践都将得到进一步深化。

（二）网络研究要点

理论的发展与实践的进步总是相伴相生、互相促进的。网络技术在当代的发展孕育了全新的社会问题和时代哲学。信息时代，人类社会发生了深刻的变革。“虚拟”成为网络信息时代最具特色的属性之一，以数字化和符号化的形式重新表达了人类社会的传统，也不断形塑了人类社会的未来。正如美国麻省理工学院教授雪莉·特克尔所说：“发生在虚拟世界中的事物被认为是好的标准。但与此相反，真正的世界则是缓慢的、充满摩擦的，需要组织，感觉非常乱。此外，我认为非常重要的是，人们需要重新审视现实世界中能得到什么。”① 网络与人们的日常生活紧密相连，人类社会、人类自身的生存状态、发展前景、实践方式都发生了前所未有的改变，学者们的研究内容也紧密围绕虚拟社会、虚拟生存、虚拟发展、虚拟实践等内容而展开，取得了较为深入的研究成果。如贾英健的《虚拟生存论》、郑元景的《虚拟生存研究》、徐世甫的《虚拟生存论导论》、曾令辉的《虚拟社会人的发展研究》、汪广荣的《虚拟生存与人的主体性发展》、闵清的《信息时代虚拟实践与人的发展研究》等。

1. 关于虚拟社会研究的简述

网络信息技术在当代的深入发展，引发了学者们广泛的研究热情，涌现出了大量的理论研究成果。在网络研究过程中，以网络虚拟社会为研究对象的理论成果大致可以分为以下几类：一是关于网络技术的介绍性成果，研究主体主要是计算机学科、信息网络科学、信息网络产业（IT业）、信息传播学等领域的专家学者；二是关于网络技术的规范性说明，研究主体是信息网络产业界的专家学者、经营管理者或教育界精英，研究目的在于进一步提高网络技术实效、发挥网络技术功能，规范秩序、科学监管；三是关于网络技术的价值性分析，哲学社会科学工作者在网络研究过程中，不断追问和省思网络技术的价值内涵，不仅从技术层面给予充分的肯定，而且从不同视角论证了网络技术的社会价值；四是关于网络技术的经验性总结，主要是指不同学科领域运用网络技术、发挥

① 《互联网时代》主创团队：《互联网时代》，北京联合出版公司2015年版，第22页。

网络功效的具体经验和方法；五是关于网络技术的哲学性反思，学者们结合虚拟社会的本质，对虚拟与现实、虚拟社会与现实社会的关系及虚拟主体与客体、介体等问题进行了深入的研究，并取得了显著的成效。

2. 关于虚拟生存研究的简述

生存问题始终是一个古老而又常新的理念。随着人类实践的深入，关于生存问题的思考也不断得到丰富。技术的进步助推了人类生存轨迹的变迁，网络技术也同样为人类建构了一幅生机勃勃的网络生存图景。自20世纪90年代以来，学者们对信息化、数字化时代背景下的虚拟问题给予了广泛的关注。关于虚拟生存问题的相关研究，主要存在以下几种观点。一是关于现实世界的虚拟化，网络信息技术以其符号化的程序逻辑实现了人的虚拟化表达，构成了人的虚拟性生存，既与现实紧密相连，又独具特色；二是关于虚拟生存对人类的影响，人们在网络信息时代收获了全新的生活体验模式，人们的生存状态、生存方式、生存困境都得到了新的表征；三是虚拟生存方式的本质、特征等问题进一步引发了人们关于自身主体性、平等性、全面性、安全性的探讨，虚拟生存问题的相关研究仍在持续进行，其研究成果也在不断丰富和发展之中。

3. 关于虚拟发展研究的简述

网络技术正在以强劲的势头对现实世界和人类社会发生影响，既催生了一个全新的虚拟世界，也塑造了一个崭新的网络时代。诚然，虚拟发展研究的对象并不局限在对人类自身主体性的探讨，我们必须充分重视环境变迁与技术演进等内容与人的虚拟发展之间的关系，这些内容恰恰构成了虚拟发展研究的重要组成部分，它们是虚拟实践研究中的客体和介体。为此，此处的虚拟发展可以特指为人的虚拟化发展。人在网络空间下的虚拟发展问题主要围绕人性、人的本质、人的发展等问题而展开。从人如何使用网络技术，到人与网络技术的关系，再到人如何更好地发挥网络技术的功能以及如何实现人的虚实和谐发展，学者们从不同的学科视角进行了深入的探讨，然而，随着人类虚拟实践的深入，人们的虚拟发展问题不断得以凸显，对该领域的研究仍须给予持续性的关注。

4. 关于虚拟实践研究的简述

自20世纪90年代以来，网络信息技术以其强大的生命力和影响力引发了学者们的反思和探索，尤其是现代科技哲学面对信息革命的巨大挑战，更是展开了深入的研究。“信息”已经作为一个基本概念而被纳入了哲学研究的范畴。信息哲学不仅丰富和发展了哲学理论的相关研究，而且为网络社会的运行和治理提供了系统的方法论。信息哲学研究中的一个重要理论分支就是虚拟实践，著名哲学家卡尔·波普尔的“三个世界”理论①为虚拟实践研究奠定了重要的思想基础。随着虚拟实践技术的进步，相应的虚拟技术哲学也不断向纵深方向发展，相继出现了大量的学术专著和论文。当下人们对虚拟世界存有无限向往，就实践哲学研究而言，21 世纪以来，虚拟实践成为我国哲学研究的热点，在众多研究成果的基础上形成了比较一致的观点，即将虚拟实践作为人的思维与实践活动的延伸表达，是一种新的实践模式。关于虚拟实践的界定，张明仓博士从实践主体（人）的角度对虚拟实践进行了阐释，并得到学界较高的认可，“人们在虚拟空间利用数字化中介手段进行的有目的、双向对象化的感性活动，所有的虚拟实践活动都是人利用数字化中介手段对现实性的感性超越”②。虽然，关于虚拟实践是否属于实践这一关键性问题至今还没有达成一致，虚拟实践哲学的基础性研究还未完善，在虚拟实践系列问题的基本看法上学者们也莫衷一是，但是虚拟实践仍然成为众多相关学科的生长点和创新点。虚拟实践问题的相关研究更是为人的自由、全面、协调发展给予了新的探讨空间。

（三）网络研究评析

结合国内外的研究状况以及网络技术发展的迅猛势头，网络研究仍处于发展阶段且方兴未艾，并没有形成固定的研究范式可遵循，相关的理论研究仍在探讨之中。与技术的发展速度相比，理论研究仍存在差距，正如曼纽尔·卡斯特曾指出：“虽然互联网已经成为人们生活的一部分，

---

① 卡尔·波普尔（Karl Popper）认为我们所赖以生存的周围可以分为三个独立的世界。他认为第一世界（世界 1）是由客观世界的一切物质及各种现象所构成的物理世界，从宏观的宇宙星辰到微观的离子，无论是植物和动物、辐射线等其他形式的物理能量，都是属于第一世界的范畴；第二世界是指人的意识、精神、心理世界，包括意识形态、心理素质、主观思想等主观世界，由主观经验和思维过程构成的“世界 2”是非实体性；第三世界是指人类心灵的客观产物的世界，如语言、歌曲、传说、绘画、故事等，与第一世界有着明显的区别，“世界 3”可以定义为客观物质的精神内容，表现为人的意识所制造和生产的人造产品。在卡尔·波普尔看来，三个世界相互作用也相互重叠。

② 张明仓：《虚拟实践论》，云南人民出版社 2005 年版，第 56—70 页。

但公众对互联网的理解和学界的研究成果之间存在巨大差距。”① 尽管国内外的网络研究取得了较为丰硕的成果，但仍存在诸多不足之处。随着网络信息技术的深入发展，理论研究也将不断面临新的挑战和问题，尤其是人在网络空间下的生存发展规律有待于人们进一步研究和把握。第一，关于人在网络空间下的生存问题研究比较表面化，多数研究成果停留于现象阐述和问题归纳阶段，缺乏深入思考。第二，在目前的网络研究成果中，学者们给予了网络生存的积极意义以更多的关注，而对于虚拟生存矛盾和发展困境的阐释相对较少，尤其是数字鸿沟、网络霸权等问题的关注不足。第三，不同学科领域的学者已经展开了广泛的网络研究，但在研究过程中缺乏马克思主义哲学研究的视野，不能很好地将网络生存发展问题与人性、人的本质、人的存在与发展等研究相结合。在吸收和借鉴国外研究成果的过程中，部分学者缺乏明确的理论立场，或是受“技术决定论”的影响，忽视科学主义对技术主体的拒斥；或是受“人本主义”的影响，重价值而轻事实，关注网络技术产生的种种异化而否认人的主体性；后现代主义在超越上述对立的观点中走向相对主义，造就对数字化的价值判断的缺失等问题。第四，在网络研究中，对网络空间的工具性分析较为深入，揭示其影响社会关系的价值性分析不足，尤其是在思想政治教育的创新发展中，学者们更热衷于将网络作为思想政治教育的媒介和平台来加以研究，一定程度上忽视了网络空间的意义秩序和价值生成。第五，从研究方法上看，网络研究尚未形成系统的、科学的研究模式，导致了目前的研究成果更多为一些零散的、局部的预测性论断。依托于信息技术的网络空间全面映射着现实世界，对自然空间进行着符号化的扩展和技术性的延伸或浓缩，使得人的生存和发展再次面临前所未有的环境和态势。随着网络信息技术的深化和普及，人类与信息技术的关系日益紧密和复杂，网络空间下的生存发展问题不断凸显，我们仍然将网络当作单纯的媒介工具而展开利弊分析、特征总结式的研究已无法有效指导实践，必须立足于网络空间下人的生存体验，揭开网络空间的神秘面纱，积极探索网络空间的生存规律，旨在实现人的

① ［美］马克·格雷厄姆、威廉·H. 达顿：《另一个地球：互联网＋社会》，胡泳、徐嫩羽、于双燕、胡晓娅译，电子工业出版社2015年版，第1页。

自由全面发展。新时期，“自由人联合体”的和谐社会设想再一次得到丰富，虚实和谐已经成为网络社会人的价值追求，肯定技术革命的进步意义，是实现社会发展和人类解放的前提。为了回应实践发起的挑战，习近平总书记指出，“我们要本着对社会负责、对人民负责的态度，为广大网民特别是青少年营造一个风清气正的网络空间”①。在汹涌的信息革命的浪潮下，始终坚持以人为本的科学发展理念，努力开展科学高效的网络社会实践，积极营建网络良好生态，是创建现代网络文明和实现人的现代化发展的必由之路。2016 年 4 月 19 日，习近平同志主持召开网络安全和信息化工作座谈会，会议强调让互联网更好地造福国家和人民。我们必须在总结现有理论成果的基础上，进一步将网络研究推向深入，积极建构具有时代性、系统性、科学性的马克思主义哲学体系，永葆马克思主义理论的鲜活性和生命力。

四 研究向度：设定研究思路和研究方法

网络空间不仅是人借以实现超越的条件，也是人的网络生存需要得以充分展现的平台。本书以网络空间为背景，以人为逻辑起点，以探求该条件下人的生存与发展为中心问题，以实现人的自由全面发展为目标，采用多种研究方法，探讨人在网络空间下生存观、发展观以及认识观和实践观，关注人在网络空间下的本质规约、样态呈现、主要问题及原因、价值指向和图景创设等问题，以推进人的整体优化和现代化发展，为实现人的自由全面发展而努力。

（一）研究设定

科学技术的每一次跃迁，都引发了人类社会以及人类自身的变革。网络技术的发展为人类创建了一个全新的网络生存空间和网络信息时代。人们的生存状态和发展境遇再次因技术的发展而被重新约定，人们对网络空间下的生存发展方式给予了广泛的关注，然而，一切理论尚在探索和完善之中。因此，要全面而深刻地探讨人在网络空间下的生存与发展问题，有必要对一些基本范畴加以设定和说明，以保证结论的科学性和

---

① 习近平：《在践行新发展理念上先行一步 让互联网更好造福国家和人民》，《人民日报》2016 年 4 月 20 日。

实效性。

第一，网络空间的界定。网络空间，也即赛博空间（Cyberspace），是由信息技术、通信技术和网络技术连接而发生的，具有数字化和虚拟化特性和崭新的社会生活与交流空间。[①] 全球数以亿计的人们，足不出户就可以通过鼠标或键盘点击互联网上的连接或超链接，进行着实时或延时的互动行为，利用网络实现在世界范围内的个体与个体之间、个体与组织之间，以及组织与组织之间的频繁的通信，实现一种网络空间上的社会互动，为身居异处的人们提供交流互动的平台。网络空间的迅猛崛起和发展所带来的人际交往和社会生活的一个显著变化，就是原则上普遍可及。互联网通过数字化语言，使信息的接收、传递、交流、反馈突破固有的时空界限，开辟了无限广阔的、各种形式的、直接或间接的交往空间，为人类扩展了越来越多的交往机会，也就必然会带来人们互相交往的无限性空间。[②] 随着网络信息技术的深入发展，虚拟生存、数字交往等范式日益得到学界和大众的认同和关注。网络不再只是一种信息的传播工具，它正在以惊人的效率塑造着一个全新的社会环境和生活空间，不仅带给了人们快速便捷的信息传播方式，而且深刻影响着人们的生存交往方式和人类社会的深层结构。如果说，网络空间是一个全新的行为场域，也就意味着网络不仅是一种媒介和工具，更是一种生存方式和行为场境。

第二，人不仅是现实社会的存在物，也是网络空间的存在物。人的发展不仅包括人的现实发展，也包括人的虚拟发展。从哲学的视角出发，人在网络空间下的虚拟生存是相对于现实生存的超越性生存活动，是人依托于现代技术而实现的自我超越。在网络空间下，人们不仅获得了全新的生存体验，而且获得了有效的自我验证方式。同时，网络虚拟社会发展有赖于人的虚拟发展，人的虚拟发展必须依赖于网络虚拟社会发展来实现，二者在虚拟实践活动的基础上互相蕴含、互为条件、互相推动，共同促进了网络空间下社会和人的发展，这既是历史唯物主义的基本观点，也是研究人在网络空间下生存与发展问题所必须坚守的理论立场。

---

① 张再兴等：《网络思想政治教育研究》，经济科学出版社 2009 年版，第 163 页。

② 鲍宗豪：《数字化与人文精神》，上海三联书店 2003 年版，第 92—93 页。

此外，要正视网络生存过程中的认同问题。在现代性的语境中，生存状态越来越呈现出不确定性和流动性的特征，认同问题也成为谈论“人”的生存之基的不可逾越的难题。在全球化、网络化时代，互联网络将人类带入一个数字化、符号化的社会时空之中，网络介入社会生活的必然结果就是重组了传统的生活秩序。这个问题至关重要，因为虚拟生存不仅为人类的生存与发展带来了新的机遇，同时也引发了一系列的生存风险和认同危机。因而，在研究过程中，要注重对虚拟认同模式的探索，试图确立具有规范性、科学性的治理准则和认同机制。

第三，现实社会是网络社会存在和发展的基础，而网络社会是现实社会向网络空间拓展、延伸、优化的产物，值得说明的是，网络社会并不是与现实社会相并列的另一种社会形态，而是一种新的社会存在形式。虚拟存在只是现实存在的特殊表现形式，并不能取代现实而存在。网络虚拟技术实现了对现实世界的复制、再现和超越，但并不能因此而否定虚拟存在的现实根源。从某种层面上讲，恰恰是人类生存的时空发生了虚拟性转型，才使得人类的生存从现实空间延展到了虚拟空间，造就了人类全新的生存方式。伴随网络信息社会的形成，人们的虚拟实践愈加深入而丰富，网络空间的基本形态日益呈现。网络空间的技术逻辑，为互动主体提供了自由开放的公共空间，也为人们搭建了私密的个人空间。加利福尼亚大学洛杉矶分校的杰弗里·科尔教授说：“人们对互联网或爱或恨，但毫无疑问，互联网的影响是真实而深远的。”网络空间的形成是一场复杂的社会与技术的互动过程，形成了一种高度理性化的符号秩序结构。网络信息技术改变并重塑了人类的生产、生活方式，引发了社会层面上的结构变革与转型，从本质上说，这场技术革命最终将扩展为社会革命。

第四，网络空间是研究人的生存与发展问题的基点。马克思认为：“人以一种全面的方式，就是说，作为一个总体的人，占有自己的全面的本质”①，人的生存发展过程正是全面占有自己本质的过程。作为一个完整的人，始终是以一种完整的方式存在，而不是一种分裂、对立的存在，不过是在不同社会场域中的存在和表现形态不同而已。人的虚拟存在并

① 《马克思恩格斯全集》第3卷，人民出版社2002年版，第303页。

不能完全脱离人的现实存在，人的虚拟发展是人在网络空间下以一种自在、自觉和自为的虚拟方式占有自己本质的过程，包括了人的虚拟能力、虚拟社会关系和虚拟个性的发展。在信息化的当代，技术空前广泛而又深刻地影响着人类的社会生活以及生产实践，其中最为深远的影响就是以信息技术为基石的网络空间的出现。无论是网络空间的落成，还是网络社会的发展，皆是人类文明进步的产物。网络时代的技术成果促进着人类的现代化发展，二者在实践过程中互相促进、互相建构。如果说网络空间的技术性生成，既是人类实践活动的现代创设，又是推进人类现代化发展的直接动因，那么，网络空间究竟能否为人的技术化生存和现代化发展提供前提和可能？这种可能又是否具有科学性和可行性？能否在马克思主义经典作家那里去寻求到理论上的指导和验证？回答上述追问，便成为探寻人类全新生存理路的指路明灯。

第五，明晰“虚拟生存”与网络空间人的生存问题之间的区别。在人类社会文明的演进中，虚拟生存在不同的历史阶段曾有不同的表现形式，而并不是现代网络文明的专属，无论是文学创作、戏剧表演，还是人们的书信往来等一切可以借助文字、图片和场景来再现现实生活的形式，都可以带给主体以虚拟的生存体验。在网络空间下，人的生存问题缘于网络技术之独特，它打破了以往一切虚拟形式的时空界限，通过主体之间信息跨时空的实时传递，实现不同区域的主体意识以信息为载体的零距离心理共振和感知互动。互联网主体之间的感知集群化地微缩到虚拟领域，而微缩的主体感性体验与理性思考被数字化的信息符号通过网络路径发送至任一网络链接点。整个世界在这个信息传递的网络空间内，表现为主体共同感知的虚拟部落，主体之间通过信息的交流实现了情感的共鸣、思维的互动、心灵的共振和精神的呼应。总结以往有关信息时代人类的技术化生存问题的研究成果，不难发现，学者皆将网络虚拟技术的符号化存在及体验称为虚拟生存。为了进一步明晰研究问题的具体指向，将其话语体系准确地设定为网络空间下人的生存与发展问题，有助于对研究过程中所涉及的虚拟生存、虚拟实践等范畴做出指定性的说明。

（二）研究方法

本研究在厘清网络空间以及虚拟生存等相关概念的基础上，从理论探讨和实证研究相结合的角度，结合当代网络社会背景下的技术性生存特征，客观地分析了人在网络空间下的部分生存发展规律，有针对性地探究了培育良好网络生态的实效途径和方法。介于网络空间问题的复杂性和特殊性，也为了确保研究成果的科学性和实用性，必须坚持以马克思主义理论为指导，广泛借鉴哲学、社会学、文化学、伦理学、经济学等学科方法及研究视角，科学而全面地探究人在网络空间下的生存发展规律，给予思想政治教育的创新发展和人的网络实践及现代化发展以更充分的理论指导。

第一，历史唯物主义方法。正如马克思在创立自己新哲学观的过程中所反复强调的那样，考察任何一个哲学问题都既不能从抽象的原则出发，也不能诉诸感性的直观，而应该立足于现实生活世界的具体实践，以历史的、生成的观点来看待问题。这一点，对我们开展网络空间下人的生存与发展问题研究尤为重要。在马克思的历史唯物主义方法论中，对本研究极具解释力的方法主要有：马克思关于人的生存的“三形态”理论；异化理论；人与社会总体性和谐发展的辩证法；社会批判方法等。

第二，逻辑分析与历史考察相统一的方法。辩证唯物主义认为，社会存在决定社会意识，理论体系的逻辑是客观历史发展的反映，由客观历史发展决定。网络空间问题研究同样需要做出历史性的考察。在历史考察的过程中，积极探索人的生存方式和发展规律，进行理论上的升华，为人们的网络实践提供有益的指导。

第三，宏观研究与微观研究相结合的方法。在网络信息化的当代，伴随网络信息技术的发展和虚拟技术的迅猛渗透，一个全新而又与实然世界紧密相连的虚拟生存场域脱出于世。网络正在以一种不可阻挡的全球性力量，影响并改变着我们的生存方式和生活时代。“人是天然的社会动物”，始终存活于解决问题和迎接新问题的过程之中。研究网络空间下人的生存与发展问题，势必要立足于虚实两大实践场域，只有将人类生存发展层面的宏达叙述与个人层面的实然状态和现实问题相结合，才能更好地针对生存发展问题展开实然分析与应然探索。

第四，静态研究与动态研究相结合的方法。网络空间下人的生存与发展是一种状态，更是一种过程。作为状态，它反映的是人们身处于技术符号系统之下的现实状况和活动样态。作为过程，既有信息技术影响和改变人类生存方式的过程，又有人类适应并创造新的技术化生存方式的过程。因而，在网络空间维度下思考和探究人的生存发展问题，既要进行静态的现状考察，也要进行动态的过程分析，只有将静态研究与动态研究相结合，才能展开科学全面的探索。

第五，文献法与实证法相结合的方法。目前，已见大量关于网络社会、虚拟生存方面的文献资料，对这些文献资料的归纳、整理和总结，将为网络空间下人的生存与发展研究提供丰富的理论素材，也将为该研究的目标设定起到方向性的引领作用。除此之外，就网络空间下人类生存的现实问题和具体矛盾等问题的分析，离不开可靠的实证分析。注重对社会调查，获取真实详尽的资料的同时，更要兼顾典型生存样态和发展趋势的分析与总结。

第六，系统分析和综合研究的方法。网络空间下人的生存与发展问题的研究系统既包括虚拟与现实两大生活世界，又包括国际和国内两大视野，系统之间以及内部各因素之间相互影响、相互作用。同时，该研究涉及多学科理论知识，需要包括马克思主义理论、思想政治教育、社会学、社会心理学、哲学、系统学、心理学、组织行为学、文化学等人文社会科学的深度融合和综合创新。因此，在研究网络空间下人的生存发展问题的过程中，要力图做到系统深入，从整体、部分、要素、关系等方面展开综合研究。

五 研究概览：总括内容结构与创新之处

网络信息技术的深入发展和迅速普及，既为人类的生存发展创建了全新的空间，也为人类的生存发展演绎了全新的方式。在网络空间下，人们遵循时代的规约和技术的逻辑，探寻着自由全面发展的实践路径，收获了现代文明的生存体验。网络空间是人类追求自由表达、平等对话、广泛连接而创造的一种对象性存在，我们既要充分肯定网络信息技术的进步意义，也要理性认识网络技术逻辑的程序牢笼。在人的现代化发展过程中，我们既不能消极地逃避现实社会的发展羁绊，也不该被动地受控于网络空间的统治规则。基于以上初衷，本研究将围绕人在网络空间下生存场域的变迁、生存理论的考察、生存样态的呈现、生存问题的梳理及省思、发展图景的创设几个维度加以分析和论证，进一步规避网络空间下人在发展过程中的异化和失范等风险，积极推进生存主体有目的、有向度的虚拟实践，以实现人的全面协调发展和整体优化。

（一）内容结构

第一章：网络空间下人的生存场域变迁。当今时代，科学技术全面而深刻地影响并改变着人们的生活方式、生产方式以及思维方式。当技术逻辑日益演化为一种意识形态或活动秩序，势必会以特定的形式规约或操控社会人的生存状态和发展轨迹。网络信息环境下，人类的生存空间和活动场域也在现代技术力量的助推下不断变迁和拓展。本章从网络空间的概念界定、基本形态、基本属性出发，整体把握网络空间的生成景观；从技术构成、行为构成、层级构成来分析网络空间的构成方式；从生存时空、生存方式、生存趋势、生存意义来探讨人在网络空间下的生存理路。加强对网络技术时代人的生存空间的认知，有助于进一步了解网络虚拟社会的形成、发展及构成。

第二章：网络空间下人的生存理论考察。鉴于网络空间所具有的技术、空间和社会等多维属性特征，考察网络空间下人的生存发展理论，也要准确而全面地把握其理论基础，既要准确把握马克思主义相关理论的指导意义，也要积极借鉴其他学科领域的理论成果。本章尝试建立宏观而系统的理论视角，立于足思想政治教育学科的人学视野，为推进网络时代人的现代化发展提供理论支撑。其一，马克思主义经典理论对人的关注，既立足于现实生活世界和实践过程，又超越了一般性的生存状况描述，是一种关于人的物化状况所进行的具体而历史的批判，这种批判承载着基于现实又规约现实的人类关怀，为网络空间下人的生存发展提供了丰富的理论资源和科学的理论指导。其二，社会历史条件的变迁影响着传统哲学的发生基础、思考主题以及话语方式。直面网络空间下人的生存与发展问题，不仅能够促进马克思主义哲学的丰富和发展，而且有助于科学解释网络空间下的生存现象和发展形态。

第三章：网络空间下人的生存样态呈现。人们在创建生活空间的同时，也受到了环境的制约。社会网络空间的构建与人类虚拟生存场域的形成具有同构性，因而，网络空间的构建维度与网络社会的生存逻辑相互规约。换言之，虚拟生存场域的空间边界，规约了网络社会人的生存发展向度，进而也影响并重塑了人类生存发展逻辑的空间表达。人类历史进程中的每一次科学技术的发明与运用，都直接或间接地变革着人类的生活、生产方式，技术史与人类发展史具有同构性。伴随人类实践活动的深化和发展，人类的生存方式和存在样态也得以丰富和完善。人类社会的文明进程先后经历了渔猎社会、农业社会和工业社会，目前人类社会正向以智能工具为标志的信息网络社会迈进。本部分内容以介绍社会演进过程中人的生存样态为基础，以考究人在网络空间的生存阶段为进路，以分析人在网络空间下的生存形态和生存关系为重点，力求全面认识和把握人的生存状态、发展趋势，对于促进人的自由全面发展具有本源性和奠基性的意义。

第四章：网络空间下人的生存问题梳理。网络信息时代，高新技术对社会生活领域的广泛渗透，既为人类的生产生活开辟了全新的场域，也将人类置于空前的生存悖论之中。伴随网络信息时代的到来，网络信息技术使人的生存发展面临着多种冲突，在虚拟与现实、技术与人文之间产生了多重矛盾，对网络空间下人的生存发展既形成了制约也构成了动力。在这一系列的矛盾统一体中，人的生存发展需求和人的生存发展水平得到了全面的表征和再现，为通达“人的自由全面发展”理想提供了科学的着力点。网络信息技术不仅严重地冲击了现代以来的社会秩序和规则体系，更加深了人类现代生活的风险程度，极大地增进了个人生活的流变系数，使人的全面发展面临多重困境。本章从生存矛盾、生存限度以及生存困境出发，全面梳理网络空间下人的生存问题，是我们认识生存本质、把握生存趋势、解决生存矛盾的根本前提。

第五章：网络空间下人的生存问题省思。网络信息技术在当代的发展，不仅为人类创建了全新的生存空间和实践图景，而且也从诸多方面规约了人类的生存与发展。从生存矛盾看，人类面临着虚拟与现实、技术与人文之间的生存矛盾；从生存限度看，人类面临着虚拟认识、虚拟交往、虚拟实践上的限度制约；从生存困境看，人类面临着数字鸿沟、信仰危机以及网络空间下的文化霸权、技术犯罪、舆论暴力、伦理失范等困境。我们必须给予人类生存发展过程中的矛盾、限度和困境等问题高度的关注和认真的思考。其一，网络信息技术以虚拟化的形式延展了人类的生存空间、丰富了人类的生存体验，也变迁着人们的情感需求、价值认同、行为模式以及网络人格，这是人们在虚拟数据背景下产生生存问题的直接原因。其二，网络信息技术的进步，变革了人类社会生存实践的方式。从实践所必备的三个要素出发，网络空间下人的生存实践分别面临着不同程度的生存挑战，如虚拟实践主体对网络信息技术的依赖、虚拟实践客体对网络生态环境的破坏，以及虚拟实践中介对网络生存方式的制约，这些挑战性因素也是构成人们生存问题的主要原因。其三，人们对原本复杂的大数据系统过度依赖和崇拜，诱发了一系列的生存困顿。在信息社会中，事实性信息与价值性信息相交织、主观性信息与客观性信息相混淆、普适性信息与特指性信息的交错、全息性信息与有限性信息的差异，以及目的性信息与随机性信息的碰撞，这些因素是引发网络空间下人们生存问题的重要原因。关注网络生存实践，就必须深入探究网络空间下人的生存发展问题的缘由，力图获取解决问题的合理路径，积极建构网络信息化时代科学、健康、绿色的生存模式。

第六章：网络空间下人的发展图景创设。人的生存与发展是以主体的创造性实践为基础的，人在实践中完成了具体的现实生命活动，获得了生存体验，也在实践中实现了自我确证和自我超越。技术的进步不仅变迁了人类文明的发展轨迹，更规约了人类自身的生存发展路径。人的超越性存在与发展，在不同的历史时期具有不同的表现形式。在当代，网络信息技术以数字化、虚拟化、符号化、网络化、程序化的技术逻辑创设了人类全新的生存发展图景。人类在网络空间的虚拟实践中，不断验证了发展理念的科学性，不断发掘着发展动力的实效性，也不断探索着发展进路的全面性。其一，网络空间下人的发展理念。在网络信息时代，人类获得了全新的生存方式和发展范式，这不仅是人的本质力量的集中体现，更是全人类对理想追求的不懈努力。在网络空间的虚拟实践中，人类积极缩小理想生存与现实生存之间的差距，不断弥合虚拟生存与现实生存之间的裂痕，不断追求人性发展与技术进步之间的和谐，科学合理的发展理念，是实现人的自由全面发展的思想保证。其二，网络空间下人的发展动力。人在网络空间下的对象性存在和虚拟社会关系的生成，不断丰富了虚拟生存的价值内涵。虚拟性和社会性分别从技术和价值两个维度，共同架构了人在网络空间下的活动本质。伴随虚拟实践在网络空间的深入开展，人在现实社会实践中的政治、经济、文化、社会、伦理、安全等方面的生存、发展需求，全面地延展到了网络空间。

虚拟性的生存、发展需求的存在，既是人在网络空间下生存状态的现实反映，也是人们追求发展、积极行动的内在动因。其三，网络空间下人的发展进路。在人类解放过程中，网络信息技术的普及和运用为人的自我确证和自我解放提供了现实条件和现实道路。人在网络空间下的存在方式，进一步回答了“人类解放何以可能”的哲学追问，也再一次验证了技术进步对人类文明的历史意义。网络信息科技将人们的生产生活紧密相连，极大地缩减了人与人之间的交往距离，为人类开拓了更为广泛的生存空间，人们的生存体验和发展进路得到了全新的延伸和规约。

（二）创新之处

当代技术之所以成为人的存在方式，其原因不仅在于解蔽的手段，更在于生存的意义。网络技术的迅猛发展创建了一个全新的网络信息社会，给人类带来了一场生存方式的巨大变革，可以说，技术发展实现了生存空间的转换，实现了虚拟社会对现实生存的历史性跃迁。当今时代，科学技术全面而深刻地影响并改变着人们的生活方式、生产方式以及思维方式。的确，人类的进步与技术的发展紧密相连，技术是人类生存的一种展示与建构。技术的进步和应用不断地改变着人类生存的现实图景，使人的生存越来越依赖技术，使人类的社会生产不断通过技术的创新而发展。科学技术的进步水平直接决定了科技对社会的支配范围和扩张程度，技术以其独有的历史作用建构了人的生存环境和行为模式。透过伴随社会演进而呈现的生存样态，阐释个体、群体和类的虚拟生存样态，提出社会、技术、网络文明的理性构想。当科技逻辑日益演化为一种意识形态或生存秩序，势必会以特定的形式规约或操控社会人的发展轨迹，甚至导致人的主体性缺位和人文价值的失落。在网络社会的生成、发展和变迁过程中，仍存在诸多悖论，对人类的生存和发展提出了新的要求与挑战。基于网络社会人的属性追究，论证虚拟生存对人的整体优化和现代化发展的重要意义，为实现人的自由全面发展而努力。本书的创新之处主要表现在以下几个方面：

1. 研究视角的创新

在整理和总结现有研究资料的过程中，得出了一个极为突出的共同点，即研究者的视角和着力点皆将“网络”视为媒介或工具，其研究重点以网络为基点，以紧密围绕线上与线下两大生存空间的虚实对立关系为角度。然而，伴随网络信息技术的日益发展，其影响和改变人类生存方式的程度日益深刻，仅仅将研究视角停留于此，已无法满足虚拟实践过程中的理论诉求。信息化时代人类生存方式的技术化变迁已成为不争的事实，伴随信息时代社会存在的变迁，其理论研究的视角有必要集中于人类生存的新场域，以人的生存与发展为主线，系统分析网络空间下生存发展的本质规约、价值指向、生存样态和生存问题，并试图总结人在网络空间生存发展的规律和趋势，旨在营建网络良好生态、实现人的自由全面发展。

2. 话语体系创新

当代中国正经历着历史上最为广泛而深刻的社会变革，社会实践的发展和人类科学认识的巨大进步，为人的自由全面发展提供了必要和可能。为了回应时代的需要并遵循历史发展的必然，网络空间理论研究必须保持高度的理性自觉，充分发挥理论魅力来滋养人心和社会；必须果敢地对接社会现实问题，确立行之有效的践行路径，以积极营建网络良好生态。在人类发展进步的过程中，社会实践的深入相继引发了不同程度的境遇变迁。人们只有克服实践的挑战，才能获得持久而全面的发展，这不仅需要理论的指引，更呼唤理论的创新。“马克思主义是随着时代、实践、科学发展而不断发展的开放的理论体系，它并没有结束真理，而是开辟了通向真理的道路。”① 在研究过程中，吸收和借鉴国外优秀的理论成果是必要的，但必须坚持以马克思主义为指导，积极构建中国特色哲学社会科学，结合中国特色社会主义伟大实践，推进话语体系建设和创新，在理论建设和实践创新中，营建天朗气清的精神家园。

3. 研究内容创新

基于当前的网络研究成果，可以宏观地做一个概述：哲学领域信息哲学的形成与发展，为网络技术的相关研究提供了一条新的思路，从批判和建设的双重进路来反思技术的时代价值；社会学领域重在研究网络社会的治理与控制以及网络社会行为的实证研究（如网络游戏、网络消费、网络娱乐等）；传播学领域侧重网络传播与新媒体应用。不同学科背

① 习近平：《结合中国特色社会主义伟大实践 加快构建中国特色哲学社会科学》，《人民日报》2016 年 5 月 18 日。

景的研究，皆立足于虚拟与现实的关系，揭示了虚拟生存矛盾的深刻社会根源，努力探求消除生存困境的出路与方法，并取得了相对丰富的理论成果。近年来，思想政治教育领域的专家和学者，秉持“促进人在社会中的生存与发展”的本原目的，开展了广泛的网络研究，取得了显著的成效。相比较而言，为了深化和巩固思想政治教育环境论和载体论的网络化成果，为了验证和发展思想政治教育的本质论和价值论等目标，本书从研究内容和研究架构上尝试了一些突破，力图以“个体—群体—类”以及“社会—民族—国家”两条线索来搭建研究坐标。本书立足于中国特色社会主义伟大实践，从社会发展和人类进步的历史进程中，阐述并梳理网络空间下人的生存样态，进而分析其生存问题及深层根源，为加快构建中国特色哲学社会科学的时代课题做出有益尝试，将其研究目标指向网络良好生态的营建和网络空间下人的现代化发展。

第一章

网络空间下人的生存场域变迁

当今时代，科学技术全面而深刻地影响并改变着人们的生活方式、生产方式以及思维方式。当技术逻辑日益演化为一种意识形态或活动秩序，势必会以特定的形式规约或操控社会人的生存状态和发展轨迹。网络信息环境下，人类的生存空间和活动场域正伴随着技术力量的助推而不断变迁。

第一节　网络空间的生成景观

一　网络空间的概念界定

张耀灿认为，“促进人在社会中的生存与发展”是马克思主义人学视野中思想政治教育的本原目的。立足新的历史时期，实现思想政治教育的创新发展既不能背离其本原目的，也不可脱离现实社会。本书之所以确定以“网络空间”为视角，旨在从技术和社会两个层面厘清现实社会的实然状况，将思想政治教育工作推向深入，切实促进人在社会中的生存与发展。故而，正确认识和准确界定“网络空间”这一概念，将直接关涉着该研究成果的科学性和实用性。

“网络”一词不仅由来已久，而且用法广泛。从技术层面、社会文化层面以及哲学层面都有不同的阐释和运用。网络时代的到来，人们切实感受到了信息技术与现实生活之间的密切关联，却难以在网络、互联网、因特网、万维网等概念之间进行准确的区分。互联网创建于20世纪60年代初，直到万维网的协议把超文本连接起来，组合成一个工作系统，互联网才真正走入日常生活。万维网的鼻祖蒂姆·

伯纳斯－李[①]，从1989年开始构想，1991年推出，直到1993年至1994年之交，才真正进入日常使用的范围。“网络”一词的内涵非常丰富，所指涉的内容已经远远超出上述定义。从其使用的情境出发，可以分为两种维度：技术维度和学术维度。

从技术维度出发，“网络”一词泛指互联网、移动互联网、物联网，互联网是计算机的互联网络，移动互联网是智能移动终端的互联网络，物联网是万物的互联网络。随着网络与新媒体终端技术的发展，“网络”一词在当下不再专指互联网，网络技术正从互联网技术向移动互联网技术、物联网技术扩展，网络技术发展演变的本质就是上网终端不断扩展的过程，互联网、移动互联网和物联网并无本质区别，只是联网的终端范围和种类不同而已。依此类推，所谓的“车联网”“电视互联网”“工业互联网”的概念都不难理解。也有观点认为，未来的网络将从“消费互联网”逐步向“产业互联网”（也称“工业互联网”）发展，网络技术将不断地向传统产业渗透，传统产业的“互联网转型”是未来网络发展的重要方向之一。

从学术维度出发，主要从人类社会发展的角度去界定“网络”的内涵，常指“网络虚拟空间”“网络虚拟社会”。“网络”一词还用来描述人们之间的社会关系，如“社会网络”“传播网络”等。网络的崛起被视为20世纪下半叶的一个全球性事件，深入而密切地影响着社会、政治、经济、文化以及人们的日常生活。学术维度下“网络”的内涵，既指技术革命引发的时代变迁，也指技术思维引发的社会变革。本研究借助学术维度的“网络”内涵，立足人类社会生活和行为的全新场域，以探究人在网络空间下的生存发展样态。

“网络空间”，也常被称为“赛博空间”，这一概念缘起于美国科幻作家威廉·吉布森（William Gibson）的长篇小说——《神经漫游者》（*Neuromancer*）。也有学者认为，网络空间实际上是虚拟实在（Virtual Reality，VR），美国学者迈克尔·海姆在其著名的《虚拟现实的形而上学》

---

① 蒂姆·伯纳斯－李（Tim Berners-Lee，1955— ），英国科学家、万维网鼻祖，在欧洲粒子物理实验室创建了万维网，写成了世界上第一个网页浏览器（World Wide Web）和第一个网页服务器（httpd），无偿提供万维网服务。

一书中便持有上述观点。何为空间？“从广义上理解空间概念，所谓的空间正是存在的无限性，也就是说，空间概念并不包含着存在于空间中的存在物，而是包容着存在物的范围指称。那么，我们可以这样说，所有的空间都被包含在无限性存在的空间之中。所有具体存在的空间都是对无限性空间的划割。”① 从海德格尔的空间说出发，考察人与空间的关系，空间是主体满足需要而划定与设置的具体特定功能特征的范围和界限。海德格尔的空间说强调空间是人、思、筑的结合。我们可以从空间与地点相分离的角度来探究网络空间，“地点”通过场所的观念被概念化，指的是社会活动的物质环境在地理上的分布。在多数情况下，社会生活的空间维度受“在场”的支配，即地域性活动的支配。现代性通过对“缺场”的各种要素的孕育，把空间从地点分离出来，远离了任何面对面的互动情势。全球数以亿计的人们，足不出户，就可以通过鼠标或键盘点击互联网上的连接或超链接，进行着实时或延时的互动行为，利用网络在世界范围内实现个体与个体之间、个体与组织之间以及组织与组织之间的频繁通信，实现一种网络空间上的社会互动，为身居异处的人们提供交流互动的平台。

网络空间的迅猛崛起和发展所带来的人际交往和社会生活的一个显著变化，就是原则上普遍可及，为人类扩展了越来越多的交往机会，也就必然会带来人们互相交往的无限性空间。② 随着网络信息技术的深入发展，虚拟生存、数字交往等范式日益得到学界和大众的认同与关注。网络不再只是一种信息的传播工具，它正在以惊人的效率塑造着一个全新的社会环境和生活空间，不仅带给了人们快速便捷的信息传播方式，而且深刻影响着人们的生存交往方式和人类社会的深层结构。如果说，网络空间是一个全新的行为场域，也就意味着，网络不仅是一种媒介和工具，更是一种生存方式和行为场境。

二 网络空间的基本形态

伴随网络信息社会的形成，人们的虚拟实践愈加深入而丰富，网络

---

① 汪广荣：《虚拟生存与人的主体性发展》，合肥工业大学出版社 2013 年版，第 46 页。

② 鲍宗豪：《数字化与人文精神》，上海三联书店 2003 年版，第 92—93 页。

空间的基本形态日益呈现。网络空间的技术逻辑，为互动主体提供了自由开放的公共空间，也为人们搭建了私密的个人空间。

（一）个人空间

互联网的快速普及加速了网络空间的形塑进程，其内在逻辑是社会与技术的相互构建，网络以技术化的语言和程序性的思维，将世界呈现给个体，又将个体融于世界。人类生产、生活所依存的网络空间是一个现代性和后现代性杂糅的场域。全球化是现代性的突出特征，碎片化是后现代性的精神特质，前者诉诸整体性的社会化大生产，后者追求个人生存状态的觉醒，全球化和个人化成为网络化生存的两大支点。生产力水平的提高，不仅促进着社会分工的细密，而且加强了人与人之间的社会合作关系，社会生产和社会交往程式化的同时，主体间的私密空间越发被主体所重视和维护。网络信息技术的进步和发展，催生了一个全新的场域，网络日益成为人类生产、生活的必需。在网络空间里，网络使用者以技术化的符号身份而存在，与他者互动、与世界相连。

网络空间之于个体是一种技术存在和精神存在的统一。“互联网技术在为主体建构起虚拟空间的过程，既有主体解构信息技术为主体所用并打破网络技术神秘化的祛魅过程，也有主体通过虚拟符号的数字化编程抛开现实社会运行规则与机制，回归于精神生命的本质存在的返魅意义。”① 一方面，网络信息技术的符号化和隐秘性为个人空间的建立提供了技术支持与可能；另一方面，主体的网络虚拟实践也在不断构建着自我的虚拟空间。与现实世界不同，人们依赖网络建立了新的社会关系，选择自己的生存方式和生活方式，可以自由地隐藏部分甚至全部真实信息，无论是社会身份，还是天赋角色。在维护群体共生的公共空间的同时，主体个性化的精神需要和自由化的交往需要得以凸显。

网络信息技术支撑的个人空间，既具有屏蔽主体之外任何对象的虚拟性与隐秘性，同时具有实时面向任意对象的平等性与公开性，从本真意义上实现了主体的个性化生存和自由式交往。维护个人网络空间的前提是遵循网络技术思维下主体的身份选择，符号化的构建是主体精神的

---

① 汪广荣：《虚拟生存与人的主体性发展》，合肥工业大学出版社 2013 年版，第 39—40 页。

网络化释出，标志着行为主体的相互认同和空间融合。网络化个人空间的选择性隐匿，实现了主体个性化发展的私密需求，这是技术赋权理念下的个性化自由。值得注意和说明的是，网络空间的个人形态因其主体网络化生存的程度不同而具有不同的表征。行为主体在网络空间的符号化自我与真实的本我处于分置状态，则其个人空间也在虚拟与现实之间处于分离状态，反之，二者处于融合状态，则个人空间也实现了完整性的存在。

（二）公共空间

网络空间视域下，与个人空间相对应的另一种基本形态则是公共空间。从公共性与个体性的关系来看，公共性是共同体中主体个人性的扩展，同时，社会交往中个体性的生成又催生了公共性的现实表征。个人空间与公共空间作为网络空间的两种基本形态同样具有统一性。网络公共空间巧妙地解决了个人空间的隐蔽性与公共领域的公开性之间的矛盾，加速了公共空间的发育与成长。

日新月异的现代科技革命推动着时代主题的变化，网络信息技术的发展带来了公共领域和私人领域的全新划界、公共生活和公共美德的技术彰显，以及和谐发展与和谐理念不断得到普及，公共性在多维度得到了关注和呈现。在网络公共空间中，全新的实践方式彰显了极大的公共性价值诉求，一跃成为任何行为主体都必须面对的客观社会存在，它从根本上改变了人们的生存方式、价值观念以及交往模式。现实生活世界中的沟通障碍被技术解蔽，传统的精英话语垄断和控制状态被消减，人们可以自由地选择话语方式和交往对象，一个非强制性的交往空间和公共领域不断形成。

公共空间的生成与扩展，从理念上实现了一种文化合理性理想，体现了一种具有主体性、目的性的价值生存信念。这一内在特质，深刻地暗含了人类文明进步的主流品格和精神追求。在网络公共空间中，人们的行为方式与准则从生存活动的本质上呈现了一种群际共生性，以“差异共识”为基础的“公共实践”和“公共交往”不断展开。这种共生性的生存实践方式必然伴随共享性的价值理念，人们积极主动地遵循技术逻辑，理性地适应程序化的生存方式，追求网际互动过程中的文明成果创造和人际价值共享。

面对网络公共空间中公共领域与私人领域分界线日益模糊的现象，始终存有一个追问：这种生存方式在根本上究竟是联结了个体，还是分离了个体？这是一个关于公共领域未来的思考。互联网技术本身所具有的超链接式的连接结构，以及其复制扩散的传播方式，构成了一种新型的社会凝聚力，换言之，形成了一种技术理性思维下的网络共同体。回应上述追问的客观前提是理性对待公共领域与私人领域分界线模糊的现象，并深刻认识到公私领域的界线并不会消失。一方面，私欲膨胀导致了个体对公共世界的侵占和淡漠；另一方面，公共空间群际共生的生存逻辑对个人空间的自由选择和私密生活存在威胁，引发了现代社会公私领域的紧张与失范。然而，网络恰恰满足了公共空间建构的两个要素：广泛参与和理性沟通。网络作为一个空前多元的社会结构，具有不可替代的社会功能，正在改变并重构某些传统社会格局。网络公共空间既赋予网民以权利、赋予公共理性和网络民主以希冀，又使得泛自由主义弥漫、个人主义泛滥，为此，要积极构建和谐的网络公共信息空间，理性地审视公共领域与私人领域的自洽关系，协调地发展公私领域是社会文明发展的重要任务。

三 网络空间的基本属性

网络空间的基本属性主要表现在三个层面：从技术构成出发，网络空间具有数字化、虚拟化、主体化的技术特性；从建构维度出发，网络空间具有时空伸延和时空压缩的空间特性；从社会功能出发，网络空间的交往场域重构了现代社会关系，网络空间的融合发展变革着现实社会结构。

（一）网络空间的技术特性

网络信息技术生成的网络空间，不仅为人类的生产、生活开创了全新的实践场域，而且建构了现代社会的新社会形态，实现了虚拟与现实两大生活世界的对接。网络空间之所以具有如此强烈而广泛的革命性意义，是与其独特的技术特性紧密相关的。网络技术所固有的特性决定了网络空间的技术性表征。然而，技术构成的特征却无法涵盖网络空间的全部属性。把握网络的技术特性，对于准确理解网络空间的技术性特征极为重要。首先，技术特性是指网络空间的数字化（digital）。数字化的含义就是任何内容都可以转化为由1和0这些简单的字节组成的序列。比特“没有颜色、尺寸或重量，能以光速传播”[①]，构成“信息的DNA”。这些人工代码代替了光线、音波等模拟信号的传播方式，这不仅适用于文本和数据，同样适用于声音和图像，它们可以用任何一种可以想象的方式通过分离组合来生产和销毁。数字信号在计算机技术中的运用意味着内容的标准化，打破了传播的信息界限，文本、图像、声音和视频等形式都可以用数字数据以无限的速度和数量转移和复制。其次，技术特性是指网络空间的虚拟化。广义的虚拟是指任何形式的符号化虚拟，狭义的虚拟是指互联网世界中的数字化虚拟。人们借助网络空间的匿名和身体不在场等特性，建立各种虚拟身份以及不同于现实社会的虚拟关系，网络空间的行为主体通常以ID账号或匿名（化名）的形式进行身份角色的选择和设定，与网络空间中的其他行为主体进行各种即时或延时的互动，这种符号化的间接交互方式呈现了一种新型的行为方式和生存模态。最后，技术特性是指网络空间的主体化。网络技术是一种主体技术，故而网络空间的技术特性同样具有主体性表征。客体技术离开主体人的操控便难以发挥功效，只能作为工具而存在。然而，网络空间的互联技术并不会因为实践主体人的离开而丧失其功能，相反，网络空间的技术运行程序可以在人缺场的情况下，独立完成信息处理和信息存储等任务，从这个意义上说，主体技术使得网络空间在一定条件下呈现出了主体化的行为特征。

（二）网络空间的空间特性

网络空间的实质是数字化符号空间，具有独特的空间特性。安东尼·吉登斯用“时空距离化”来表示人类和社会的时空维度在历史进程中不断变宽。连接时空距离的技术能力承载着巨大价值，它既改变着传统时间与空间的关联，也增加了人们自由选择时空坐标的可能。然而，时空的延展与收缩构成了一个问题的两个方面。辩证地分析网络空间，无论是时空伸延，还是时空压缩，都只是一个相对意义上的分析视角。

从微观层面出发，空间特性表现在网络空间的时空伸延。吉登斯

---

① ［美］迈克尔·海姆：《从界面到网络空间——虚拟实在的形而上学》，金吾伦、刘钢译，上海科技教育出版社2000年版，第79页。

(Anthony Giddens) 强调，理解互联网对日常社会生活影响的关键，是分析互联网对社会时间——空间伸延和分离的影响。网络空间不仅实现了对现实物理空间的超越，而且突破了人们的思维空间和传统的符号空间。网络空间去中心化的技术逻辑，使得信息传播和行为互动的模式不再是单向的而是交互的，信息的分布以及流动也不再是线性的而是网状的。网络空间作为一个无中心的全球信息媒介，它能将全世界的人、组织、机构、政府、企业等联结在一起，使网络主体能够通过远程登录，查询和共享数字化信息，并进行网上讨论、电子出版、发布信息、发送电子邮件等社会活动。以行为个体为出发点，其原本的生活世界和行为空间是有限的，然而，互联网模糊了全球性与地方性之间的界限，拓展了个体固有的时空界域，促成了行为空间与地理场所的分离，伯格斯恰当地将其描述为"社会与地理的分离"，从这种意义上讲，网络空间实现了时空的伸延。

从宏观层面出发，空间特性表现在网络空间的时空压缩。与吉登斯不同，鲍曼和哈维等学者则更强调时空压缩（time-space compression）。鲍曼认为，"'时空压缩'这一术语概括了目前正在进行的人类状况参数的多层面改变。"① "时空压缩"最初是用来研究因交通运输和通信技术的进步而引起人际交往在时间和空间方面变化的理论的。美国著名新马克思主义者戴维·哈维（David Harvey）试图表明："资本主义的历史具有在生活步伐方面加速的特征，而同时又克服了空间上的各种障碍，以至世界有时显得是内在地朝着我们崩溃了。"值得说明的是，哈维对"时空压缩"问题进行考察的立足点始终都是资本主义生产方式的历史变化。故而我们分析网络空间的时空压缩只是借鉴哈维等学者的思考路径。互联网的创设理念不是为某一种需求而设计的，而是能够满足任何需求的基础结构。网络空间作为一个完整的界域存在，从信息的生产、流转、接收到信息的复制和二次传递，其传播速度和传播效果极大地突破了信息传播的时空限制，进而压缩了时空。此外，网络空间中个体的行为方式，既相对独立、彼此隔离，又相互依赖、彼此连接，这种特性消弭并

① ［英］齐格蒙特·鲍曼：《全球化：人类的后果》，郭国良等译，商务印书馆 2001 年版，第 1 页。

超越了现实社会时空的限制与界限。在网络空间中，行为主体上网地点的自由性缩减了交互对象之间的相对距离，上网时间的自主性减少了网络交互行为的时间差距，从这种意义上而言，网络空间具有时空压缩的特性。

（三）网络空间的社会特性

加利福尼亚大学洛杉矶分校的杰弗里·科尔教授说："人们对互联网或爱或恨，但毫无疑问，互联网的影响是真实而深远的。"网络空间的形成是一个复杂的社会与技术的互动过程。网络信息技术改变并重塑着人类的生产、生活方式，引发了社会层面上不同程度的结构变革与转型。从本质上说，这场技术革命最终将扩展为社会革命。

其一，网络空间的交往场域重构了现代社会关系。约翰·巴洛认为，互联网是"人类掌握使用火以来最具变革性的技术事件"。伴随网络信息技术的发展与普及，人们的生存与发展越来越依赖于网络信息，网络空间将成为（确切地说已经成为）人类日常社会生活的核心场域。网络空间以计算机技术、网络技术和现代通信技术为基础，通过计算机群联结而成一个思想交锋、情感交流、行为互动的活动场域。在此，网络空间的社会活动并不同于现实世界的社会行为。网络行为主体遵循技术化生存的逻辑与规律，自觉或不自觉地结成了网络虚拟社会关系，塑设着形式各异的网络虚拟角色，开展着网络虚拟实践活动。技术与社会关系是现代社会科学中长期悬而未决的原命题，技术进步与社会发展之间的内在关联直接引发社会的时代性变迁。

其二，网络空间的融合发展变革着现实社会结构。网络空间的社会性不仅体现在信息技术的场域化特征，还体现在网络空间构成了新型社会活动的结构因素。人类的生存方式、交往方式以及信息传播方式，因由网络信息技术的深入发展而不断发生变化，从而滋生了人类社会结构的转型。网络空间引发了社会结构的重塑，其根本动因来自网络行为主体在虚实世界中的融合发展，按照泰普斯科特的说法，随着互联网的出现，已经诞生了一种新型的"连线"居民，他称为网络世代（Net Generation）。所谓的网络世代，是指人类社会有史以来第一次在网络世界中成长的世代，无论是生活、娱乐、工作，还是自我发展与创造社群，皆呈现出与其父辈截然不同的生存发展方式，一种新型的具有网络时代特色的生活模式与意识形态正在生成。网络空间已经成为一个全新的社会变量介入人类的生产实践，它成功地塑造了现代社会形态中的社群成员身份和行为架构。

第二节　网络空间的构成方式

一　网络空间的技术构成

技术是人类生存方式和生存状态的展示与建构，在人类发展史上具有生存论的意义。无论是滚木、马车、蒸汽机车、飞机、宇宙飞船，还是电报、电话、电视的发明与应用，都曾对人类的社会生活和社会行为产生了革命性的影响。如今，互联网技术同样彰显了技术进步对人类生存图景的建构意义。网络空间的技术性生成，以微电子革命、数字化信号语言、储存和前馈原理、分层组织、新连接和融合等为基础①，以信息技术为范式，以自由开放的网络形态为特征，奠基于一套完整而先进的技术系统，新技术的变革性力量再次促进了人类历史的进步。

（一）网络空间的技术基础

1. 微电子革命

20 世纪末和 21 世纪初，人类社会先后经历了 6 次变革性发展的第二次通信革命，在微电子学领域掀起了一系列的连续性变革，实现了计算机在 35 年间的 5 次更新换代。伴随计算机的小型化改良，在集成半导体的研发过程中，人类成功地在一个表面只有几平方毫米的面板上集合了数十万个连接点的芯片，这一发明促使微处理器功能的研发得到深入推进。同时，芯片带来了计算机处理过程的显著分散化，使得数据通信变成一个重要的现象。芯片的容量按照指数规律不断增大，平均每 18 个月翻一番，进一步实现了电话网络的完全计算机化，也为微电子技术的诞生奠定了基础。

2. 数字化信号语言

微电子学在其组成部分中所有的交换信号都使用统一的语言，即数

---

① ［荷］简·梵·迪克：《网络社会——新媒体的社会层面》，蔡静译，清华大学出版社 2014 年版，第 43—46 页。

字信号的语言，形成了数字化的固定结构。在现代计算机技术发明之前，几乎所有的计算和传播系统都是模拟的。传统的广播、电视等电子媒体都是模拟式的电磁媒体，运用电磁模拟声音和图像，传播信息量小，难以交换。数字化的信号语言将文字、声音、图形、图像等模拟信息碎片化，转换成0和1的计算机可读信息，不仅提高了传输效率，而且确保了信息的准确性和完整性，彻底改变了数据和信息的生产、获取、处理、传输和储存方式。著名未来学家尼古拉斯·尼葛洛庞帝指出，未来是“比特的时代”，数字技术将在未来社会占据主导地位。

3. 存储和前馈原理

存储和前馈原理是网络空间的另一个技术基础，人们在各种形式的数据库中使用电子记忆和存储。电子记忆系统和数字化的数据存储方式，极大地刺激了传统交互式媒体，存储和前馈原理通过大量新设备的嵌入丰富了电信，并且为所有电子邮件、互联网检索网页、计算机软件、音视频多媒体节目的交互使用奠定了基础。存储和前馈原理不仅为在线和离线网络的汇交提供了可能，而且加强了信息传播的准确性、选择性和交互性。数据库和电子记忆功能在确保上述性能得以充分展现的同时，也对个人隐私形成一个潜在的威胁，因为任何一个简单的符号语言和行为指令都将被注册和保存。

4. 分层组织

计算机技术和计算机网络的分层组织，旨在把计算机的硬件、软件和应用程序区分开，将计算机的功能以多层级的模式加以开发和运用。网络基础设施层、交互操作层以及应用程序服务层，共同构成了计算机系统的基本分层。每一分层组织都支持信息的自由选择和交互流转，实现了传播流的中央化和分散化。以规范的层次结构来组织网络功能与协议，不仅可以增强计算机系统的灵活性，而且有利于将复杂的通信过程划分为有序的连续动作与交互过程，将其化解为一系列可以控制和实现的功能模块，使得复杂的计算机网络系统更具可操作性和标准化。

5. 新连接

有线和无线之间连接的进一步完善与改进，这不仅直接决定了导线和光纤的传输性能，而且也关系着过去使用的发射机、接收设备和所有转换器、路由器的性能，促使了微电子和数字化的真正变革。广播、电话和大范围计算机交通的卫星和天线在光学发射方面取得的进步，直接推动了这种新连接的实现，可以预见，将来所有的连接可能都包括光学计算机、光纤或者由无线电和卫星控制的高频率发射器以及全部的传输电信号（按照光的速度）。有线和无线之间的连接，极大地提高了新媒体的传播速度，缩小了地理距离。

6. 融合

网络空间所依赖的最后一个技术基础是指电信、数据通信技术和大众传播的融合，它建立于上述五种技术基础之上，旨在创设一个单一的数字通信基础设施，它可以连接社会上所有行为，无论在线或是离线。通信的融合为网络空间的社会行为提供了选择性前提，既加强了行为主体与组织结构之间沟通的紧密性和畅通性，又唤起了统一通信以求协同发展的技术诉求。通信融合将随着技术的发展和演进，不断呈现出移动性、视频化、云协作和社交元素等趋势，将成为网络空间运行的主要技术支撑。

（二）网络空间的技术逻辑

基于网络信息技术的推动，网络空间是军事策略、科学组织、科技产业以及后现代文化相互作用及创新的产物，一种全新的信息技术范式正在脱出于世。现代社会在本质上是一个技术社会，或者说，现代社会的变革在相当程度上是由技术革命推动的。在网络革命中，网络信息技术的充分发展，深刻地触发了人类社会结构的革命性转型。当“信息”与“知识”成为人类生存与发展的核心要素，网络空间的信息技术范式的时代意义和社会功能便愈加凸显，它不再停留于信息的传播，而是早已成为一个全新的生存空间。从技术特性出发，TCP/IP 协议等网络技术天然具有去中心化、分散和消解等社会功能，决定了网络空间的“去中心化”特征。与现实生活世界不同，网络空间的技术逻辑模糊了中心与边缘的地位界限，弱化了主流与非主流之间的行为差异。一个开放、松散，在 IP 地位上完全平等的社会架构，在网络空间的技术逻辑支配下得以形成，取代了原有社会的“中心—边缘”模式。

从技术逻辑出发，网络空间中的行为主体所开展的虚拟实践是无中心的和分散的，技术赋予了主体以平等参与和表达的权利，使得网络空间的文化脉络愈加多元。如果说任何技术都是人的延伸，是人不断地创造自己的工具[①]，那么网络技术显然是带有了人类打破生存障碍、追求自由发展的期许的，而网络技术也实现了这种期待。它不仅建构了全新的生存空间，也生成了新的社会形式。人们以一种多元化、去中心、平面化的方式生存和互动。然而，我们也必须认清一个事实：网络空间的技术逻辑虽然打破了原有的社会权力架构，对原有的话语格局起到了一定的消解作用，但是并不意味着网络空间的每一个 ID 都具有同等的影响力，并不意味着网络主体具有绝对平等性。事实表明，网络空间中同样存在着舆论领袖和信息发出的集中点。此外，在网络空间中，去中心化和非线性发展的技术逻辑为网络行为主体发挥主观能动性扫除了障碍，但也向主体的自我控制和价值选择发起了挑战。网络信息技术不仅是建构网络空间的基础，而且是网络空间中人们用以生产、生活和建构社会关系的工具。由于网络空间对技术架构的依赖，自由开放的技术逻辑决定了网络空间的生存范式，也确立了新的行为规制。

二 网络空间的行为构成

在今天，随着互联网的崛起，网络生活已经成为一种全新的社会现象与社会过程，网络行为也正在成为一种全新的社会行为方式。网络空间作为人类生产实践的全新场域，与传统的现实社会环境截然不同，也进而决定了网络空间下的行为方式日益呈现出不同于现实社会行为的交往逻辑与行为特征。

（一）网络空间的行为类型

随着网络信息技术的深化和普及，网络空间也得到了进一步的铺展和完善，为人们的生产生活提供了日常性的技术支持和活动场域。人们的日常网络行为，作为网络社会实践得以开展的初始要素，日益成为网络空间的关键性构成方式。网络空间下人们的行为类型，不仅是建构网络虚拟社会生活的基础，而且孕育了网络空间的虚拟社会关系和组织结构。

1. 网络空间的认知行为

网络空间的出现，转变了情境定义的基本方向，互联网不仅扩展了

---

① 刘丹鹤：《赛博空间与网际互动：从网络技术到人的生活世界》，湖南人民出版社 2007 年版，第 124 页。

人们的认知边界，而且扩展了人们的行为场域。探析网络空间下人的生存与发展问题，必须立足于行为主体对行为场景和行为规则的定义和认知，重视认知行为在个体自我发展与自我控制中的能动作用，关注认知行为的个体间差异。建构主义强调，行为场域并非外在于行为者的客观结构，而是行为者作为行为主体对其进行解释、定义和领会的结果，人们对世界的概念性表述，制约和影响着人们的社会行为。一方面，网络技术日新月异，网络空间的技术载体也在实时更新，人们对网络空间的认知程度直接影响着人们的网络参与指数；另一方面，网络空间行为主体的内在认知与外在环境之间的互动，在相当程度上生成了网络行为的直接动力，形塑了网络社会的运演轨迹。

2. 网络空间的交往行为

人类在生产实践中不断延伸着自我的交往能力，追求着沟通的最大化。互联网的崛起，实现了人类通信技术史上的重大突破，建构了现代化的人际沟通与互动场景，网际交往成为一种全新的社会交往方式。在网络空间下，行为主体之间以符号化的语言进行着形式多样的沟通与交流，包括传递信息、沟通思想、交流情感和交换资源等。交往行为是人的本质特征，也是人类社会生活的重要面向，同样，网际交往也是网络社会实现主体互动与自我再现的关键。网络空间的交往行为，不仅打破了传统时空界域的限制，而且创造了全新的交往空间和交往模式。与现实社会交往不同，网际交往行为具有符号化和虚拟化等特征，以一种“身体不在场”的方式和匿名性的身份展开互动，所维系社会关系可能是虚拟世界的全新建构，也可能是现实世界的网络化延伸。

3. 网络空间的生产行为

网络信息技术形塑了人们的生存空间，也重构了人们的生存方式。技术发展助推着人类生存方式的变革，指涉了人类社会生活的全部。在网络信息社会条件下，网络技术似乎成为人类社会生活的决定性力量，人们开展着不同于以往任何时代的生产行为，进行着全然不同的生产实践。马克思、恩格斯在《德意志意识形态》中指出：“人们用以生产自己的生活资料的方式，首先取决于他们已有的和需要再生产的生活资料本身的特性。……因而，个人是什么样的，这取决于他们进行生产的物质条件。”[①] 网络空间的物质以及精神生产行为，不仅彰显了人类致力于创造新技术、运用新技术的主观愿望，更体现了人类积极追求更先进、更科学的生存方式的现实努力。

（二）网络空间的行为特征

人类的行为是在一定的社会场域（场景）中展开的。网络时代的信息社会，正在呈现出一种与现代工业社会有着结构性差异的全新社会面貌，社会面貌的全新特征与网络空间的行为特征紧密相连。网络空间是网络行为的发生场域，直接规制着网络行为的独特本性。

1. 身体缺场是网络行为的显著特征

网络空间的功能作用，不仅体现在它是人们开展网络实践的客观环境，同时它也是网络社会行为的内在要素。吉登斯将时间和空间引入了对社会行为的分析之中，强调社会行为与特定时空结构的联系，强调互联网极大地扩展了社会行为的时空跨度，“使在场和缺场纠缠在一起，让远距离的社会事件和社会关系与地方性场景交织在一起”[②]。网络空间的网际网路不仅仅是外在于我们的媒介工具，而且是可以承载人类活动的场域。网络空间的技术逻辑和数据转换形成了一则网际定律，即网络行为是网络空间下符号自我的主体间行为，身份缺场并不阻碍网络互动，相反，更大程度地实现了沟通的最大化。

2. 身份设定是网络行为的空间特权

在网络空间，人们根据自己的喜好和需求，可以自由选择或设定自己的出场身份，能够隐匿自己在现实社会中的部分甚至全部真实信息。网络空间下交往过程中的假定身份，极大地释放了行为主体的参与热情，也清晰地再现了行为主体的真实意愿。然而，虚拟身份角色掩盖之下的行为活动，也极大地弱化了社会主体的责任道德意识，网际冲突和失范现象成为危害网络空间文明建设的关键因素。值得注意的是，符号技术带来的隐匿性特征不仅面向于行为主体，行为对象也同样具有虚拟性。网络空间主体间的行为发生、行为过程以及行为后果皆遵循社会交往的

---

① 《马克思恩格斯选集》第1卷，人民出版社2012年版，第147页。

② ［英］安东尼·吉登斯：《现代性与自我认同》，赵旭东等译，生活·读书·新知三联书店1998年版，第23页。

一般规律，又都具有网络空间所特有的行为表征。

3. 弱关系是网络行为的理性选择

研究网络行为是研究网络社会关系、网络群体、网络组织、网络社区乃至一切网络社会现象和网络社会过程的基础。同样，研究网络社会结构同样有助于理解网络行为的发生机理。弱关系（weak ties）是指和联系不频繁的人的关系，与频繁交流的强关系相对应。格兰诺维特（Granovetter）对“弱关系的力量”进行了假设和验证，认为弱关系促成了不同群之间的信息流动。弱关系传播了人们原本不太可能看到的信息。所分享的信息不太可能被局限于小范围内，而是得到了以近 10 倍的增加性得以分享，相比而言，强关系的分享值仅有 6 倍，所以说，弱关系更有可能向好友提供一些他们原本难以获取的信息。网络空间的生态特征极其适合弱关系的建立与滋长，网络行为主体在理性选择下，积极与原本素不相识、地理距离和社会距离都很遥远的陌生人进行沟通和互动。网络行为从本质上是人们为了获取更多、更优的社会资本而建立的一种弱关系，凸显了公共领域、弱关系、陌生人互动等行为特征。

三　网络空间的层级构成

美国学者莱斯格（Lawrence Lessig）认为，“网络空间存在着对行为的规制，但规制主要是通过（技术）代码施加的。代码导致了规则的不同，进而区分了网络空间的不同部分。在一些地方生活相当自由，而在其他一些地方则受到约束，这种区别只是控制架构的不同，即代码的不同……代码构筑了网络空间，空间使个人和群体能或者不能。因此，选择代码就是使谁能，使谁不能，以及最为重要的，使什么样的生活方式能或者不能”①。技术代码的网络化规制，为网络空间的层级划分设定了标准，使其层级构成与技术架构相一致。无论网络是以媒介身份还是组织身份介入的人类社会生活，网络空间都打破了传统社会的基本单元，而在个体、群体和组织之间建立了各种层次之间和层次之内的关联（见图 1—1）。

---

① ［美］劳伦斯·莱斯格：《代码：塑造网络空间的法律》，李旭、姜丽楼等译，中信出版社 2004 年版，第 25、83 页。

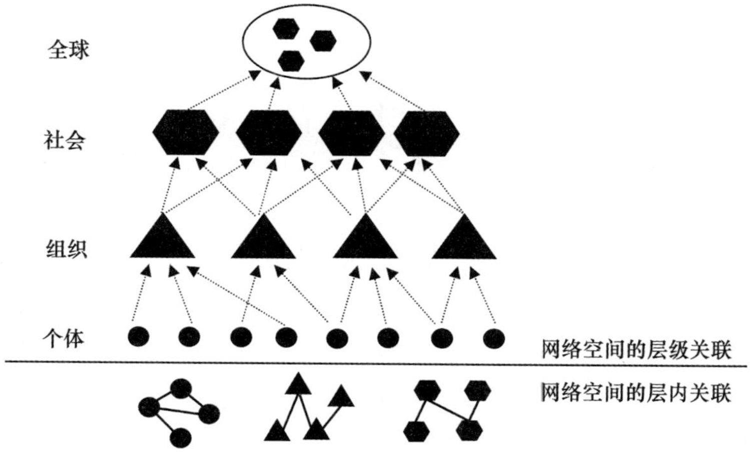

图1—1 网络空间的层级构成

（一）网络空间的个体关联

网络空间的基本层次是个体关联（individual relation），是指网络空间的行为个体借由媒介网络而形成的关系体系。伴随网络信息技术的发展，个体间的关联日益得到强化，无论是发生的可能性还是关联的程度都得到明显的提高，这种联系和互动不仅发生在熟人之间，而且广泛见于陌生人之间的交往，打破了现实社会的结构边界。网络空间的活动组织方式具有去中心化特征，故而网络行为个体的行为方式也更加开放和多元。所以，发散式的组织模式构成了网络空间的个体关联方式。不同于现实社会生活，网络空间的个体在一定程度上超越了现实等级差别而平等地拥有信息资源。从某种程度上讲，人们忽略了身份、等级、地位、收入、职业的差别而平等地交往。因而，网络空间的个体关联虽然是网络空间层级构成的初始形态，却成功地冲破了传统社会的权力压制，调节了权力分配不均而导致的资源失衡，从而为人们自由、平等地互动和交往提供了可能。

（二）网络空间的组织关联

网络空间的第二个层级构成是群体和组织关联（group and organizational relations），既包括偶然、松散的临时组织（比如网络论坛和网游团队），也包括长期、明确的固定组织（比如政府、企业的网络平台和官方网媒）。信息技术的进步和网络空间的勃兴，使得人类社会的基本结构不断发生改变。透过人在网络空间下的行为秩序，不难发现，电脑串联的背后是行为个体的集合，这种集合以网络化的技术安排加以组构，通过信息的传播和情感的沟通，而不断形成了一个全新的社会群体——网络族群[①]。网络技术愈加发达，网络族群便愈是发展壮大。网络空间的群体和组织关联，跨越了地域的区隔，淡化了现实的差异，聚合了共同的兴趣、爱好、观点和理想。

（三）网络空间的社会关联

网络空间的第三个层级构成是社会关联（societal relations）。信息革命正在全面地改变着人们的生存发展方式，深刻地影响了人类的社会化进程。从个体、组织和社会的关系出发，可以将网络空间的社会关联理解为网络信息技术在个体关联和组织关联的基础上对社会结构进行了更大范围的形塑；从网络空间与现实生活世界的关系出发，可以将网络空间的社会关联理解为现实社会的网络化映射。在两种不同的理解思路之间，出现了一种分离和回归。一方面，网络空间的个体、组织关联方式并不等同于现实社会的结构方式，更多地凸显了程序思维和技术逻辑对现实的超越，此时，网络空间与现实世界之间发生了一种分离；另一方面，由于网络空间的行为边界是变化而模糊的，所以，网络空间的社会关系构成也是极为不稳定的，进而有学者强调，国家与社会在互联网公共空间的互动边界并不是清晰界定的，不是制度化的。然而，这种社会性关联却依然具有脉络性的界定，这便缘于一种回归，这种回归体现在社会关联的民族品格和精神气质。

（四）网络空间的全球关联

网络空间的第四个层级构成是社会与国际组织的世界体系中的全球关系（global relations）。如今，伴随着信息技术的广泛应用，我们已经进入了一个全球网络时代，网络空间也借由国际传播、电子通信系统和计算机网络的强有力支持，日益成为国际关系和国际合作的聚焦领域。网络空间的落成和完善，不仅拉动了经济社会的进步，也引发了新的安全

---

① 按照 N. 巴雷特（Neil Barrett）的说法，网络族群也可以称为赛博族（Cybernation），是指受互联网或者类似的数字化系统影响而形成的有共同信仰或人生观的部族和社群，他们正在塑造一种独特的文化生态位。

风险和挑战。网络空间安全问题成为事关人类共同利益和世界和平发展的关键议题。网络信息时代，技术的发展再次丰富了人的多维规定性，将现实性与超越性相统一，将实然性与应然性相结合。我们只有深入研究人在网络空间下的生存发展问题，积极倡导和建设人类命运共同体，才能更好地建设自由开放的网络空间，以实现网络行为主体的共存共生、共享共治和共建共荣。

第三节 网络空间下人的生存理路

现代信息技术不断向纵深延展，人的生存问题再度成为时代发展所亟待攻克的命题。探索网络空间的生存境遇，设定空间生存的意义秩序，必将是一个在开拓中求索的过程，它不仅需要理论的创新，而且要具备开拓的实践精神，从而更好地解答人自身开放与发展的时代命题。虚拟生存场域的空间边界，规约了网络社会人的生存发展向度，进而也影响并塑造了人类生存的空间境遇。技术推动着人类文明不断地变迁，不仅以强劲的力量向人们既定的生存方式发起挑战，同时也规约了人类未来的发展模式。人类生存境域的技术性变迁，以符号化、程序化的作用方式重构了人类的生存境遇和文明结构，网络空间的虚拟实践不断推进了人类生存维度的技术性超越。

一 生存时空：虚拟空间对人类生存时空的变迁

“网络作为认识技术化和思维工具化的成果，它再次深刻而又凝聚地显现了理性视野下的人的全部问题。”① 网络时代的到来，对人类社会产生了深远的影响，直接引发了生存时空的虚拟性变迁。从某种程度上讲，正是人类生存时空的转型才促成了人类生存方式的变革。技术革新所引发的时空跃迁，不仅成为制约人类自由发展和社会全面进步的客观前提，而且直接决定着人类的基本生存样态，日益成为影响人类现实生存发展的核心要素。

---

① 唐少杰：《网络问题的哲学断想》，《学海》2000 年第 6 期。

（一）网络空间的时空跃迁

关于时空的理解经历了漫长的探索，却始终难以形成一种令人信服的解释。在信息化的当代，技术空前广泛而又深刻地影响着人类的社会生活，其中最为深远的影响就是以数字化技术为基石的虚拟时空的出现，技术的发展创建了全新的时空结构。从某种层面上讲，恰恰是人类生存时空的虚拟性转型，促使着人类的生存从现实空间延展到了虚拟空间，造就了人类全新的生存方式。著名传媒学家麦克卢汉曾断言："任何技术都倾向于创造一个新的人类环境。"① 的确，人类的进化与技术的发展紧密相连，技术是人类生存的一种展示与建构。当代技术之所以成为人的存在方式，其原因不仅在于解蔽的手段，更在于生存的意义。技术的进步和应用不断地改变着人类生存的现实图景，使人的生存越来越依赖技术，使人类的社会生产不断通过技术的创新而获得发展。科学技术的进步水平直接决定了科技对社会的支配范围和扩张程度。技术以其独有的作用方式建构了人的生存环境和行为模式。高新技术的飞速发展造就了一个全新的网络信息社会，给人类带来了一场生存方式的巨大变革，为我们造就了一个与物理空间并行的虚拟生存空间，一个由 0 和 1 构成的真正的"虚拟社会"。可以说，技术发展实现了生存空间的转换，实现了生存方式的变革，实现了虚拟生存对现实生存的历史性跃迁。

（二）网络空间的场域转换

随着计算机和信息技术等当代高新技术的发展，虚拟社会的建构也日益完善。在这个社会中，虚拟社会创造了一个完全不同于自然时空和社会时空的全新场域。人们充分利用数字化的技术手段，结合现有的信息资源加之以丰富的主观创作，在特定的时空运动方式和运行状态下，搭建了一种全新而特殊的时空感觉和体验场景。在这个虚拟的时空中，"技术构成了此在在世的方式"②，现代技术不仅拉近了人们的空间体验，也不断将这种体验外化于现实生活。从某种程度上讲，以人类唯一的生存发展场域为出发点，技术对时空的超越，把人类社会分化为既紧密联

---

① ［美］理查德·A. 斯皮内洛：《世纪道德：信息技术的伦理方面》，刘钢译，中央编译出版社 1999 年版，第 1 页。

② 杨庆峰：《现代技术下的空间拉近体验》，中国社会科学出版社 2011 年版，第 63 页。

系又相对独立的两个空间，人们获得了线上和线下两种生活世界，即现实场域和虚拟场域。起初，二者是两个相互通约性较少的平行运行场域，但随着现代科学技术的发展，虚拟社会结构、社会功能日趋完善和成熟，虚拟社会与现实社会不断从分化走向融合，人们的生存体验也不断在虚拟与现实之间发生转换。网络信息技术在当代的发展，促使人的虚拟社会生活越来越日常化，虚拟的生存方式也得到了普遍的认同，人们积极地选择在现实和虚拟这两个相互交融的场域之间流转。由于实践主体（人）构成了虚拟场域和现实场域的连接主体，实践中介（技术）构成了虚拟场域和现实场域的连接媒介，主体和媒介的属性特征决定了虚拟与现实之间的流转不仅具有实践性，而且具有客观性。

二 生存方式：虚拟生存对人类生存方式的变革

纵观人类社会的历史进程，科学技术始终驱动着社会的前进。与此同时，技术革新所衍生的网络空间，也正在重构并催生了与之相应的生存方式和理性观念。在网络空间下，虚拟生存活动的兴起与发展使人类的生存图景逐渐走向多元，虚拟生存日渐成为一种个性、时尚、必然的生存体验和生存选择。人们面临全新的生存境遇和价值规约，积极开展着形式多样的实践活动，展现了人类技术化生存的虚拟样态。

（一）生存方式的虚拟选择

当代，信息技术全面而深刻地改变着我们的生活时代和生存方式，也正在不断地规划和塑造着我们的未来生活。人在网络空间下的生活方式极大地延展了现实生存的践行维度，并不断形成一股力量，影响并制约着人们的现实生活。要想成功举证虚拟实在是波普尔“世界3”理论的当代拓展，就必须在虚拟与现实关系之间找到一个基点，这个基点必定是虚拟技术带给人类的一个崭新的无限存在领域。人们只有深入理解和准确把握“虚拟”与“现实”的关系，才能理性地选择虚拟性的生存方式来发展自我。关于虚拟与现实的关系问题一直存在一个误区，即孤立地将虚拟理解为对现实的改造，将虚拟化的时空看作是现实之外的技术性设定。这种片面而孤立的想法，不仅会切断虚拟时空与现实时空的联系，而且为虚拟生存蒙上了一层玄幻、虚假的面纱，掩盖了虚拟生存的实践本性。事实上，虽然在网络信息技术所构建的虚拟时空与实然物理世界的现实时空之间存在本质性的区别，但二者却又相互连接、相互制约。只有将虚拟生存准确地理解为是现实生存的技术性延伸，人类才能果断而积极地开展虚拟实践。网络信息时代，人类通过虚拟性选择而形成了一种符号化、数字化的思维方式，使得现实生活得以丰富和扩展。可以说，技术是人类得以超越现实、体验虚拟的先决条件，更是实践卡西尔的"人是符号动物"理论的客观前提，它证明了人类虚拟生存的实质是一种基于网络虚拟技术的符号化存在及其体验。在线时空与物理时空并存、虚拟社会与现实社会相连，人类积极地将自身展现为与技术、符号、空间、数据、信息等因素有关的表现形式，而自由地流转于"两个时空"和"两个社会"之中，不断获得全面的生存体验和发展方式。

（二）生存实践的主体创造

数字化时代的到来，人类的生存环境发生着激烈的骤变。人们的社会实践越发地依托于现代科学技术，开创了一个崭新的信息世界，不断创造出"具有人的本质的这种全部丰富性的人，创造着具有丰富的、全面而深刻的感觉的人作为这个社会的恒久的现实"①。先进的信息技术、数字化技术，加之以发达的网络技术，真实地创构了一个别样于物理空间社会的数字化社会——虚拟生存空间。在这个全新的维度里，人们不仅享受着信息资源的极大丰裕，更自主自为地进行着主观创造。迈克尔·海姆在谈到虚拟空间对人的生存影响时指出："数字信息与人类知觉的结合部，文明的'基质'，在其中银行交换货币（信用）而信息寻访者则在虚拟空间中储存和再现的数据层中航行。"② 信息成为网络空间的一种资源性存在，信息的流通和共享成为网络虚拟实践的动力来源，也构成了网络行为主体创造性活动的存在样态。信息技术极大地拓展了人类实践的活动范围，缩短了活动时间，为个人充分、自由地展开实践活动搭建了平台。人们不仅能够回应现实世界，而且能够有计划、有步骤地预演现实世界中的可能和不可能。与此同时，人在实现自身本质和价值

① 《马克思恩格斯全集》第3卷，人民出版社2002年版，第306页。

② ［美］迈克尔·海姆：《从界面到网络空间——虚拟实在的形而上学》，金吾伦、刘钢译，上海科技教育出版社2000年版，第163页。

的过程中，既完成了自我精神信息的创造与交流，也进行了自我价值的判断与选择，从而在虚拟实践过程中实现自我升华。可以说，网络社会赋予了人的自由发展以更多的自在、自觉和自为的价值内涵。在这个符号化、程序化的虚拟空间里，人类往往最贫乏的不是信息资源和知识储备，而是苦于缺少判断信息的基准和选择资源的标杆。因此，在虚拟生存的实践中，愈加凸显了实践主体创造性的重要和必须。虚拟世界是一个空前注重主体创造、彰显个性魅力的维度，它将营造出一个真正自觉的文化氛围。

三　生存趋势：虚拟社会对人类社会发展的超越

历史实践表明，实践中的问题远比理论问题更为复杂，更为集中。如何正确认识现实社会与虚拟社会之间的内在关联，如何有效转换人在双重生存空间下的虚实境遇，将直接决定着网络社会下人类生存发展的现实走向和客观命运。虚拟技术与互联网发挥着自身普遍而又强势的杠杆力量，逐步影响着人类实体性的存在和发展历程。无可否认的是，网络虚拟技术的确奠基并塑造了一个覆盖全球的巨型生产工具和另类的实践空间。网络信息技术在当代的发展，实现了虚拟社会对人类现实社会的全面超越，这种超越不断建构和塑造了技术价值的人文基准以及生存空间的网络理性。

（一）技术价值的人文基准

科学技术本质上是一种社会活动，在人类探寻客观规律以及认识世界和改造世界的过程中，彰显着极大的价值。一方面，其物质价值（既包括对生产力的推动，也包括经济效益的提高）在人类文明发展中发挥着巨大作用；另一方面，其精神价值（包括破除迷信、消除偏见、坚持客观和公正等）在认识论、方法论、伦理及审美等方面，也具有不可替代的作用。究其根本，无论是物质价值还是精神价值，都是围绕人的需求而展开的。科技对人的意义决定了其自身存在和发展的方式，同时也体现着人类的智慧，验证了人类的创造性。科学技术的本质决定了它在追求真理的同时，在其向现实生产力转化中也推动着人类自身的进步和发展。科学技术可以使人依据自身所发现的客观规律去实现自身的需求，人作为主体在实践过程中生成对象并使之对象化，把自然对象从“自在存在”改变成为“属人存在”，从而实现人的本质。然而，在技术与人文之间存在的张力，一直是一对矛盾性的存在。只有实现人的本位性回归，坚持以人的立场和需求为出发点，科学技术才会彰显出更加深远的价值和意义。因此，人的主体目的性将成为科学技术的价值基准，这一价值基准是网络社会应用和发展的实践要求与价值方向。

（二）生存空间的网络理性

伴随网络信息技术的深入发展，网络已经不仅仅是人类生产、生活的工具，更表现为人类生存和发展的一种技术依托和精神规制。网络空间在接受人类的现实生存理念导引的同时，积极地以符号化、数字化的思维方式和网络逻辑对现实生活发挥着巨大的牵引和构造力量。人们借助网络技术实现着自我超越，但同时也必须遵循网络空间的数字化逻辑。在虚拟实践过程中，人类的理性思维必将根据相应的物质、能量和信息不断调整，进而转变为一种相交互的、动态联系的思维模式来处理和应对虚拟系统中的信息资源。线性虚拟生存便以一种不同于以往劳动实践的创造方式而独立运行，建构了一种网络空间的理性规约，这是人类理性精神的崭新形态，亦是网络时代现代性的显著表现。伴随网络的发展进程，网络技术便以其独特的发生逻辑对现实社会进行分化和整合，网络理性以其当代科技理性代表的身份，不断延展了人类自我的生存时空，并将现代性扩散和聚合效应推向极致。网络信息时代的虚拟社会以其独有网络的技术逻辑和网络社会人文逻辑，规定并制约着虚拟社会人的虚拟实践，在语言表达、行为交往和信息传播等方面决定并支配着虚拟主体的思想和行为，一套完备的网络逻辑已经现实地存在并不断扩散开来。

四　生存意义：虚拟实践对人类存在意义的丰富

意义秩序的建构按其本质来说，是对现实关切与理想追求的实践性统一，具有一定的超越性和理想性。建构意义秩序的历史价值在于将实践活动的目标指向尚未存在的应当。建构人在网络空间下的生存意义，旨在解蔽虚拟实践的本质景观、建构合法的空间逻辑。生存境域的变迁，不仅引发了生存方式的转变，也滋生着价值原则的碰撞，使得网络空间下不同的行为主体产生了不同的行为趋向。在网络虚拟实践中，基于行为主体不同的生存体验、生存意向、生存信念，形成了截然不同的角色需要和意义期待，行为主体也根据自身的生命表现、生存处境、生存能力而理性地进行角色选择和责任担当。在虚拟实践中，人们展现了网络化的生命表现和意义担当，进一步丰富和完善了人类存在的意义。

（一）人在网络空间下的生命表现

理论创新的动力源于实践的发展，人类社会实践的深入和生存境遇的变迁，始终呼唤着生存理念的革新。“人是有意识的存在物，有意识的存在能够将自己的生命活力得到充分的、有意义的释放和表现。”[①] 然而，网络行为主体选择何种方式以及怎样选择生存方式来表现自己的生命和释放生命的意义，既取决于个体的生存处境，也取决于个体的生存意向。一方面，生存处境是制约主体生命表现的基础；另一方面，生存意向是制约主体生命表现的关键。从网络空间下个人行为选择的角度出发，生存意向是网际活动中的生存向度和生存目的，直接决定着行为主体的活动欲求和价值取向。伴随技术和社会的变迁，网络信息社会具有的自由、开放、虚拟、隐蔽等特点，既丰富了人类的生存体验，也离散了社会群体的价值认同，挑战并威胁着现实社会系统的意义建构。因而，面对网络信息技术对人类生存方式的空间性变革，必须保持客观的理性和高度的自觉，这是技术时代心理认知和情感表达的预设前提，更是虚拟实践对理论创新的呼唤。

（二）人在网络空间下的意义担当

意义担当的表现形式是有目的、有意识地延展个体生命的生存活力、释放个体生命的存在意义，积极选择生命的表现形式，以一种科学、理性、向善的发展基准，来创设个体在网络空间下的虚拟角色，开展具有意义建构性质的网络虚拟活动。人类超越现实获取了全新的生存场域，虚拟生存成为人类生存和发展的崭新范式，展现着人类的本质力量，但在网络空间下最终确认其“身份”的路径仍要追溯其精神文化意义。网络空间仿佛一片技术的汪洋，翻滚着理性的浪花，人类社会的巨轮在这技术的汪洋中不断追逐光明的彼岸。在这漫漫的航行中，只有以文明做帆、以道德做桨，才能保证巨轮前行的航线正确而安全。人类文明的优秀传承，非但不能泯灭于高度发达的现代技术的浪潮中，相反，要借由

---

① 贾英健：《虚拟生存论》，人民出版社 2011 年版，第 177 页。

现代技术的先进性而不断得到继承和发扬。培育和塑造网络空间精神文化意义是虚拟实践的重要组成部分。人类因由网络信息技术的发展而延伸了自身的生存领域，使人虚拟地转化为数字化的符号体而“活动”于自己的制造物中。在网络空间下，行为主体的精神意志、情感需求外化为行为活动的过程和方式将更为生动，依托信息技术而展开的虚拟实践，无论是组织规模、参与程度，还是活动效果、意义生成都是极为乐观的。网络行为主体将其凝结了生存意义的思维构想外化为直观可视的超文本景观，流转于虚拟的网络时空之中。在网络空间的意义世界中，这种将精神和情感进行符号化的输出过程原本就是网络行为的一种特质，再经由网络空间的信息共享，人们所进行的选择性接受和主动性传播也进一步丰富了意义角色的生存内涵。

第二章

网络空间下人的生存理论考察

伴随着网络信息技术的应用及推广，人类社会的生存发展空间发生了革命性的拓展。信息技术的发展不仅推进了人类生存样态的变迁，而且构建了一个与现实物理空间并存的虚拟空间。随之，网络空间下人的生存发展问题引起了社会各界的广泛关注。无论是网络空间的落成，还是网络社会的发展，皆是人类文明进步的产物。同时，网络时代的技术成果也促进着人类的现代化发展，二者在实践过程中互相促进、互相建构。网络空间的技术性生成，既是人类实践活动的现代创设，又是推进人类现代化发展的直接动因。网络空间为人的技术化生存和现代化发展提供了可能，这种可能不仅具有先进的科学性，也具有极强的可行性，与此同时，马克思主义经典作家的相关理论对此具有丰富的指导意义。探寻人类全新的生存理路，日益成为当代哲学社会科学领域的关键性议题。马克思认为："人以一种全面的方式，就是说，作为一个总体的人，占有自己的全面本质。"① 事实上，人的生存发展过程也就是全面占有自己本质的过程。鉴于网络空间所具有的技术、空间和社会等多维属性特征，考察网络空间下人的生存发展理论，也要准确而全面地把握其理论基础，既要准确把握马克思主义相关理论的指导意义，也要积极借鉴其他学科领域的理论成果。建立宏观而系统的理论视角，立足思想政治教育学科的人学视野，将为网络空间下人的现代化发展提供理论支撑。

① 《马克思恩格斯全集》第3卷，人民出版社2002年版，第303页。

第一节　网络空间下生存与发展的人学基础

马克思主义经典理论以全新的实践性思维方式，展现了马克思哲学对人的关注脉络，人的生存发展问题正在哲学层面获得自觉表达，生成了哲学的自我批判、自我超越的辩证思维及精神气质。马克思主义经典理论对人的关注，既立足于现实生活世界和实践过程，又超越了一般性的生存状况描述，是一种关于人的物化状况所进行的具体而历史的批判，这种批判承载着基于现实又规约现实的人类关怀，为网络空间下人的生存发展提供了丰富的理论资源和科学的理论指导。

一　人的本质理论

在人学的视域下，人的生存发展问题与人的本质紧密相关，准确把握马克思主义关于人的本质理论是分析网络空间下人的生存发展问题的理论前提，既有助于在分析过程中科学判定人的虚拟生存及虚拟发展的本质，也有助于指导人们在网络空间下的虚拟实践。

（一）理论溯源：马克思主义关于人的本质理论

起初，青年马克思在柏林求学期间深受青年黑格尔学派的影响，认为“自我意识”是人的本质，自由和理性是人所固有的，是人的本质表现。值得说明的是，他已经开始认识到人的社会性，并指出：“一个人，只有当他与之发生关系的他物不是一个不同于他的存在，相反，这个他物本身即使还不是精神，也是一个个别的人时，这个人才不再是自然的产物。”[①] 随后，马克思在批判黑格尔哲学过程中，对人的本质有了新的理解，逐渐开始受到费尔巴哈的人本主义影响，在《黑格尔法哲学批判》中，开始呈现了人是自然性与社会性统一的思想。马克思在《〈黑格尔法哲学批判〉导言》中，一方面论证了人的根本就是人自身，“人本身”是人的最高本质；另一方面又强调，“人不是抽象的蛰居于世界之外的存在物。人就是人的世界，就是国家，社会”[②]。马克思在人的本质问题的探

① 《马克思恩格斯全集》第1卷，人民出版社1995年版，第37页。

② 《马克思恩格斯选集》第1卷，人民出版社2012年版，第1页。

讨上逐渐超越了费尔巴哈，既承认人的“私人本质”，也强调人的“社会本质”。在《1844年经济学哲学手稿》中，马克思以人的实践活动为视角来认识和考察人的本质，认为人的本质是“自由的有意识的活动”，即“一个种的整体特性、种的类特性就在于生命活动的性质，而自由的有意识的活动恰恰就是人的类特性。”① 马克思不断将关于人的本质认识推向深入，无论是人的自然本质，还是人的社会本质都获得了全新的进展。马克思认为，“如果把工业看成人的本质力量的公开的展示，那么自然界的人的本质，或者人的自然的本质，也就可以理解了”②。由此，马克思认为，个人既是自然存在物，也是社会存在物，“人的本质是人的真正社会联系”。在《神圣家族》中，马克思发现了物与物背后隐藏的人与人的生产关系，认为人是由他所处的工业和经济状况决定的，应该从粗糙的物质生产、经济发展和工业状况的过程中认识人。此时，马克思关于人的考察发生了转向，这种转向体现在马克思不再用“人本身”来确证人的本质，而将视角从“抽象的人”转向“现实的人”。在《关于费尔巴哈的提纲》中，马克思彻底清除了人的本质观上费尔巴哈的影响，基本确定了历史唯物主义人的本质观，提出了“人的本质不是单个人所固有的抽象物，在其现实性上，它是一切社会关系的总和”③。一方面，强调了人的本质的社会性，认为人的社会实践和社会关系，不仅把人与动物区别开来，而且把人与人区别开来；另一方面，也凸显了人的本质的历史性，认为人的本质是不断发展变化的过程。同时，人在改造外部世界的实践中不断改变自身，表明了实践活动对理解人的本质的重要性。“环境的改变和人的活动或自我改变的一致，只能被看做是并合理地理解为革命的实践。”④ 马克思运用辩证思维方法逐步将人的本质认识推向深化。马克思和恩格斯在《德意志意识形态》中，对人类最基本的实践形式（物质生产）进行了深入研究。“个人是什么样的，这取决于他们进行生产的物质条件。”⑤ 在《哲学的贫困》中，马克思通过研究人在社会历史

① 《马克思恩格斯选集》第1卷，人民出版社2012年版，第56页。
② 《马克思恩格斯全集》第3卷，人民出版社2002年版，第307页。
③ 《马克思恩格斯选集》第1卷，人民出版社2012年版，第135页。
④ 同上书，第134页。
⑤ 同上书，第147页。

中受制约性和主观能动性，得出了人既是历史的“剧作者”，又是历史的“剧中人”[①] 的著名论断。

（二）理论指导：网络空间下人的本质探析

马克思主义关于人的本质理论是在批判与否定、继承与超越的过程中逐渐形成和发展起来的，其考察维度主要表现在实践和人的社会关系两方面，进而将人的本质论述为实践本质（类本质）和社会本质，说明劳动创造人、社会环境改变人。从实践维度出发，人们通过这种自由的有意识的活动，而确证了人的实践本质。在实践活动中，人类创建了自我生存和发展的基础，也形塑了人类社会的生存方式。人类以劳动的形式展开着有别于其他动物的本质性活动。正如马克思、恩格斯所说：“可以根据意识、宗教或随便别的什么来区别人和动物。”[②] 此外，马克思还从人的社会实践活动中所结成的社会关系出发，对人的社会本质进行了论述，“人的本质不是单个人所固有的抽象物，在其现实性上，它是一切社会关系的总和”[③]。正如马克思所指出的那样：“现实的人的本质就是结成一定的社会关系从事劳动和其他社会实践。”[④] 马克思以人的社会实践为基础形成了人的本质理论，其本质内涵也将伴随社会实践活动的发展而不断得到丰富和拓展。马克思关于人的本质理论无疑具有重要的理论和现实意义。正如恩格斯在《英国状况：评托马斯·卡莱尔的“过去与现在”》中所论述的，人是一种类的存在和类的人，而这种类存在是在社会中的一种现实的存在，与自然的存在相对立，所以，人的本质是一种社会的真实。

关于人的本质是一个历史的命题，人们在历史发展过程中，不断以实践活动来改造世界、重塑自我。网络信息时代的到来，不仅落成了全新的生存活动空间，而且也滋生了完全不同的实践活动。信息技术的发展变革着现代社会的实践方式，人们在网络空间下的虚拟实践已经全面展开。马克思主义关于人的本质理论也将伴随实践形式的变化和实践内

---

① 《马克思恩格斯选集》第 2 卷，人民出版社 2012 年版，第 168 页。

② 《马克思恩格斯选集》第 1 卷，人民出版社 2012 年版，第 147 页。

③ 同上书，第 135 页。

④ 陈志尚：《人的自由全面发展论》，中国人民大学出版社 2004 年版，第 88 页。

容的丰富而被赋予新的时代内涵。人的本质是我们认识人的前提和基础，只有正确认识人的本质，才能合理地促进人的自我发展。在探究网络空间下人的生存与发展问题的过程中，要坚持马克思主义关于人的本质理论为指导，有效地将实然世界的社会实践活动延展到网络空间领域，科学地组建和优化人们在虚拟实践过程中所结成的社会关系，以网络虚拟实践为基础，全面占有人的虚拟性实践本质和虚拟性社会本质。网络信息技术的进步变革着人类社会的历史条件和实践内容，人的本质规约彰显了强劲的时代特色。我们要在实践中不断将马克思主义理论推向前进，以丰富和发展马克思主义的时代内涵，永葆理论的生命力。

二 人的主体性发展

在虚拟与现实之间，网络技术成功地为人类社会架构了另一个生活世界，不仅呈现了现实社会与网络社会互相建构的现实景观，而且丰富和完善了人的存在方式。一方面，在网络实践中，人们自觉地发挥主体精神，积极适应全新的生产生活方式，形塑了网络空间下人的现代化生存图景；另一方面，面对网络空间这样一个崭新而又不断变化的场域，我们只有坚持科学的理论指导，全面把握马克思主义关于人的主体性理论，才能获得更加科学的发展路径。

（一）理论溯源：马克思主义关于人的主体性发展理论

主体性问题是西方近代哲学比较感兴趣的问题之一，是哲学研究和探讨的焦点。关于马克思主义人学理论是否包含人的主体性思想一直存有争议。在《关于费尔巴哈的提纲》中，马克思强调："从前的一切唯物主义（包括费尔巴哈的唯物主义）的主要缺点是：对对象、现实、感性，只是从客体的或者直观的形式去理解，而不是把它们当做感性的人的活动、当作实践去理解，不是从主体方面去理解。因此，和唯物主义相反，唯心主义却把能动的方面抽象地发展了，当然，唯心主义是不知道现实的、感性的活动本身的。"① 马克思通过这一论述，围绕主体性问题高度概括了哲学发展史，总结了欧洲哲学思想发展过程中的经验和教训。马克思批判地继承了有关主体的不同思想，揭示了主体的本质，将其确定

① 《马克思恩格斯选集》第1卷，人民出版社2012年版，第133页。

为“实践的存在物”——人，以主体在实践中的特性为依据，科学地界定了主体性，形成了丰富而系统的主体性思想。

关于人的主体性问题，马克思以及其他马克思主义经典作家都进行了历史和现实的考察。其一，在《德意志意识形态》中，马克思和恩格斯把主体的活动称为“自主活动”。同时，将这种自主活动理解为“是对生产力总和的占有以及由此而来的才能总和的发挥”[①]。主体活动的自主性表明，人可以支配自己的行为以改变和创造自我存在与发展的主客观世界。其二，在《1844年经济学哲学手稿》中，马克思认为，人首先是一种追求自由自觉活动的存在物。这种自由自觉的活动本质上是人的主体性的存在方式，因为自由自觉的活动表明人区别和优越于动物，并且是以主体的方式来对待自己的存在与活动。人之所以成为人，就在于他是以主体性的方式存在着，人是“能动的自然存在物”[②]。人在自我存在的本质和方式上，能动地意识到自己与外物的主客体关系，确定自己的主体地位，并以此来确立自我、实现自我。其三，人作为主体，“人是唯一能够挣脱纯粹动物状态的动物——他的正常状态是一种同他的意识相适应的状态。”[③] 马克思认为，主体的“劳动是积极的、创造性的活动”[④]。创造性是人的主体性的高级表现，验证了人类在客观世界面前的能动性。

此外，恩格斯在《自然辩证法》中将人的活动和动物的活动进行了比较，认为二者的不同之处就在于人的活动是主体性活动。“动物仅仅利用外部自然界，简单地通过自身的存在在自然界中引起变化；而人则通过他所作出的改变来使自然界为自己的目的服务，来支配自然界。这便是人同其他动物的最终的本质的差别，而造成这一差别的又是劳动。”[⑤] 恩格斯所提及的“劳动”“支配自然界”和“为自己的目的服务”等内容直接构成了人的主体性实践。列宁也曾高度赞扬了劳动群众这一历史主体，认为“‘事在人为’，工人和农民应当把这个真理牢牢记住。他们应

① 《马克思恩格斯选集》第1卷，人民出版社2012年版，第209页。
② 《马克思恩格斯全集》第3卷，人民出版社2002年版，第324页。
③ 《马克思恩格斯选集》第3卷，人民出版社2012年版，第845页。
④ 《马克思恩格斯文集》第8卷，人民出版社2009年版，第177页。
⑤ 《马克思恩格斯文集》第9卷，人民出版社2009年版，第559页。

当懂得，现在一切都在于实践。”[①] 毛泽东认为，“思想等等是主观的东西，做或行动是主观见之于客观的东西，都是人类特殊的能动性。这种能动性，我们名之曰‘自觉的能动性’，是人之所以区别于物的特点。一切根据和符合于客观事实的思想是正确的思想，一切根据于正确思想的做或行动是正确的行动。我们必须发扬这样的思想和行动，必须发扬这种自觉的能动性。”[②] 至此，人的主体性表现被归结为“思想”和“行动”两个方面，而且深刻揭示了人的主体性与客观规律之间的关系，即发挥人的主体性要“根据和符合于客观事实”和“正确思想”。

（二）理论指导：网络空间下人的主体性发展

马克思主义经典作家基于实践和社会关系的视角一致认为，人的主体活动是一种自主能动的创造性活动。在客观世界和客观规律面前，人们积极地开展着能动的社会实践，创造着人类的生存意义和社会文明。人的主体活动和主体精神，一次次突破了现实条件对生存发展的制约，人们在充分体验此在生存的同时，而向未来文明发起挑战。网络空间下，人们的生活世界不仅停留于实然的现实社会，而且延展到了广阔的网络虚拟社会，人的主体活动场域也随之扩展到了网络空间。面对网络空间虚拟实践主体身体缺场的特殊性，如何确定网络空间下人的主体地位，如何理解网络空间下人们的认识、实践和交往活动，马克思主义关于人的主体性认知，依然是人在网络空间下进行主体性发展的理论指导。

一方面，马克思主义关于人的主体性理论，有助于实现人在网络空间的主体性确认。在网络空间下，人们以数字符号化的方式出场于网络社会，在强大的技术规约和程序逻辑面前，人们的活动方式具有明显的受动性，人的主体地位一度受到质疑。然而，从宏观层面出发，技术的规约方式以及程序的设计逻辑皆是现实的人的能动性创造，是人的主体性发展的技术呈现；从微观层面讲，人们在网络空间下，面对网络世界的技术准则和程序设定具有主观能动的选择性和自由性，并不是被动地屈从，无论是虚拟实践，还是虚拟社会关系，皆是在人们自由自主的创造过程中而形成的。网络空间下，人们自由地选择着自己的主体角色，

① 《列宁选集》第 3 卷，人民出版社 2012 年版，第 381 页。

② 《毛泽东选集》第 2 卷，人民出版社 1991 年版，第 477 页。

发挥着主体精神，更加能动地从事着网络虚拟实践，以全面占有人的本质。

另一方面，马克思主义关于人的主体性理论，有助于实现人在网络空间的主体性超越。从空间意义上，与现实生存方式同在的空间精神体验，实现了实践主体的自我对视与反向凝思，超越了主体在现实社会中的生存体验。在网络空间下，主体在虚拟化过程中，实现了虚拟与现实之间的空间跨越。无论是主体的生存感受、心理体验，还是主体间的交往限度、互动方式，都在网络空间实现了时空和地域的跨越。网络空间的落成为人的主体性发展开辟了全新的实践场，人们因生存方式和实践方式的变迁，而实现了主体性的超越。

三　人的自由全面发展

网络信息时代，人们不仅创设了现代化的生存空间，而且追求着更为全面和自由的生存方式。追求人的自由全面发展，促进人在现实生活世界和网络虚拟世界的和谐共荣，也是探讨网络空间下人的生存发展问题的根本旨趣。马克思主义关于人的自由全面发展理论，规定了未来社会人的生存发展方向。因而，它也必将是网络空间下指导人的现代化发展的重要理论来源。

（一）理论溯源：马克思主义关于人的自由全面发展理论

“人的自由而全面发展”问题，始终是马克思、恩格斯关注和研究的重点，该理论的形成与发展构成了马克思主义人学理论的主题和共产主义的基本原则。在《青年在选择职业时的考虑》《德法年鉴》《1844 年经济学哲学手稿》等著作中，马克思关注资本主义社会人的现实发展问题，积极探索人的自由和人类解放之路，开启了人的自由全面发展思想的初步探索。马克思认为，“人以一种全面的方式，就是说，作为一个总体的人，占有自己的全面的本质”①。在《德意志意识形态》中，马克思对人文主义思想家、乌托邦社会主义者和三大空想社会主义者关于人的发展思想进行了全面的评述，进一步指出，在共产主义者看来，自由活动是“完整的主体”从全面才能的自由发展中产生的创造性的生活表现。从

---

① 《马克思恩格斯全集》第 3 卷，人民出版社 2002 年版，第 303 页。

《神圣家族》开始到《共产党宣言》的发表，马克思主义关于人的自由全面发展思想日渐形成，并把人的发展概括为“每个人的自由发展是一切人自由发展的条件”。此后，马克思关于人的自由发展思想开始走向与现实的结合，在《资本论》中再次确认“自由个性”，着重分析了资本主义社会人的发展问题，并认为每个人的自由而全面的发展是共产主义的基本原则。人的自由全面发展，作为马克思主义对未来社会人的生存和发展的本质规定，指每一个现实的人摆脱和超越各种内在和外在的限制和束缚，实现人在关系、能力、素质和个性等诸方面获得普遍提高与协调发展的过程和境界。[①] 列宁将其表述为“会做一切工作的人”[②]。因此，实现人的自由全面发展的过程就是不断摆脱自身发展局限和束缚的过程，这既体现在人的实践能力和素质的提高，也体现在人的社会关系的优化。

以往的思想家，“公然舍弃实际条件”[③]，将人抽象化和理想化。马克思克服了这种理论缺陷，不断探寻人类的解放途径和发展条件，促进了人的自由全面发展。追溯马克思主义关于人的自由全面发展思想的形成过程，不仅验证了理论的成熟，也凸显了理论的科学性和价值性。然而，真正实现人的自由全面发展却是一个复杂的过程，需要具备一定的前提和基础。首先，要求消灭阶级、消灭分工和私有制。分工的出现促进了个体能力的发展，扩大社会交往的同时丰富了社会关系，然而，分工也限制了个人能力的综合发展。其次，要求生产力的高度发展、人的交往普遍发展以及真实集体中的个人联合。马克思和恩格斯从生产力、人的交往以及真实集体中的个人联合等方面论述了人的自由全面发展的社会基础，客观地将人的自由全面发展过程理解为一个现实的社会历史进程。生产力的提高既是人类社会进步的动力，也是实现人之发展的前提。在生产力的发展过程中，生产关系以及全部社会关系得到了调整和变革。以发达的生产力为基础，“在真正的共同体的条件下，各个人在自己的联合中并通过这种联合获得自己的自由”[④]。

---

① 陈志尚：《人的自由全面发展论》，中国人民大学出版社 2004 年版，第 89 页。

② 《列宁选集》第 4 卷，人民出版社 2012 年版，第 159 页。

③ 《马克思恩格斯全集》第 3 卷，人民出版社 1960 年版，第 77 页。

④ 《马克思恩格斯选集》第 1 卷，人民出版社 2012 年版，第 199 页。

（二）理论指导：网络空间下人的自由全面发展

马克思主义认为，人的自由全面发展是一个复杂的历史过程。在网络信息化的历史背景下，一方面，网络空间的形成和发展为实现人的自由全面发展提供了崭新的场域和条件；另一方面，马克思主义关于人的自由全面发展思想，为网络空间下人的生存发展提供了理论指导。人的自由全面发展思想的现实衡量标准是自由时间、自主活动和个性自由发展。首先，人们是否拥有可自由支配的活动时间是衡量人的自由全面发展的重要标准。马克思把自由时间看作是人的发展的重要条件和尺度，他指出，"时间实际上是人的积极存在，它不仅是人的生命的尺度，而且是人的发展的空间"①。其次，人们活动的自由程度，或是说人们是否可以进行自主活动是衡量人的自由全面发展程度的主要尺度。马克思认为，消除有限的分工、狭隘的交往和有限的生产工具的制约，是实现人的自主活动的前提。只有大力发展生产力，才能在共同占有生产资料的联合体的基础上实现人的自主活动。最后，人们自由个性的发展程度是衡量人的自由全面发展的根本标准。马克思将人的自由全面发展从历史的时态上分为对人的依赖、人对物依赖的独立性和人的自由个性三个阶段。人的个性发展是实现人的自由全面发展的题中之义，它不仅受到社会历史条件的制约，而且时刻处于历史的发展变化之中。网络信息技术的发展不仅表征着现代社会的生产力水平，更为人的自由全面发展创造了实现条件。在网络空间中，人们可以按照自己的时间需求，自主地选择生存和发展方式，流转于虚拟与现实社会之间，获得了充分的自由空间，使得人类的自由活动成为可能。在人的自由全面发展理论的指导下，科学地把握技术进步与人类发展之间的客观联系，在网络实践过程中积极创建人的自由全面发展的实现条件。

第二节　网络空间下生存与发展的哲学思考

网络信息技术的迅速发展和日臻完善为人类的生产生活开启了全新的网络时代，极大地延展了人们生存与发展的时空界域，落成了一个与

① 《马克思恩格斯全集》第47卷，人民出版社1979年版，第532页。

实然物理世界全然不同的网络空间。至此，人们对自身生存样态及发展方向发起了时代的追问。社会历史条件的变迁，影响着传统哲学的发生基础、思考主题以及话语方式。直面网络空间下人的生存与发展问题，不仅能够促进马克思主义哲学的丰富和发展，而且有助于科学解释网络空间下人的生存现象和发展形态。

一 网络技术的异化问题

异化问题由来已久，从 17、18 世纪的霍布斯、卢梭以来，不同时代的哲学家和思想家相继给予了异化问题广泛的关注。从词源意义上讲，异化源于拉丁文，具有让渡、转让、疏远、脱离、分离等内涵。从本质上说，异化就是自我异化，但是自我异化并不都是主体直接转化为主体的异己力量，更多情况是主体的创造物与自我的分离与对立。随着时代的变迁和社会的进步，人们对异化的理解不断发生变化，研究的领域也进一步从经济、政治扩展到道德、心理、文学和技术，异化因此而具有了更加丰富的内涵和特征。其中，尼采认为，人的异化是放弃生存的意志；萨特将异化及其克服归结为人的自我选择；弗洛姆认为，“异化是人的一种体验，在这种体验中个人觉得自己是一个外人，或如人们说的他变得和自己疏远起来。他体验不到自己是自我世界的中心、自己行动的创造者——而他的行动和行动的结果却变成了他的主人，他要服从它们，甚至他要崇拜它们”①。以法兰克福学派为代表的西方马克思主义者，进一步分析了异化在当代资本主义社会所呈现的新特征。法兰克福学派将异化问题扩展到科技领域，从社会批判中分析异化现象。马尔库塞等人认为，科技成了强大的统治力量，主宰着自然界以及人与人的关系，在社会的一切领域吞没了公共生活和私人生活，人生存于由科技所控制的异化世界。在当代社会，异化问题的新形式越来越成为时代的焦点，而科学与技术的异化问题更是引起了学者的广泛关注和重视。然而，在技术异化和科技异化的概念界定和使用上，学者们却莫衷一是，出现这种分歧的原因在于学者们对科学和技术的特征及科技的关系的理解不尽一

① ［美］E. 弗洛姆：《资本主义下的异化问题》，转引自陆梅林、程代熙《异化问题》（下），文化艺术出版社 1986 年版，第 44 页。

致。但是，这并不能否定技术异化的存在，也并不妨碍我们探讨克服网络技术异化现象的具体研究，关键是要准确把握异化的本质。我国的哲学辞典从马克思主义立场解释异化：异化作为社会现象，与阶级一起产生，是人的物质生产、精神生产及其产品变成异己力量又反过来统治人的一种社会现象。私有制是异化的主要根源，社会分工固定化是异化的最终根源。异化反映的是人的生产活动及其产品反对人们自己的特殊性质和特殊关系。在资本主义社会，异化达到最严重程度。阶级、私有制和僵死的分工的消灭是异化消灭的根本前提。①

技术哲学的基本命题也紧密围绕技术的本质而展开。事实上，技术不仅为人类创建了全新的生存环境，而且推动着人类文明走向进步，直接再现了人的本质力量，成为人类追求自由、获得解放的重要方式，尤其是网络信息技术的发明和运用，极大地变革着人类的生存方式和发展路径。马克思也借用黑格尔的话来说明技术的理性因素，即“理性何等强大，就何等狡猾”②。网络信息技术的推广和应用是人类科技史上的一次伟大变革，它将人类的文明推向了一个崭新的阶段。技术是人借以实现超越的条件，不断为人类创造超越现实、实现自我、追求解放的条件和手段，极大地扩展了人类的生存场域。技术化的生存方式在现实世界与虚拟世界之间实现了结合和转换，为人类开创了一个前所未有的数字化网络生存时代，而这一时代的到来赋予了现代性以新的意蕴。技术的助推力逐步关涉着人类历史的根基，与其将技术的革命意义表述为对人类社会生存发展空间的拓展，不如将其理解为技术原本就是人类存在方式的现实展示。海德格尔认为，技术不仅仅是工具和手段，它在本质上是一种解蔽方式。“工具性的东西被看作技术的本质特征，倘我们逐步地追问被看作手段的技术根本上是什么，我们就达到了解蔽那里。如是看来，技术就不仅是手段，技术乃是一种解蔽方式。倘我们注意到这一点，那么就会有一个完全不同的适合于技术之本质的领域向我们开启。此乃

① 冯契：《哲学大辞典》，上海辞书出版社 1992 年版，第 702 页。

② 《马克思恩格斯全集》第 23 卷，人民出版社 1972 年版，第 203—207 页。

解蔽之领域，亦即真理之领域。"① 然而，伴随网络信息技术的深入发展，信息化技术以符号化的表达方式和程序性的运行逻辑，在解蔽的过程中也不断规约甚至控制了人的存在与发展，逐渐演化成为一种框架，使人类反被置于技术的框架之中，与此同时，网络技术的异化对象指涉了全人类，网络犯罪、自我迷失、数字鸿沟等失范现象日益凸显，网络技术的异化问题也因此成为人类社会所面临的异化的重要形式。正如马克思当年指出的，"我们的一切发明和进步，似乎结果是使物质力量成为有智慧的生命，而人的生命则化为愚钝的物质力量"②。科学把握技术的本质同准确把握异化的本质一样重要，技术的生产力水平与技术对环境和人类社会的重塑程度呈正相关，虽然，这种重塑和创建并不一定导致负效应，但我们必须正视网络技术可能存在或已经存在的异化现象，也只有这样，我们才能在运用网络技术的同时，避免技术对人的否定和奴役，才能以人性主导技术的发展，而更好地实现人的自由全面发展。

二　网络时代的信息哲学

信息科技革命为人类塑造了全新的网络时代，在这个崭新的时代里，经济发展的核心、文明进步的形式、科学思维的范式都因信息的力量而被赋予新的特征，"这场以信息和技术为主导的信息革命不仅进一步解放了人的体力，破天荒地使人的脑力也获得了极大的解放"③。无论是科学还是哲学，都因信息的出现而被重新规约，科技、经济、社会、文化、生活与观念等一切社会生活范畴都呈现出了信息化的发展态势，信息哲学的诞生和发展成为了人类哲学形态的全新革命。科学和社会领域的全新变化，在孕育时代精神和人类理性的同时，向世界范围内的当代哲学发起了挑战，自然也包括马克思主义哲学。马克思主义哲学在批判和超越中不断实现继承性发展。"因为信息时代的信息并不曾改变辩证法的基本点：宇宙、宇宙间的一切事物都是普遍联系、永恒运动、不断变化和

① ［德］M. 海德格尔：《海德格尔选集》（下），孙周兴译，上海三联书店 1996 年版，第 931 页。

② 《马克思恩格斯选集》第 1 卷，人民出版社 2012 年版，第 776 页。

③ 谢佑民：《新技术革命与信息革命》，中国财政经济出版社 1988 年版，第 8 页。

演化着的过程的体系；信息时代的信息也并不曾改变唯物主义的基本点：世界统一于物质。”① 信息哲学只是以独立的话题领域为哲学发展提供创新手段，为信息革命提供系统论证（新的理论）。信息哲学立足于一个与物质世界不同的全新存在领域——信息世界，从根本上改变了人们对世界构成的传统认知，为人类提供了全新的事物存在与演化的世界图景和思维方式。信息是网络空间的律动纽带，它不仅影响着网络社会的资源配置，而且构成了人们进行虚拟实践的直接动因，正因如此，信息范畴与人的虚拟生存和发展紧密相连。从方法论意义上，信息哲学关于信息本质、信息思维以及人的信息活动等内容，将为研究网络空间下人的生存发展问题提供全新的思维和方法。不同科学之间的汇流与融合正在成为我们这个时代的发展趋势，不仅为我们发现问题和解决问题提供了新的思路和方法，而且也极大地拓展和延伸了传统的生活世界。信息世界不同于传统世界的物质景观，以其独特的存在方式、价值属性和现实表征建构了人们的活动逻辑。在邬焜看来，我们面对的世界是一个双重存在的世界（见图2—1）。

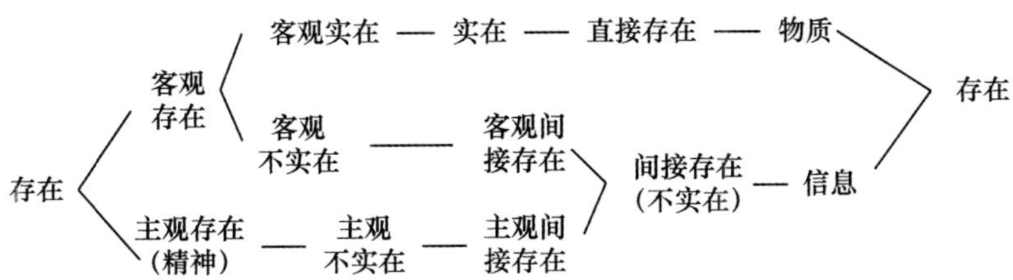

图2—1　邬焜的存在领域分割

关于存在物的这种双重存在性，极大地丰富了人们对存在的认知观念，从一定程度上证明了一切存在物都只能是直接存在和间接存在的统一体，都既是物质体，又是信息体。“信息是标志间接存在的哲学范畴，它是物质（直接存在）存在方式和状态的自身显示。”② 理解和借鉴双重存在理论的前提是承认间接存在只能在直接存在的相互作用中产生，而

① 邬焜：《信息哲学：理论、体系、方法》，商务印书馆2005年版，第9页。

② 同上书，第47页。

且一经产生便以自身独具的特质超越了直接性的本性，并由此展开了自身运动和发展的历程。[①] 无论是网络空间，还是实然的物理空间，信息都真实地表征着物质的间接存在，所不同的是，网络空间构成了信息空间传输的主要信息场，甚至可以进一步将网络空间理解成是不同信息场在网络信息技术基础上的空间组合，是一种真实性的客观存在。从这个意义上讲，信息哲学为我们正确理解和把握网络空间与实然物理空间之间的关系以及虚拟与现实之间的关系提供了理论支撑，即网络空间的生存图景不仅是现实世界的间接存在和反映，而且与之相统一，同时又具有自身独特的运动和发展规律。

此外，信息哲学基于信息时代电子计算机处理信息的方式和水平，把人的认识当作一种高级的信息活动过程来进行研究。从信息形态的分类出发，可以将人的认识理解为信息的自为和再生。人的信息活动是一种多层次、复杂性的高度综合，在综合的过程中，人的信息活动层次和人的信息加工能力不断得以建构和发展。“人作为信息活动的最高级形态的体现者，在其自身的活动中无疑便会以某种全息综合的方式将所有层级的信息形态具体地映射、包容、统一起来。”[②] 邬焜认为人的信息活动层次包含五个方面：信息的社会实现、信息主体创造、信息记忆储存、信息直观识辨和信息的自在活动，不同层次之间（包括各子层次之间）的信息相互作用，相互过渡、转化、规定和控制（见图 2—2）。

网络空间下人的生存发展过程恰是人的信息活动过程，考察人的信息活动的层次结构，将有助于分析和解释人在网络空间的认知逻辑和行为构成，对于深入探讨人的发展路径提供了方法论意义上的借鉴。

三 网络空间的虚拟实践

信息时代的另一哲学课题是虚拟实践。信息技术与人类历史上以往的技术突破一样，为人类的生产生活开拓了新的实践空间，也生成了新的生活经验，直接或间接地引发了人类生存方式和社会结构的转型，不仅成为人的技术性延伸，更架构了社会实践的物质基础。尼葛洛庞蒂认

---

① 邬焜：《信息哲学：理论、体系、方法》，商务印书馆 2005 年版，第 47 页。

② 同上书，第 111 页。

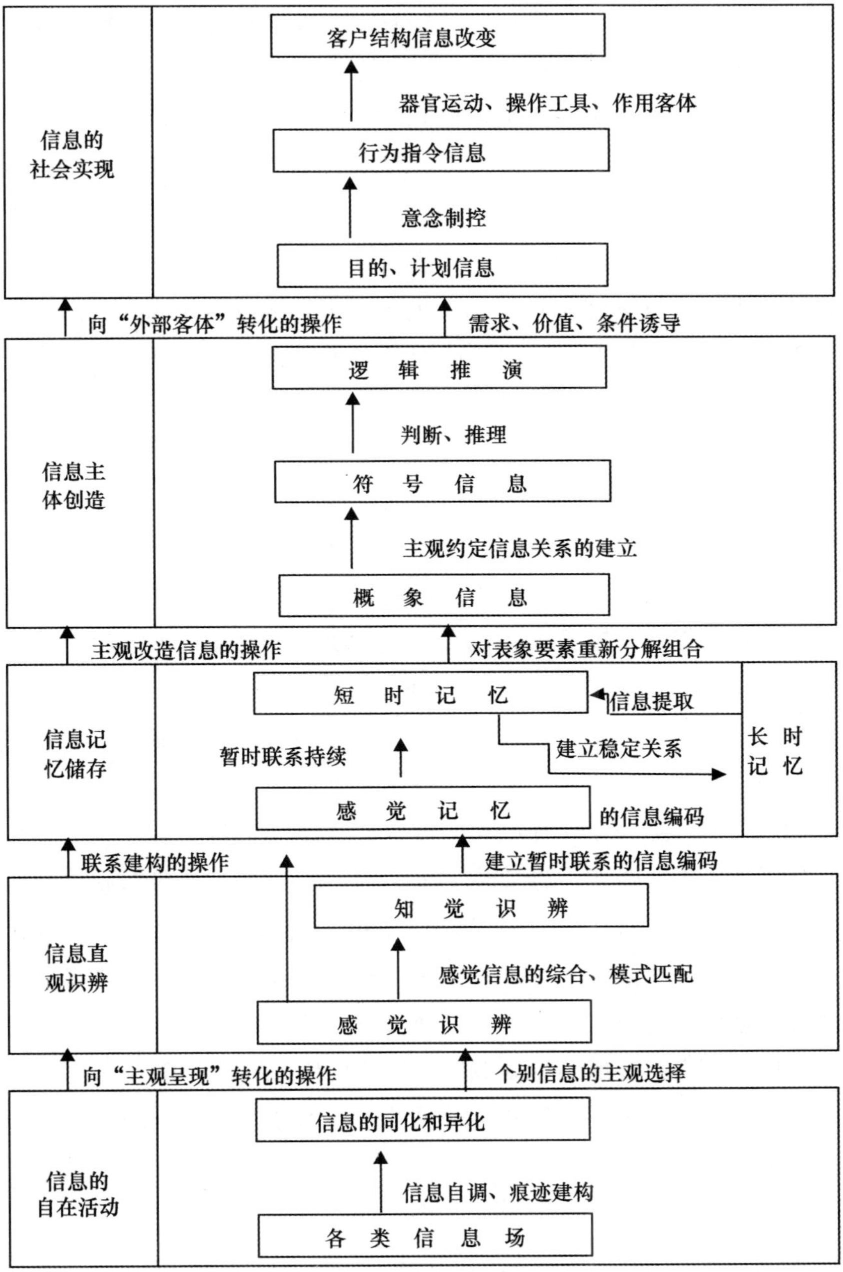

图 2—2 邬焜的人的信息活动的层次递进建构

为："我们无法否定数字化时代的存在，也无法阻止数字化时代的前进，就像我们无法对抗大自然的力量一样。数字化生存具备强有力的特质，将会为其带来最后的胜利。”[①] 网络信息空间以其独特的技术能力和社会功能改造着人类生存发展实践的基础模式和能力范围，以计算机、通信、信息技术为支撑的信息革命加速了人类社会的历史进程，即时通信工具、社交网站、微博、微信等网络平台紧密地嵌入了人类的日常生活和生产实践，正在或是已经脱出了一种全新的实践方式，即虚拟实践。虚拟是信息社会和知识经济时代特征的高度抽象，当下人们对虚拟世界存有无限向往。就实践哲学研究而言，21 世纪以来，虚拟实践成为我国哲学研究的热点。在众多研究成果的基础上形成了比较一致的观点，即将虚拟实践作为人的思维与实践活动的延伸表达，是一种新的实践模式。关于虚拟实践的界定，张明仓博士从实践主体（人）的角度对虚拟实践进行了阐释，并得到学界较高的认可，“人们在虚拟空间利用数字化中介手段进行的有目的、双向对象化的感性活动，所有的虚拟实践活动都是人利用数字化中介手段对现实性的感性超越”[②]。虽然，关于虚拟实践是否属于实践这一关键性问题至今还没有达成一致，虚拟实践哲学的基础性研究还未完善，在虚拟实践系列问题的基本看法上学者们也莫衷一是，但是虚拟实践仍然成为众多相关学科的生长点和创新点。虚拟实践问题的相关研究更是为人的自由、全面、协调发展给予了新的探讨空间。网络空间的虚拟实践是一个循环流动的过程，将虚拟主客体紧密地融合在一起，实现了人类实践方式的飞跃性发展。闵清认为，“虚拟实践源于虚拟思维，虚拟思维是默认的虚拟实践的对象，而虚拟客体是虚拟思维在网络空间的表现，其依靠计算机的集成技术来实现其他的机器语言，通过多媒体、多信道的通信技术来实现网络空间的虚拟客体。虚拟实践关系也就是脱离现实的有形的物质载体，依赖现代计算机科学技术为实践工具，将人与虚拟世界的本质关系演变为一个世界符号化的建构关系。”[③]（见图 2—3）

---

① ［美］尼古拉·尼葛洛庞蒂：《数字化生存》，胡泳、范海燕译，海南出版社 1997 年版，第 268 页。

② 张明仓：《虚拟实践论》，云南人民出版社 2005 年版，第 56—70 页。

③ 闵清：《信息时代虚拟实践与人的发展研究》，光明日报出版社 2016 年版，第 106 页。

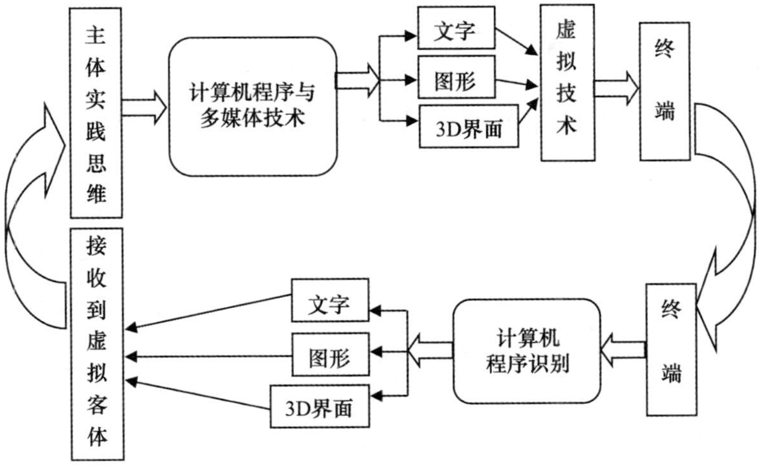

图 2—3 虚拟实践的运作模型

由互联网掀起的信息革命不仅向哲学发展发起了时代的呼唤，更对传统哲学的发生基础、思考主题以及话语方式发起了挑战。虚拟实践极大地扩展了人类的生存发展时空，以其特有的技术逻辑重组了人的生存方式与发展模式。将虚拟实践的哲学思考引入网络空间下人的生存发展研究，既为理解人的空间活动和网络行为开辟了广阔的视角，更促进了马克思主义哲学在网络时代的丰富和发展，加速了马克思主义哲学新形态的探索与建构。

第三节 网络空间下生存与发展的理论借鉴

在人类社会的历史进程中，任何问题的出现，都有着深刻的历史渊源，都得到了哲学社会学工作者的广泛关注和科学求证。围绕网络信息技术所带来的生存方式变革问题，人们从哲学、社会学、传播学、伦理学等不同学科展开研究，所形成的研究视角、思维方法以及理论成果，对于研究和探讨网络空间下人的生存发展问题具有深远的借鉴意义。

一 场域理论

布迪厄将场域（field）定义为“位置间客观关系的一网络或一个形

构，这些位置是经过客观限定的”①。布迪厄指出，“我们可以把场域设想为一个空间，在这个空间里，场域的效果得以发挥，并且由于这种效果的存在，对任何与这个空间所关联的对象，都不能仅凭所研究对象的内在特质予以解释”②。借由场域概念的提出，布迪厄描述了一个网络社会空间，“在某一个社会网络空间中，由特定的行动者相互关系网络所表现的各种力量和因素的综合体。场域基本上是一个靠社会关系网络表现出来的社会性力量维持的，同时也是靠这种社会性力量的不同性质而相互区别的”③。此场域并非空间意义上被一定边界物所包围的领地或一般意义上的领域，在这社会空间中，不同行为主体之间充满着力量、竞争和冲突。布迪厄的场域概念指涉了一种动态的空间存在，与传统的“社会结构”“社会空间”和“行为”等概念相比，更加突出社会空间中主体和要素的能动性关联。探讨网络空间下人的生存发展问题，必须统一认知前提，即由于人的发展空间具有多样性而导致人的活动场域也是多样化的。当人们的生活世界从实然的物理空间跨越到网络空间，布迪厄的场域概念便彰显出更深远的理论价值，它很好地解释了人们在现实社会场域和网络虚拟场域之间的融合发展。不同的场域类型之间的交融过程，也正是人的全面发展过程。人们在实践中不断分化和融合，在占有现实社会生活的同时，充分享受虚拟社会的存在方式，将自我生存的体系不断走向开放和完整，生存场域的虚实交融实现了人的虚实和谐发展。因此，布迪厄的场域理论为研究网络空间下人的生存发展问题给予了宝贵的理论支撑。

二 空间批判理论

当代社会是一个多元开放的复杂性社会，无论是社会结构还是社会关系都表现出极强的复杂性特征，人们的生存发展问题面临着全新的挑战。网络信息技术的深入发展，不仅促进了网络社会结构的优化，更丰

---

① L. D. Wacquant, *Towards a Reflexive Sociology*: *A Workshop with Pierre Boundieu*, Sociological Theory: vol. 7, 1989.

② ［法］布迪厄、［美］华康德：《实践与反思——反思社会学导引》，李猛、李康译，中央编译出版社2004年版，第138页。

③ 高宣扬：《布迪厄的社会理论》，同济大学出版社2004年版，第139页。

富了网络社会关系的生成。对此，空间批判理论搭建了一个极具总括性和基础性的研究框架。用“空间”概括“诸多人化意向性关系”，不仅指涉了人化后的自然、人化后的社会，还包括人化后的自我等；用“人与空间”的关系概括“人与诸多复杂人化关系的关系”，这种深刻而简洁的概括实现了对当代社会理论的方法论创新。近年来，空间问题的相关研究日益得到人们的关注和重视。空间范畴被广泛用来总结和描述“与人有关、已经在一定程度上被人化了的关系”，进而将空间生产或是空间实践理解为人对“人化意志性关系”的创造与再创造，其研究对象不仅包含现实生活世界的人化建造，而且包含网络世界的空间创设。正如安迪兹所说，“研究空间的目的是认识社会并最终认识我们自身”[①]。只有以正确的空间理论为指导，才能实现科学的空间实践。面对复杂而多样的空间问题，空间与伦理之间的关系成为发展过程中的焦点。人们在空间生产或空间实践过程中，不断形成了与自我生存发展密切相关的“复杂人化关系、意向性关系”。追求人与复杂人化关系之间的合理有序、优化共生，并打造以人为价值主体的生存发展生态，便是实现空间伦理发展的实质。“空间”与“伦理”在人类社会的历史实践中互相建构、互相生成。首先，培育健康的伦理规约是空间构成、空间生产、空间转换的价值要求。一方面，空间行为主体的伦理意识和伦理素养直接决定了空间实践的成果生成和发展趋势；另一方面，空间行为场域的伦理氛围和伦理规约承载着合理秩序与美好生活的社会理想。其次，建构合理的空间秩序是伦理培育、伦理养成、伦理发展的重要路径。空间概念被广泛用于概括复杂社会中的人化意向性关系，而伦理的养成过程恰是意向性、规范性、秩序性等社会关系的形成过程，二者具有同构性。人们通过转换空间结构而不断调整伦理关系，通过改变空间形态而不断解决伦理问题，所以，探寻合理的空间秩序是建构新型伦理关系的重要途径。在空间实践的过程中，空间与伦理的互构关系构成了复杂社会的“空间—伦理生态”。无论是以空间向度来理解伦理问题，还是从发展伦理来理解空间意蕴，其中的理论和实践价值都给予了网络空间下人的生存发展研究

---

① Andrzej Zidleniec, *Space and Social Theory*, London, SAGE Publications Ltd: 2007, preface, p. XIII.

以深远的借鉴意义。

首先，有助于回答和解决网络空间下人的自由表达问题。诺贝尔经济学奖得主阿马蒂亚·森认为，“自由是发展的首要目的，自由也是促进发展的不可缺少的手段”①。自由是人类追求幸福的基本权利，表达自由作为基本的人权而得到世界各国政府和管理者的认可与保护。网络时代的到来，人们曾一度因为获得了更多的表达空间而喜悦，也曾因为受到了网络本身、商业势力、政治争夺、社会权力等羁绊而将信息的接近权与使用权变成空谈，不断地滋生了网络空间的失范现象，围观、调侃、戏谑、谩骂甚至攻击等行为不断践踏网络空间的伦理秩序。然而，自由的前提是确保他人拥有同样平等的机会来接近并行使权利，是理性的自我实现和自我发展。借助空间建构与伦理发展的互动关系，我们必须厘清网络空间的社会面貌，创建健康的表达机制，以追求人类的理性发展。

其次，有助于实现网络空间下人的全面发展。空间理论与发展伦理的结合，将更好地诠释统一性与多样性的辩证关系。哈维、安迪兹等人指出，人创造了空间，空间也形塑着人。复杂性社会下的空间生产状态不仅影响着社会的价值形态，而且制约着个人的行为理念。人在不同空间样态下的活动方式、思维方式、价值观念不尽相同，而人的全面发展是要全面占有自己的本质，为此，现实世界与网络空间的融合与统一至关重要。在空间哲学视野中，人类的生活空间既存在可通约性，又存在差异性和异质性，进而导致人的生存方式和发展路径具有多样性。建构合理的空间形态，制定合理的空间制度，开展合理的空间实践，树立合理的空间正义，是创建合理生活、合理社会和实现人的合理发展的重要路径。

三 符号学理论

符号学理论是当代西方社会科学的一个重要理论，拥有一套较为系统、完整的理论体系。美国学者 M. 比尔兹利认为，“广义上来说，符号学无疑是当代哲学以及其他许多思想领域的最核心的理论之一”②。符号

---

① ［印］阿马蒂亚·森：《以自由看待发展·序言》，任赜、于真译，中国人民大学出版社2002年版，第1页。

② 转引自［美］M. 李普曼《当代美学》，光明日报出版社1986年版，第7页。

学研究认为，人生活在符号世界中，无论是抽象的还是具体的实体之间的关系都具有符号性。卡西尔认为人是符号的动物。人们在建构符号和使用符号的过程中，追求理性、创造价值。针对网络空间下社会交往和人际互动的特殊性，人们运用自己创设的数字化符号进行沟通，在身份缺场的情况下赋予符号以表达意义，并遵循符号化的生存逻辑逐渐形成符号化的社会和自我。“符号的选择、运用、创造，在人的认知过程中发挥了重要作用，是理解心灵和个体及文化的桥梁。”① 事实上，符号代码的组合方式和表达程序，再现了网络空间背景下人与人之间的社会关系。为此，借鉴符号学的相关理论，有助于我们准确把握符号及其系统的特征和功能，通过理解数字符号的意义来把握网络空间下人的本质。在网络空间中，以 0 和 1 组合而成的比特符号建构了人们的生存空间，数字符号再创了现实社会的意义秩序，以数字化符号的运行逻辑将文字、图片、音像等内容进行转换和输出，实现了在线交流和符号表达。符号化的交流模式具有去中心化和扁平化的特征，有助于人们在数字符号的选择和运用中获得更加真实、丰富的表达。无论是互动方式还是互动程度都为人的自由交往和发展创造了条件，人们在网络空间中获得了更加形象真实的感知，形成了更加理性而深刻的共识，不断实现着人的现代化发展。值得说明的是，人的符号化存在并不是一种脱离现实的主观臆想，只是在行为过程中，将人的主体形象以数字符号的形式加以呈现。尽管网络空间下的行为主体缺乏生命个体的物理特征，或者说，行为主体的存在方式和活动方式以“身体缺场”为表征，但这种存在始终是一种实然性的客观存在，不过是人们选择了数字符号化的方式出场于网络世界而已。符号化运行的逻辑前提是现实的人与网络文本的结合，是人基于客观实在赋予数字符号系统以人的属性来表达自我，进而在网络虚拟空间中全面实现自我的本质。

四　集体行动理论

自 20 世纪 50 年代末 60 年代初以来，现代经济学中兴盛、发展起来了一门新的分支：公共选择理论。美国经济学家、社会学家曼瑟尔·奥

---

① 孟威：《网络“虚拟世界”的符号意义》，《新闻与传播研究》2001 年第 4 期。

尔森的集体行动逻辑理论，正是公共选择理论的奠基之作。所谓集体行动，是人们作为理性的个体为了共同利益组成具有共同意识、采取共同行动的不同层次和性质的整体。奥尔森认为，“集体行动”是研究经济发展和社会变迁的分析视角，诺思也认为，“组织”是经济与社会变迁研究的一个基础范畴，“在整个历史上，经济活动是通过多种组织形式来进行的”[①]。借鉴奥尔森与诺思的理论，可以得出一个结论，无论是经济的发展还是社会的进步，从来都不是以个体的方式进行和完成的，而是不同集体、集团或是组织之间复杂博弈的过程和结果，所以，分析集体行动的逻辑，有助于把握人类社会的组织结构和行为逻辑。“‘集体行动的逻辑’，实际上恰恰说明的正是‘集体行动的困境’。”[②] 在奥尔森看来，集体利益分为相容性（inclusive）和排他性（exclusive）两种。如果用博弈论的术语加以说明，利益相容属于正和博弈，利益相斥属于零和博弈。事实上，任何问题的背后都隐藏着某种或某类特殊利益集团的利己目的。将集体行动逻辑的理论运用于社会问题的分析，将有助于集体、集团、组织之间的关系调适和合理发展。

在网络信息技术的作用下，人类进入了一个与以往社会形态截然不同的全新发展阶段，互联网络的社会意义不仅仅是信息传播的媒介载体，更表现为人类的生存空间和生存方式。人们在网络空间下生存、生活、生产，也因此而结成相应的网络社会关系，网络群体、网络组织、网络社区等社会结构相继出现，网络社会行动系统日渐形成。然而，由于网络技术具有方便快捷、自由平等、公开透明等特征，加之以网络行为的隐蔽性、虚拟性，既有效地激发了人们的参与热情，也无限地放大了人们的行动效应。我们不能因网络信息技术对社会发展和人类进步具有进步作用，就对其负面效应视而不见。网络暴力的出现、网络攻击的蔓延、网络伦理的缺位、数字鸿沟的加剧等一系列网络社会问题，无不制约和限制着人类的现实生存和未来发展。集体行动逻辑理论同样适用于网络

---

① ［美］道格拉斯·C. 诺思：《经济史上的结构和变革》，厉以平译，商务印书馆 1992 年版，第 34 页。

② ［美］曼瑟尔·奥尔森：《集体行动的逻辑》，陈郁、郭宇峰、李崇新译，格致出版社、上海人民出版社 2014 年版，第 4 页。

空间下的人际行动，技术逻辑和符号交往的背后，时刻涌动着不同集体、集团、组织的利益追求和行动目的，也同样具有相容和相斥的力量分化。将集体行动逻辑引入网络空间下人的生存发展问题的思考，不仅有助于认识和把握人的存在状态和行为动机，也有助于空间秩序和空间正义的形成。

第四节　网络空间下思想政治教育的创新发展

新时期，思想政治教育的创新发展面临着全新的机遇和挑战。张耀灿认为，“促进人在社会中的生存与发展”是马克思主义人学视野中思想政治教育的本原目的。那么，立足新的历史时期，实现思想政治教育的创新发展既不能背离其本原目的，也不可脱离现实社会。“思想政治教育的培养目标就是要坚持全面发展观，促进人的自由全面发展。”[①] 思想政治教育的目的，反映了人的能动性特点和人的发展要求，这既为研究网络空间下人的生存发展提供了理论支撑与价值引导，更为这项研究的全面开展提供了精神鼓励和动力来源。

技术是人借以实现超越的条件，极大地扩展了人类的生存场域。网络信息时代，技术化的生存方式在现实世界与虚拟世界之间实现了结合和转换，为人类提供了一个前所未有的数字化的网络生存时代。历史与逻辑近乎一致地证明，随着人类认识世界和改造世界能力的不断提高，人的本质力量便会不断得以释放，人类主体意识的日渐觉醒，带有“目的设定”和“价值导向”的选择，必然会成为科学所考究的对象。在网络空间下追求思想政治教育的创新发展，既是一个深刻的理论命题，也是一个复杂的实践命题。选择网络信息化的发展维度，从广义层面讲，是指与传统选择相对应的人的实践活动，是对人的存在方式的选择；从狭义层面讲，是指生存环境发生改变时，关乎网络化建构与发展的态度、取向及行为的设计。基于思想政治教育发展的双重向度，如何有效完成传统思想政治教育向现代思想政治教育的转变，如何实现现代思想政治教育的进一步完善和深化，网络信息化选择成为现代化视阈下思想政治

① 张耀灿等：《现代思想政治教育学》，人民出版社 2006 年版，第 141 页。

教育发展的应然之举，它不仅是思想政治教育创新发展的内在动力，更是人类实现自我验证、自我塑造的科学路径。在思想政治教育过程中，按照一定的社会、政治需求及思想政治教育本身的特性而对网络空间的生存资源和网络文化进行有目的的撷取与吸收或排斥与舍弃，便形成了网络空间维度下思想政治教育创新发展的现实选择。

一 思想政治教育创新发展的网络生态

思想政治教育本身作为一种社会文化现象和人文过程，实实在在地存在于多元文化既斗争又共存的社会格局之中。网络信息技术的发展与完善，既为人类的生产生活创建了全新的网络空间，也将全球化趋势下的社会文化张力与多元价值碰撞以最大化的模式呈现于世人面前。对于思想政治教育而言，网络不仅是一种现代化的工具，更是一种多元复杂的生态，已成为思想政治教育创新发展的一个重要话语空间。网络空间既是思想政治教育的全新载体，也是思想政治教育的客观环境。网络信息技术使得人类实践内容和实践范围不断延展，思想政治教育也将在这样一个动态的网络生态体系中得到进一步的发展。

（一）复合性选择：思想政治教育的融合发展

为了确保思想政治教育可以在多元文化和价值碰撞中达到理想的教育效果，为了巩固社会主义意识形态在多重意识形态冲击中的主导地位，无论是从载体论出发，还是从环境论出发，都要求思想政治教育在网络空间下积极地进行复合性选择，努力实现传统与现代、虚拟与现实以及技术与社会间的融合发展。

首先，“思想政治教育的载体，是指在实施思想政治教育的过程中，能够承载和传递思想政治教育的内容或信息，能为思想政治教育主体所运用，促使思想政治教育主客体之间相互作用的一种活动形式和物质实体”①。借由信息传播科技的推动，人类进入传播新纪元。以数字技术为依托的网络空间实现了媒体格局的又一次巨大变迁。广泛多样的信息网络移动终端极大地铺展了信息传播的广度，高效先进的社会化媒体迅猛地提升了信息传播的速度。新媒体时代的强势推进，携传统媒体时代的

① 张耀灿等：《现代思想政治教育学》，人民出版社 2006 年版，第 392 页。

传播效果之积威和传播内容之多元，实现了传播形式的转型，却也增加了舆论传播的复杂。网络空间下，人、社会以网络信息技术为基础进行信息收集、传递、贮存、加工、维护和使用，组成一个现代化信息系统，信息传播构成了网络空间下人类生存与发展的基本交往环节。媒介系统与信息系统的“联姻”，丰富了社会总体表达形态。网络信息技术的进步增进了传播方式的现代性变革，推动着传统媒体和新兴媒体的融合性发展。在新媒体发展和全球化传播的进程中，一个跨媒介、跨产业的立体多样、融合发展的现代传播体系日渐形成。在传统媒体与新兴媒体加速融合的过程中，媒介间的融合滋生着传播模式的复合性选择，使得传播主体日益多元、传播内容日趋复杂、传播渠道不断分散、传播效果难以掌控。网络空间的生成，为不同利益群体提供了一个共同“透析”社会问题的平台，滋生样态万千的“意见群”，通过社会性交流探讨以形成所谓的“公认意义”。这种“择善而从”的意见互动方式和传播模式，正在逐渐生成一个相对开放的网络意见空间。网络空间架构于虚拟与现实两个生活世界，涵盖了线上和线下两大话语体系，融合了传统与现代两种传播模式。传播格局的变迁重构了思想政治教育的载体样态，不仅改变着思想政治教育的载体构成，同时也考验着思想政治教育的现实效能。为了充分发挥思想政治教育的凝聚和激励作用，将一种理论性的思想体系切实高效地内化为民众的价值观念和行为准则，势必要经过一系列科学而完整的宣传教育，载体的选择与运用极为重要。

其次，“思想政治教育环境是构成思想政治教育过程的要素之一，是思想政治教育系统的外部条件，是人的思想品德形成和发展的客观基础”①。当代境遇下，与其说网络空间像一面镜子，完整地呈现着全球化进程中的多元文化景观，不如具体地将网络空间说成是三棱镜，全方位地折射着文化与价值间的交融与碰撞。信息技术加速了现代化的进程，给整个世界带来了深刻的社会转型和变革。“每一个时代的理论思维，包括我们这个时代的理论思维，都是一种历史的产物，它在不同的时代具有完全不同的形式，同时具有完全不同的内容。”② 时代和历史环境的变

① 张耀灿等：《现代思想政治教育学》，人民出版社 2006 年版，第 294 页。

② 《马克思恩格斯选集》第 3 卷，人民出版社 2012 年版，第 873 页。

迁，不仅触动了传统的社会文化结构，也催生了与之相应的时代精神，既生成了多元的利益群体和社会阶层，也形成了多元的思想观念和价值取向。网络信息技术带来了时代和环境的变迁，全新的生存境遇、思想资源、文化脉络和时代精神促使现代思想政治教育发展过程中的网络信息化选择，这是理性回应人与社会现代化发展诉求的现实表现。网络空间是教育行为和过程的重要载体，而教育是促进网络空间良性运行以及建设良好网络生态的机制。实践属性是人形成和发展的质的规定性，在实践活动中人的本质不断得以确证，而思想政治教育恰恰是人类主动地借助教育来实现个体和社会优化发展的实践过程，因此，需要进一步强化网络与思想政治教育的深度融合。

（二）结构性变迁：思想政治教育的文化边界

网络信息技术的推广和应用是人类科技史上的一次伟大变革，它将人类的文明推向了一个崭新的时代。人类的生活空间是由不同质的边界构成，人类的发展过程恰恰是不断突破边界的过程。在以往的征程中，人类走出了荒野、穿越了海洋，如今再一次借助科技的力量瓦解着生活场域的边界，在虚拟与现实之间实现了历史性的跨越。透过网络信息技术的演进过程，从局域网到广域网的跨越，搭建了一个自由、开放、平等、互动和共享的技术平台，存储了海量的信息数据，承载了更为复杂的人类社会交往。回归现代社会，立足于网络空间人类的生存和发展方式，文化依然是网络社会的黏合剂。汤普森关于文化曾做出了结构性定义，“文化分析是对符号的研究及其与历史特殊性及社会结构化情景的关系，以及符号被生产、传递和接收的过程。简而言之，文化现象是结构化情境内的符号形式”①。汤普森关于文化的这个结构性定义突出强调了符号的意义，这便将大众传播媒介与文化之间的关联统一于现代化的变迁之中。技术革命的演进助推着现代化的进程，网络信息技术在人类生活世界的普及和应用，重塑了人类社会的结构化情境，符号变迁的路径自然也勾勒了网络空间的文化边界。

网络空间下思想政治教育的创新发展过程，伴随着信息的交流和融

---

① 转引自马杰伟、张潇潇《媒体现代：传播学与社会学的对话》，复旦大学出版社2011年版，第95页。

通，也必然伴随着文化习惯、民族情感、传统价值等的碰撞乃至冲突，这就使得主流意识形态的认同问题在翻涌的意识形态冲突中如海上之冰山凸显于世，而这冰山更是直系国家和民族的命运。如果理论和实践同时证明，网络信息技术进步所产生的社会结构性变迁必然滋生文化边界的扩展，那么，我们就有理由追问，与文化一样都是意义系统的意识形态，是否也伴随技术的进步而获得了时代性的符号表征方式，是否也伴随着文化边界的扩展而重组了自身的意义秩序。一方面，网络空间下思想政治教育的发展过程，要确保网络信息时代赋予的全新符号表征方式依托民族心理习惯、融于民族文化传统、顺应民族思维方式、符合民族价值准绳，在多元文化与本土文化的碰撞中，明晰文化边界；另一方面，网络空间下思想政治教育的发展过程，要确保重组的意义秩序同时兼顾“自觉”和“自卫”。技术的进步，为人类在理想与现实之间一次次地搭建起桥梁，同时，它也毫无遗漏地折射着人类社会的矛盾。网络空间下思想政治教育的生态环境更为复杂，网络技术平台放大了现代意识与传统意识的时代裂痕，交融了全人类意识与阶级意识的社会冲突，脱出了多元意识与民族意识的价值碰撞。面对复杂多元的网络生态空间，思想政治教育的创新发展必须正视技术变迁带来的社会结构性变迁，遵循网络社会的文化边界，既要自觉于自身的理性权威，也要客观分析复杂的现实环境。

（三）技术性构建：思想政治教育的数字景观

网络技术时代的到来，不仅标志着人类发展史上科学技术和生产力的极大进步，在社会文明进步的同时也加剧了社会生活的复杂性和社会心理及观念意识的多样性。当网络信息技术的每一步进展都牵动了网络空间的生态变迁，那么，这种因技术性存在而自发形成的心理特征和思维定式，势必会在一定程度上消解或分散社会主流意识形态的权威性。值得重视的原因恰恰在于这种消解或分散的程度的不确定性，时刻存在着背离主流意识形态和国家民族的价值主体的倾向，时刻威胁着共同体生存发展的前途和命运。从技术层面看，技术的本质是人类高度实践性的智慧和技巧，技术的发展和演变正是人类不断获得自我解放和自由的过程，科技发展的不可限量令我们难以断言人类未来的生存图景，但可以确定的是，技术的日新月异的确引发了技术与思想和社会之间的博弈及争论。技术逻辑背后的时代精神是现代性的追问，人们不断地创建自我存在的方式，不断丰富思想文化的精神内涵，为此，正确认识现代性的文化精神语境，是实现思想政治教育创新发展的前提。思想政治教育作为一种独特的社会实践活动，透视其发展历史和演变历程，无不伴随着人类主体的社会性选择。人类主体行为在思想政治教育发展中的能动选择，往往决定着思想政治教育活动方式和发展方向。思想政治教育发展的网络生态是由一系列相互联系的主体选择架构而成，换言之，思想政治教育的实际运行和发展状态正是这种持续选择积淀的结果。当下，我们以网络为视阈探究思想政治教育的发展路径，的确可以形成一面镜像以折射层级各异的数字景观，而思想政治教育的发生方式正是在这种景观下通过运作符号来建构真实，不断实现从传统向现代的转变以及将现代推向深化。

二 思想政治教育创新发展的网络规约

人和社会的发展是思想政治教育创新发展的根本任务，同时，社会与人的发展诉求也在客观上规定了思想政治教育的发展具有一定的“目的性”和“价值性”。观察思想政治教育的发展历程，呈现着一条累积性的进化脉络。准确把握思想政治教育的发展本质，厘清思想政治教育在网络空间下的发展逻辑，是实现思想政治教育现代化的现实要求。

（一）网络空间下思想政治教育的发展动力

研究思想政治教育的发展问题，只要从向度入手，就不可避免地要面对一个时间观的追问，即历史与现实、传统与现代之间的关系和发展之可能。回应这一追问，旨在更好地发掘思想政治教育发展的内生动力，合力构建思想政治教育的科学理性。思想政治教育作为人类社会发展到一定阶段的产物，时时处于变化发展之中。以网络为视角，在教育需要的客观存在、文化多样的现实表现、复杂思维的行为要求等因素的作用下，思想政治教育不断进行理性的选择，为自身的创新发展提供动力支持。

首先，教育需要是网络空间下思想政治教育发展的根本诉求。马克思认为，人的“需要是人对物质生活条件和精神生活条件依赖关系的自觉反映”[①]。然而，关于人的需要的研究则主要表现为对人的本性的拷问。承认思想政治教育活动是一种社会文化现象和社会实践活动，就必须遵循育人、化人的规律。从主体出发，不难发现教育需要是主体对教育活动不断表现出的缺乏、依赖和倾向。正是这份源自主体的教育需要，构成了主体行为选择的内在规定性。需要是生命活动的表现，但是，全面的人的活动指向具有多样性和广泛性，使其满足需要的选择标准和行为方式也呈现着多样性与广泛性的特征。网络空间日益成为人们生产生活的实践场，网络行为主体同样存在教育需要的诉求。在个体性与社会性、价值性与功利性、客观性与主观性、历史性与发展性以及内容性与形式性之间，网络行为主体基于需要而不断进行着选择，在自己的活动中通过选择证明并实现着自我的全面性，完成了自我生成和创造。在网络空间下，思想政治教育正是基于这种网络化的教育需要，而不断获得创新和发展。

其次，多样性文化是网络空间下思想政治教育发展的时代背景。网络信息技术加速了全球性移民现象的蔓延，在世界范围内，各民族国家在民族、种族、文化和语言等方面的多样性也随之增强，民族国家日益加深的种族多样性，加之以不同族群对文化认同与权力的诉求，不断地向民族国家构建新型公民的教育模式发起挑战。教育是人类文明传承的重要方式，也是经济发展和社会进步的关键因素。没有多样性的统一，将导致的是文化独裁主义和霸权主义；同时，缺乏统一性的多样，也将导致文化的割据和民族国家的分裂。在统一与多样之间，追求动态的平衡，网络行为主体的能动性选择是必然要求，将有助于社会主体既能维持对自身文化共同体的忠诚，也能积极参与到多元文化的共享与繁荣之中。科学地平衡统一性与多样性之间的关系，逐渐成为思想政治教育发展的一项时代任务。

最后，复杂性思维是网络空间下思想政治教育发展的话语方式。思想政治教育选择的发生，预设了一个基本的前提，即思想政治教育必须具有可选择性，抑或说思想政治教育发展过程中，切实存在多元而异质的对象和环节。思想政治教育活动所具有的众多元素和变量，构成了一

---

① 《马克思恩格斯全集》第2卷，人民出版社1972年版，第164页。

个复杂的系统。除了复杂的内部结构之外，思想政治教育的发展还存在于各种复杂的关系之中，多样性为思想政治教育提供了选择的空间和机会，复杂性则为其提供了选择的思维和方法。思想政治教育的发展，不是简单的自我转变和完善，更是与社会发展的协调与整合。所以，在深入拓展网络空间思想政治教育发展的自身内涵的基础上，要充分发挥复杂性思维带给主体行为选择过程中的指导，不断汲取发展的理论养分和实践动力。

（二）网络空间下思想政治教育的发展路径

人类基于自身生产生活的实践能力和超越现实的文化本性，通过数字化思维极大地延伸了人类生存和发展的时空界域，借助符号化表达为人类提供了一个网络生存空间。深入探讨网络空间下思想政治教育的发展路径，不仅是探讨网络空间下人的生存发展的关键内容，更是把握思想政治教育发展趋势的题中之义。如何回应思想政治教育特色化、现代化、社会化、规范化和国际化的发展需求，如何解决传统性与现代性的对接，如何面对本土性与多元性的激荡，以及如何实现目的性与价值性的统一，将网络空间作为分析视阈，理所当然地成为解决上述追问的着力点和突破口。

1. 网络空间的精神传承：传统性与现代性的对接

传统与现代共同依存于生命个体而独立存在，作为社会化的生命个体，在承担社会化使命的同时，也以传统产物的样态而客观存在着。作为一种能动、自觉的意识活动，个体的生命特性奠基了传统的人文性、动态性和现实性；作为一种当下的现实存在，个体生命的现实活动自然是考察传统、把握现在的逻辑起点。所以说，网络空间的精神文化传承不仅是树立文化自信、自尊、自主意识的理路要求，更是解决传统性与现代性对接的应然路径。现在是过去的继续，亦是未来的起点。亟待解决的问题无不是具体问题发乎当下的时代追问。同样，研究思想政治教育的发展理路，探其所遵循的发展逻辑和客观规律，必须深入地认识传统、透彻地了解现在，借助主体性存在而合理定位二者之间的关系。从这一角度出发，我们有理由认为，现代性的产生，实质上是传统对于自身所做出的当下否定和发展，现代性的建构必然会造成对传统文化、传统观念、传统价值以及传统习惯的批判和超越。传统不属于历史，而存活于现实，内在于现代性本身之中，传统借由文化精神传承所促成的现代性转化，既是一个决定性的自然历史过程，也是一个主体能动选择的创造过程。

2. 网络空间的文化自觉：本土性与多元性的激荡

人类历史的前进，始终伴随着文化的交流与融合。上下五千多年的华夏文明，经过迁徙与聚合，经历贸易与战争，各民族文化交相往来，又与外来文化相交相织、相激相荡，生生不息，气象万千。着眼当下，在这样一个力求“以文化国、以文化世界”的时代，我们该以怎样的姿态来面对世界文化的交融，又该以怎样的作为来推进人类文化的繁荣，这是文化强国带给我们的时代追问。在此追问下，著名社会学家费孝通提出的通过文化自觉达到“各美其美，美人之美，美美与共，天下大同”，似乎成了最好的解答。文化自觉实现了民族与世界的交融。全球化过程是国际化与民族化的双向互动过程，民族文化不仅不是全球化的障碍，相反却是全球化的动力。在此背景下重塑和复兴与时代相契合的民族文化，是思想政治教育发展的时代使命。“世界上不论哪种文明，无不由多个族群的不同文化融会而成。”① 与社会相适应、与时代相协调的文化自觉，将有助于积极地面对网络空间下本土性与多元性的激荡，保持民族性走向世界，为文化繁荣注入时代元素。在内在文化转型、外在文化变迁的时代背景下，文化强国任重而道远。对于摆脱文化发展的现实困境和满足文化强国的战略要求而言，文化自觉既是基于本土性与多元性激荡中的呼唤，亦是思想政治教育发展战略内的部署。

3. 网络空间的价值认同：目的性与价值性的统一

众所周知，教育与价值之间是相互依存、相互作用的，思想政治教育的价值功能，也不仅停留于价值的生成及其传承，还包括价值间的交流、融合与创造。思想政治教育发展的根本目的，旨在提高人们认识世界与改造世界的能力，体现着一定社会发展的目标和指向。在思想政治教育的创新发展过程中，能否做到价值牵引实践、理念指导行动，直接关乎思想政治教育未来发展的走向与成败。时至今日，网络信息技术使得全球化不断向纵深发展，任何一种试图远离他国而孤立发展本国事务

① 费孝通：《“美美与共”和人类文明》，《群言》2005 年第 1 期。

的想法都将是短视、幼稚而无异于自掘坟墓的。然而，在这个价值多元共存的时代，毫无戒备地追逐“现代性”，同样是盲目和危险的。在民族国家的构架之下，思想政治教育以理想信念教育为核心、以爱国主义教育为重点的主要任务，显示着强大的必要性和迫切性。在网络空间下，网络技术实现了世界范围内的普遍互联，普世主义的思维定式得到进一步放大，以及国人原本就有的大同理念，共同搭建了一个“价值同质化”的话语空间。此外，部分国民持有强烈的民族文化自卑感，先验地形成了一种无意识的民族文化批判观念。全球化时代背景和中国文化的当下境遇，要求我们必须高度重视中国文化的传承和赓续，并且在多元社会化构成的网络空间中，切实加强国民的价值认同感和民族自信心，实现目的性和价值性的真正统一，践行文化强国的战略部署。

三 思想政治教育创新发展的网络选择

全面分析思想政治教育的网络生态，是实现思想政治教育创新发展的必要前提，也是促进人的现代化发展的时代规约。网络空间背景下，实现思想政治教育的创新发展，只有立足于特定的时空境遇，遵循客观的发展规律，只有积极地创建科学化的实践场域，维系理性的价值指引，才能为思想政治教育的发展理路带来新的突破。

（一）网络转换：思想政治教育发展的时空境遇

思想政治教育发展，从向度来看，既包括传统思想政治教育向现代思想政治教育的转变，也包括现代思想政治教育的完善和深化。思想政治教育的发展境遇，随着时空的变迁和社会的发展而不断转换。推进思想政治教育的创新发展，必须深入发掘中国优秀的文化传统，紧密结合思想政治教育的客观实践，积极总结相关学科发展的宝贵经验，以时空境遇的变迁为认知和实践为前提，坚持批判地继承与借鉴，为思想政治教育的发展汲取鲜活的动力。网络关乎教育，更存于生活，在思想政治教育的创新发展过程中，人们必须认识到，网络信息技术不仅实现了传统与现代的技术化统一，更为思想政治教育的创新发展提供了技术保障和创新空间。以网络空间为背景，优秀传统文化的沃壤不断升华出时代的精神养分。传统文化与现代文化的激荡与碰撞，不仅为思想政治教育的创新提供了动力，更使得思想政治教育的发展充满着历史的继承性和现代的合理性。思想政治教育实践的时空转换，构成了思想政治教育网络化发展的内生逻辑。选择行为发生的前提始终是多样性的客观实在，而选择行为遵循的标准却随着时空境遇的流转而各自不同。立足思想政治教育发展的时空境遇，就必须用发展的眼光，动态地定位传统与现代的关系；就必须立足当下，将视角既回转于传统又聚焦于未来，通过网络化的技术平台来维系和保证思想政治教育的生命活力和历史意义。

（二）网络归真：思想政治教育发展的本质表征

思想政治教育发展的实质是实现思想政治教育现代化。思想政治教育的创新发展是一种时代意识，其实现过程伴随着主体自我意识的觉醒和理性地位的确立。在人类社会的历史进程中，历经了从传统到现代的技术变迁，这是任何国家和民族都无法规避的历史命运，思想政治教育的创新发展同样遵循着相似的变迁路径。在追寻现代化的进程中，我们无须抗拒技术变迁所呈现的进步力量，我们也不必恐惧技术发展所革新的社会面貌，只有正确处理技术与人文的关系，才能在传统与现代之间做出理性选择。如何理性认识思想政治教育的传统优势，如何科学解决思想政治教育现代化发展的实然问题，将成为思想政治教育在网络空间下创新发展的本质性追问。网络空间下的思想政治教育发展，必须坚持将古今文明相汇合，着力开掘着中华民族的文化教育资源，在批判中做出建树性的思考；必须努力将中外文明相融通，努力探索思想政治教育发展的科学化和民族化；必须积极反映时代特色，致力于形式多样的思想政治教育实践模式；必须坚守思想政治教育的育人目的，促进人的自由全面发展。

（三）网络坚守：思想政治教育发展的场域架构

技术的进步是推动人类历史发展的强大引擎。纵观人类社会的发展进程，我们可以发现历史上任何一次关键技术的发明和应用，都直接导致了人类既有的社会组织架构、社会组织形式的重组与变革，并随之引发时代性的社会思想观念和个体思想行为的变迁。毋庸置疑，网络信息技术是 20 世纪极具影响力的科技产物。信息技术革命的发生和演进，不仅生成了网络化的实践方式，而且全面变革了人们的生产、生活方式，其影响深入而广泛，成功地为人类塑造了一个全新的生活世界——网络空间。思想政治教育的创新发展与网络空间密切相关，思想政治教育活动根植于“生活世界”，力求实现个体思想行为与社会生活的有机统一。思想政治教育活动是在与个体紧密相关的社会生活领域中展开的，体现着社会生活领域的实然景观和现代社会的客观发展需求。随着网络空间的出现以及网络强国战略的提出，立足当今的技术话语空间，思想政治教育必须积极面对文化纷争的历史激流，努力实现教育对象的虚实和谐发展，及时将实践的场域拓展到网络空间，守好网络阵地。

（四）网络观照：思想政治教育发展的价值旨归

“思想政治教育的价值，是人和社会在思想政治教育的实践——认识活动中建立起来的，以主体的思想政治品德形成和发展规律为尺度的一种客观的主客体关系，是思想政治教育的存在及其性质是否与人的本性、目的和发展需要等相一致、相适合、相接近的关系。这种关系是思想政治教育在其教育活动和社会关系中合乎主体全面发展（尤其是思想品德的形成和发展）和人类社会进步（尤其是精神文明的进步）的目的而呈现出的一种肯定的意义关系。”① 在思想政治教育创新发展的过程中，无论是教育活动还是教育内容，无论是教育媒介还是教育目的，网络空间都发挥了不可替代的作用。就思想政治教育对象而言，从心理建构到思维养成，从人格培育到价值引导，网络技术都展现了意义非凡而影响深远的时代价值。网络空间的生成与发展发生于社会历史领域，是人类或社会系统所特有的行为空间，带有明确的目的性和价值取向性。网络强国战略的实践过程，是全体公民的生存权利得以彰显、维护和发展的过程。从某种程度上讲，网络信息技术直接影响现代化进程中的发展模式，更关乎乃至决定思想政治教育创新发展的未来走向。与此同时，无论是网络空间下人的自由全面发展，还是网络社会的全面进步，都将成为思想政治教育未来发展的应然任务和价值旨归。

① 张耀灿等：《现代思想政治教育学》，人民出版社2006年版，第162页。

第三章

网络空间下人的生存样态呈现

人们在创建生活空间的同时，也受到了环境的制约。社会网络空间的构建与人类虚拟生存场域的形成具有同构性。因而，网络空间的构建维度与网络社会的生存逻辑相互规约。换言之，虚拟生存场域的空间边界规约了网络社会人的生存发展向度，进而也影响并重塑了人类生存发展逻辑的空间表达。

第一节　社会演进过程中人的生存样态

人们在实践中不仅满足着自我的生存需要，而且进行着自我确证，自从人猿揖别以来，人类就不断地在对象化活动中确证自己是自由的类存在物，人在对象性活动关系中不断确证自我的主体规定性。人类历史的每一次科学技术的发明与运用，都直接或间接地变革着人类的生活、生产方式，技术史与人类发展史具有同构性。伴随人类实践活动的深化和发展，人类的生存方式和存在样态也得以丰富和完善，人类社会的文明进程先后经历了渔猎社会、农业社会和工业社会，目前人类社会正向以智能工具为标志的信息网络社会迈进。

一　渔猎社会：人的原始性生存

自然是人的自由意志的最大反对力量，始终以客观性和必然性的规定性力量而横亘于人类面前，贯穿在人的生存发展过程之中。自人类文化产生之初，尤其在漫长的渔猎社会中，自然力显得异常强大，人类因由自我意识微弱而不断归属、依偎并敬畏着自然。人类最初的崇拜便是自然崇拜，把自然拟人化为保护神，故此图腾崇拜成为其显著的特征。人们在自然面前渺小而卑微，原始人、土著人宁愿将收获归功于神秘的巫术，也不敢相信自己已经具有的实践能力，反而时时制定各种禁忌律条来自我约束和限制。其实，人们正在开始产生自我意识，开始有意识地明确自我的需求和行动的意向，不同的是，人们将自我的渴望和需求寄托给了自己神化的对象。比如，西非的马绍纳兰德土著，在狩猎或捕鱼时笃信凶兆，从来不说出野兽或鱼的名称，因为害怕神们会告诉野兽或鱼有人在捕猎它们。“印第安人认为自己的一切食物，不论是动物食物还是植物食物，都是动物和植物的‘神’根据自己善良的意愿送给他的礼物。”① 事实上，人们已经开始借用一些简单的手工工具来获取基本的生活资料，比如出现于200万年前的石器技术，石刀、石斧、石锥等单体的生产工具普遍地出现在世界各地，原始的棍棒、石块成为人类天然的或最原始的劳动工具。然而，在生产力水平极端低下的渔猎社会，人只能是一种渺小而又受限的存在物，自卑地向大自然乞求礼物，祈求保佑，以原始性的生存样态艰难地维持着“类”共同体的生存。自然力的强大与自然规律的不可超越，要求人只有努力探索，增强自己的认识和实践能力，才能确证自己的存在，确证自己的主体性，确证自己自由能动的类本质。

二 农业社会：人的有限性生存

农业社会的显著特征是以耕种为主导，土地等自然资源成为重要的发展要素。虽然，技术不能完全决定人的生存，但是人类的具体生存方式和生存样态，却直接受到所处时代的技术的影响。技术直接改变着人与自然、人与社会的主客体关系。随着金属制造技术的发明以及金属工具的创造和使用，畜牧业和手工业分别从农业中分离出来，完成了两次社会大分工。在此基础上，商品生产和商品交换也得到了一定程度的发展。人类的生活用具和生产工具是一个时代生产力水平最直接的表现，所以，谈及人们的生存样态，技术的现实运用提供了最为理想的分析路径。在这一时期，人类发明了锄头、刀、犁、耙、斧等，开始使用马车

---

① ［法］列维·布留尔：《原始思维》，丁由译，商务印书馆1981年版，第223页。

和牛耕，同时也发明了辘轳、翻车、石磨、织机等生产和生活工具，并在社会实践中广泛应用，虽然生产力获得了一定程度的发展，但仍处于初级水平。技术的进步弥补了人类自身的局限，实现了人身体局部功能的有限性延伸，不仅有限地缓解了人类的体力劳动，而且强化了个体的自我意识，个体逐渐成为不断创造的能动主体。如果说渔猎社会是人的主体性萌芽时期，那么，在农业社会里，人的主体性逐渐得以确立。人逐渐成为积极思维着的认知主体和能动创造着的行为主体，利用手工工具对自然进行有限度的开发。然而，建立在经验基础上的技术有限性发展，制约着人类实践活动的有效开展。人尚不具备独立面对自然的能力，只能相互依赖才能生存，进而形成了以血缘、地缘、宗法和等级为媒介的群体交往关系。低水平的物质生产力和狭隘的物质交往活动限制着人的生存能力和生存样态的发展，人的个体生存不仅受制于自然，也受制于社会。在自然和人身依附的双重束缚下，人在这个时代的生存发展具有很大的局限性和有限性。

三　工业社会：人的技术化生存

技术革命越是彻底，对人类社会发展所产生的影响就越是巨大。从18世纪中叶开始，人类社会先后经历了三次具有全局性的技术变革，记录着人类实践能力的进步过程。以蒸汽机、电力技术和集成电路的发明为标志的三大技术革命，不仅将工业化浪潮推向全球，而且为人类开创了工业文明时代。18世纪60年代，蒸汽动力技术得到了广泛应用，进而掀起了第一次产业技术革命，机械化生产成功地代替了手工作坊生产，人类从农业社会开始进入了工业社会。第一次技术革命的深入发展，实现了热能向机械能的成功转化，极大地解放了社会生产力，激励并推动了人们对技术创造和使用的热情。伴随社会分工和社会协作的进一步深化，在生产规模和生产能力大幅提高的同时，社会生产关系以及其他社会关系也发生了剧烈变动，直接引发了工业资产阶级和无产阶级的形成和资本主义制度的确立。马克思认为，“手推磨产生的是封建主的社会，蒸汽磨产生的是工业资本家的社会”[①]。进入19世纪以后，为了充分满足

---

① 《马克思恩格斯选集》第1卷，人民出版社2012年版，第222页。

人的需要和社会生产与经济发展的需求，人类利用法拉第、麦克斯韦创建的电磁理论，发明了发电机和电动机。1866 年，近代德国科技之父西门子成功制成实用的发电机；1875 年前后，电动机开始用于工业生产；19 世纪 80 年代，解决了远距离输电问题；19 世纪末，美国建立了大功率的发电厂，与此同时，电灯、电报、电话、收音机等相继诞生。电力被广泛运用于动力生产、生活照明以及通信交往等领域，一个与“蒸汽时代”截然不同的“电气时代”就此诞生，人类社会实现了第二次技术革命。技术的每一次进步和发展都孕育着更高层次的超越，20 世纪 40 年代，以电子技术为主导和核心的技术体系应运而生，尤其是集成电路的出现，改变了原有电磁控制系统所存在的体积大、速度慢、灵敏性低等缺点，极大地冲破了技术推广和现实运用过程中的限制。第三次产业技术革命，是在机械化、电气化的基础上，实现了向自动化的转变。虽然这一阶段的自动化水平相对初级，但是却成功地摆脱了人对自然的依赖，将自我存在从自然依附下得以释放，成为实现人的自由解放和自我超越过程中的胜利关键。与此同时，市场经济的发展以及物质产品的丰富，客观上拓展了人的交往活动范围，改变着人的现实生存范围和生存方式。技术革命实现了人类的技术化生存，人类从手工化生产走向机械化、电气化和自动化生产，这不仅仅是技术的进步，更是人类进行自我主体确证的现实体现。

四　信息社会：人的网络化生存

自 1971 年世界第一台微型计算机诞生以来，集信息技术、新材料技术、新能源技术、新制造技术、生物技术、激光技术、海洋开发技术、空间开发技术等高技术群为一体的现代化技术体系日渐形成。新材料技术、新能源技术和信息技术是现代化技术体系的基础性架构，其中，信息技术的作用最为突出。然而，信息本身并不是网络社会的专属性存在，它是指人们在交往过程中使用的一种符号，它代表着事物的某种性质和轮廓，而不同社会形态下人们交往中所使用的符号也必然不同。技术作为人的延伸，时刻创造着新的生存环境和生存方式，符号的形成和运用间接地反映了人们改造世界的能力以及社会发展的水平。人们出于不同的行为动机与数字技术紧密相连（见图 3—1）。

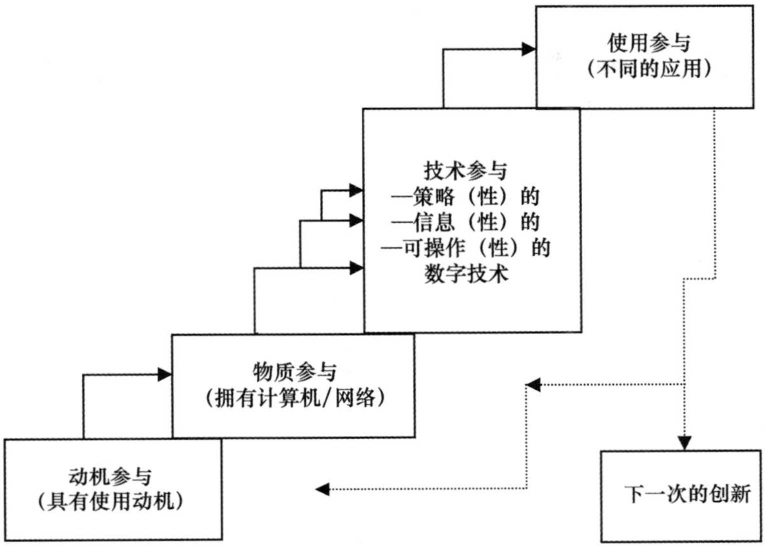

图3—1　简·梵·迪克的进入数字技术的四个步骤

"随着信息载体的功能的增强，信息的介质作用开始普遍化及多元化，信息在经济领域产生了一种类似通货的作用，经济活动在一般情况下变成了信息的交流。"① 信息的意义也不再局限于对事物的象征和轮廓的描述，而演变为一种"准物质性"的客观实在。网络信息时代的到来，科学技术对人类生存以及社会实践的影响空前深远。"信息化"成为现时代的核心概念，甚至成为支配诸多领域的重要机制和发展趋势。信息化的实现是以数字化和网络化为基础的，数字化实现了从原子到比特的转化，网络化实现了双向、多点、多媒体的传播。网络信息技术成为生产力发展、社会进步的全新支撑点和核心动力。网络空间"成为一种全方位改变人类社会空间的技术架构，不只是一种传递信息的工具，而已成为人们的社会环境，一个生存空间"②。网络信息技术实现了现实世界向网络空间的延伸和拓展，促使人类进行着物质文明和精神文明的跨越式发展，全面而深刻地变革着人类的社会生活。网络空间汇集了形式多样

---

① 参见李鑫炜《体系、变革与全球化进程》，中国社会科学出版社2000年版，第166—167页。

② 鲍宗豪：《数字化与人文精神》，上海三联书店2003年版，第190页。

的信息资源，人们在创造、开发和运用的过程中，既丰富了自身的精神世界，又建构了现代社会文明。网络空间具有便捷多样的信息传输路径，既促进了个体、国家、社会以及民族之间的文化交流，也在价值碰撞和文化选择的过程中实现了融合发展。信息革命不仅包含了信息技术的巨大突破，而且也包含了信息对人类生活面貌和生存方式的变革，使人类的社会生活呈现了全新的表征。

第二节　网络空间下人的生存阶段

“真理的彼岸世界消逝以后，历史的任务就是确立此岸世界的真理。”① 在马克思看来，人们的现实存在就是“现世存在”，人存在于人与周围世界的具体关系中。研究人的生存发展状况，必须真正进入人的现实生活，只有从“现实的人”和人的“现实生活过程”出发，人的生存发展才能在哲学中获得自觉的表达，才能在社会物质生产实践中进行自我批判和自我超越。人在网络空间下的现实生存状况和发展阶段大致可以划分为三个阶段，即技术依赖基础上的自在性生存、信息依赖基础上的自主性生存和虚实和谐基础上的自由性生存。然而，这三个阶段并不是时间意义上的先后过程，而是程度意义上的发展层次，三者依次递进。因而，后者以前者为基础，既在技术依赖和信息依赖的基础上实现虚实和谐，也在自在、自为的前提下实现自由。换言之，从客观发展历程出发，只有完整地经历人在网络空间下的生存阶段，才能获得自由全面的生存体验和发展空间。为此，考究人在网络空间的生存阶段，对于认识和把握人的生存状态、发展趋势具有本源性和奠基性的意义。

一　技术依赖基础上的自在性生存

在社会实践过程中，人类能动地创造了技术，却也依赖着技术，尤其是在网络信息社会，人对信息技术的依赖成为必然性前提。“技术和人类自身是同样古老，因为在我们研究化石遗迹时，只有当我们遇到使用

---

① 《马克思恩格斯选集》第1卷，人民出版社2012年版，第2页。

过制造工具的痕迹时，我们才能肯定我们是在研究人类。”[①] 网络空间下，人对技术的依赖呈现两个向度，一种是基础性依赖，另一种是追随性依赖。

首先，基础性的技术依赖体现在网络主体对网络信息技术的掌握情况和运用程度。网络信息技术与人们的生产生活日益紧密，其表现是网络技术的普及程度和人们对技术的应用范围。人进入网络空间的前提是对网络信息技术的基本掌握和操作，故此，人在网络空间的初级生存阶段便是建立于技术依赖基础上的自在性生存，这是一种技能性的发展。人们对网络信息技术的认知、了解与操作，直接决定着人在网络空间下的存在状态和生存发展程度，这是一种正向相关。也就是说，技术操作越是熟练，人的技术化生存便越是充分而自由；技术操作越是生疏，人的技术化生存便越是片面而受限。无论是硬件的操作还是软件的运用，都关乎网络行为主体的网络交往深度和网络活动范围，进而决定了网络主体的交往对象和网络社会关系的构成以及网络主体自身的本质确定和全面发展。

其次，追随性的技术依赖，从动因出发，又存在技术崇拜和技术恐慌两种情况。一方面，人们对现代信息技术产生崇拜感，将其视为时尚的标志。虽然，网络信息技术在人们的日常生活和工作中越来越普遍，但是，由于网络时代信息资源的丰富多样、信息技术的日新月异，网络化的生存方式和行为表现仍具有鲜明的时代特色和前卫意识。人们热衷于网络信息技术的追求和使用，其动因不完全源自于现代技术的实用价值和功能，也源于对时尚的追求，进而将技术依赖演变成为“快餐式的技术”消费。在现实社会生活中，我们不难发现一种较为普遍的现象，现代人更换手机的频率越来越快，更换手机的价位越来越高。然而，手机作为一种通信工具，其使用价值是方便人们的交流与沟通，但是人们却将原本的通信需求转化为时尚需求。所以，手机的品牌、款式、功能和技术，日益成为人们关注的焦点。与此同时，人们对信息资源的占有欲望越来越强烈，人们为了获得更好、更多、更新的信息资源，而对网

① ［德］阿诺德·盖伦：《技术时代的人类心灵：工业社会的社会心理问题》，何兆武、何冰译，上海科技教育出版社 2008 年版，第 2 页。

络信息技术的依赖程度越来越重。根据中国互联网络信息中心（CNNIC）发布第43次《中国互联网络发展状况统计报告》的数据显示，截至2019年2月，我国网民人数已达8.29亿人，全年共计新增网民5653万人，互联网普及率达到59.6%，较2017年年底提升了3.8个百分点，我国手机网民规模达8.17亿人，网民通过手机接入互联网的比例高达98.6%。[①]无论是网民规模，还是网民的周上网时长，都客观地说明了人们对网络技术的依赖程度正在不断加深。

人们既热衷于追随硬件技术的更新换代，又迫切追随软件系统的版本升级。在此过程中，很多现代信息技术被人们广泛追随，却并没有得到真正的运用，比如，部分现代人跟随潮流购置热销的智能手机，但并不使用（或者说不会使用）该手机的其他功能，仍局限于通信功能的运用。再比如，QQ、微博、微信等社交软件和游戏软件一经上市便迅速普及，其中的原因除了软件本身的使用价值之外，还源于人们将运用新技术视为时尚和前卫的表现。从某种程度上讲，人们对技术的追随性依赖可以很好地解释这一现象，手机终端日益成为新网民进入互联网的主要设备。

另一方面，人们对现代信息技术产生恐慌感，被动地接受技术的更新。摩尔定律（Moore's Law）[②] 表明，网络信息技术的发展和更新速度呈几何级数增长。相对于现实生活中的个人而言，技术的发展和更新要先于个人对技术的关注与运用，新技术的更新速度甚至让个人来不及真正消化和掌握一门技术便被新的技术所更替。技术的飞速发展，使得人们的技术环境日新月异，这既增加了人们对技术的新奇和敬畏，也让人类在心理上产生了恐慌与失落。现代社会下，人的主体性精神不断形成、主体性意识不断增强，人们为了避免自己在技术竞争中处于劣势，而不

---

① 中国互联网络信息中心（CNNIC）：第43次《中国互联网络发展状况统计报告》，2019年2月28日。

② Moore's Law，Intel公司创建人之一戈登·摩尔的经验法则，他预言微处理器的处理能力每18个月到24个月将增加一倍。摩尔在1965年提出，芯片中的晶体管和电阻器的数量每年会翻番，原因是工程师可以不断缩小晶体管的体积，半导体的性能与容量将以指数级增长，并且这种增长趋势将继续延续下去。1975年，摩尔又修正了摩尔定律，他认为，每隔24个月，晶体管的数量将翻番。近20年来，计算机CPU每18个月性能提高一倍，成本降低一半，称为摩尔定律；近5年来互联网用户每9个月增长一倍，流量增加一倍，称为新摩尔定律。

断承受技术的规制，被动地遵循技术的逻辑，这种源于技术恐慌和自我失落的技术依赖，在一定程度上使人类陷入了被技术所奴役的异化状态。

二　信息依赖基础上的自主性生存

人在网络空间的第二个生存阶段是建立在信息依赖基础之上的自主性生存，主体通过“界面”进入网络空间而开展自主的行为活动，该阶段的生存发展特征体现为网络主体信息素养的形成和培育。面对网络信息技术，人们超越了初级的技术依赖，将自我技能式的发展逐步发展为信息素养的提升，这本身就是一种进步。技术依赖基础上的自在性生存，不禁让人们看起来像是一个拿着遥控器观看荧幕剧的观众，而信息依赖基础上的自主性生存，倒像是人们在众多的剧本中，选择自己喜欢的、适合的、需要的角色来倾情出演。人们不再甘心做一个局外的看客，而是主动地获取网络世界的生活角色，进而创造自我价值、建构意义秩序。

此外，从人们在网络空间下的生存方式来看，信息依赖还表现为信息的创生和实现。无论是信息创生的过程，还是信息实现的行为，都不同于一般意义上的信息传递和信息接受。原因在于一般性的信息活动只是对已有信息模式或信息内容的简单保持、变换、再现以及复制，而信息的创生则是通过信息复合和重组来生成新的信息。“从信息活动的角度来看，实践活动中的目的性、计划性都首先是一种主体创造的再生信息，而被改造的对象的改变并不是物质量上的多些或少些的变化，而主要是组构方式，即信息结构的变化。”① 从这一角度出发，便可以成功地解释人们在纷繁复杂的信息源面前进行选择性录入和目的性输出的行为动机，同样可以预测信息活动主体与信息活动对象之间的行为关系以及行为结果。信息的创生过程和实现过程，都是伴随多重信息加工以及信息选择的复合性过程，但这复杂的信息活动恰恰构成了人在信息依赖基础上的生存方式和行为逻辑，这是一种独立的、自主的、能动的创造性活动。

在这一阶段，我们并不规避信息对人的发展具有异化的现象。人们在网络空间下对生存资源的分配和占有方式便是对信息的获取与利用。虽然，有学者认为人们在网络空间下对信息的依赖是负面的，纷繁复杂

① 邬焜：《信息哲学：理论、体系、方法》，商务印书馆2005年版，第81页。

的网络信息不仅导致个体的自我迷失，还会引起对信息的恐慌。事实上，信息本是人的创造物，并为人的目的而服务。“依赖”不过是一种关系性的存在，并不代表完全意义上的否定。相反，人对数字信息符号的驾驭能力与信息素养的培育，正是人们在主体意识的支配下对信息异化扬弃的表现。在实然世界的生产实践中，人的生存发展依赖于自然，是因为自然给予人类基本的物质基础；在网络世界的虚拟实践中，人的生存发展依赖于信息，是因为信息构成了人类基本的生存资源。然而，无论是现实社会，还是网络空间，人类都在积极地、逐步地确立自己的主体地位，信息能力和信息素养的形成和发展过程，便是人们摆脱信息困境、追求自主发展的过程。

三 虚实和谐基础上的自由性生存

伴随网络信息技术的深入发展，人们在网络空间下的实践程度也日益深入。网络空间对人们生存发展的影响越是深刻，越是成为人们生产生活必不可少的组成部分，网络世界与现实世界之间的关系问题便越是成为人们亟待攻克的时代命题。第一生存阶段的技能培养和第二阶段的素养提升越是得到充分发展，人们在实然的物理社会与网络空间之间的流转频率就越是频繁，人们在现实社会与网络社会之间的身份转换就越是自由。然而，人们自由占有虚拟与现实两个生活世界，只能说明技术的发展拓展了人类的生存空间，并不能证明人们就此获得了自由全面的发展。人的生存发展不仅是现实意义上的人，更应该是完整意义上的人。人全面占有自己的本质的前提，是实现虚拟本质与现实本质的协调统一，为此，追求人的虚实和谐发展，是实现人的自由全面发展的题中之义。

网络空间的技术逻辑规约了网络主体以数字化形式而存在、以符号化方式而交往，进而导致了人们之间的关系逐渐退化为网络上符号之间的联系。“由于人们沉溺于数字化的环境，脱离‘在场’的社会关系太久，将自己视为纯粹意义的‘符号’……步入纯粹的数字化过程，从而使自己成为片面的人。”① 同时，网络技术的符号化交往方式具有独特的

---

① 李伦：《鼠标下的德性》，江西人民出版社 2002 年版，第 222 页。

隐匿性，导致了网络表达和网际关系具有极大的不稳定性。人们自由地选择和扮演着与现实社会不同或截然相反的网络角色，造成了网络自我与真实自我之间的分裂以及网络人格与现实人格的错位。客观地说，这不只是人的片面性发展，甚至是一种畸形发展。解决这一问题的路径就是要追求人的虚实和谐发展，促使人以一种自觉、自由的方式占有自己全面的本质，这将是一种自主、自为的科学发展方式。从系统论的角度出发，虚实和谐发展追求的是网络空间系统与现实环境以及网络空间内部各因素之间、各层次之间所达到的一种和谐平衡状态；从辩证法的角度出发，虚实和谐发展是指人在虚拟与现实互为矛盾的生存空间中实现统一的发展过程；从实践的角度出发，虚实和谐发展的前提就是正确处理人在现实社会与虚拟社会中的各种复杂关系，创造和谐共生的网络生存环境和发展空间，建设“和合”共生的网络文化，实现“从和合的实性追求到和合的虚性追求”①，创建虚实互构、同生、共荣的和合生态。

第三节　网络空间下人的生存形态

在马克思看来，人是自然存在、社会存在和精神存在的统一体。人的存在状态与人的实践活动紧密相连，根据实践活动的范围和层次，马克思主义人学从现实的人出发，将人的主体存在形态划分为三种形式，即个体存在、群体存在和类存在。马克思关于人的存在形态理论，为分析网络空间下人的生存形态提供了重要的理论基础和思考维度。人的存在形态是自身生存形态的基础，三种存在形态必然对应着三种生存形态，个体生存、群体生存以及类主体生存分别具有各自的合理性，而且表征着不同的意蕴和价值。个体生存和群体生存是对人的现实生存的理解和把握，类主体生存是对人的类本质和类理想的认知与追求，分别从现实和超越两个层面共同构成了人的生存形态的考察维度。

一　网络空间下人的个体生存

从人的存在形态来看，个体存在是一种集自然属性、社会属性和意

① 张立文：《和合哲学论》，人民出版社 2004 年版，第 88 页。

识属性于一身的现实性的存在，网络信息技术虽然赋予了自我存在和自我确证以全新的表现方式，但是网络空间下人的存在状态仍具有自然性、社会性和意识性。个体生存既是个体生命在社会时空中的展开过程，也是以个体存在为基础的实践性发展和超越性存在的过程，自然性、社会性和意识性同样构成了网络空间下人的个体生存的基本特征。

首先，网络空间下人的个体生存具有自然性。马克思认为："人直接地是自然存在物……而且作为有生命的自然存在物。"① "全部人类历史的第一个前提无疑是有生命的个人的存在。因此，第一个需要确认的事实就是这些个人的肉体组织以及由此产生的个人对其他自然的关系。"② 自然存在是现实社会中的人的基本属性，生理机体构成了人的生存发展的客观前提和物质基础。"全部内容都以人作为自然生命的存在和发展为依据。"③ 无论网络行为主体在网络空间下的实践活动处于何种发展阶段，是技术依赖、信息依赖还是虚实和谐基础上的自由发展，网络空间下的个体生存都是现实主体的符号化转换，二者具有统一性和共生性。即便是网络空间下的虚拟自我实现了"身体缺场"式的自然超越，但是，一旦现实世界中的个体不再拥有生命的自然存在，网络空间的虚拟自我也随即终止了一切能动的实践活动。即使个体在网络空间所创建的虚拟自我仍然以符号化的样式存在，但不再具有能动的主观意向。因此，我们有理由证明，网络空间下的个体生存同样具有自然性。

其次，网络空间下人的个体生存具有社会性。在马克思看来，社会性是人所独有的一种规定性，"人是最名副其实的政治动物"④。人存于自然，亦存于社会。人在社会中进行劳动生产、实现生存发展。"只有在社会中，人的自然的存在对他来说才是自己的人的存在"⑤，"只有在共同体中，个人才能获得全面发展其才能的手段"⑥。社会以群体的形式将个人有机结合起来，形成一个整体。这个整体凝结了个人力量，创造了"集

---

① 《马克思恩格斯全集》第 3 卷，人民出版社 2002 年版，第 324 页。
② 《马克思恩格斯选集》第 1 卷，人民出版社 2012 年版，第 146 页。
③ 卓泽渊：《法的价值论》，法律出版社 1999 年版，第 444 页。
④ 《马克思恩格斯选集》第 2 卷，人民出版社 2012 年版，第 684 页。
⑤ 《马克思恩格斯全集》第 3 卷，人民出版社 2002 年版，第 301 页。
⑥ 《马克思恩格斯选集》第 1 卷，人民出版社 2012 年版，第 199 页。

体力”[①]；这个整体组建了社会关系，形成了“许多成员的共同活动”[②]。马克思指出：“个体是社会存在物。因此，他的生命表现，即使不采取共同的、同他人一起完成的生命表现这种直接形式，也是社会生活的表现和确证”[③]，“孤立的一个人在社会之外进行生产——这是罕见的事。”[④]在论证网络空间的组织关联时，我们已经提及一个概念，就是“网络族群”。网络空间下的行为秩序就是网络行为个体的不同集合，人们围绕自身的生存发展需求，借由网络技术与他人建立了各种社会关系。马克思认为，“社会人的一定性质，即他所生活的那个社会的一定性质。”[⑤] 透过网络个体所归属的族群特质，可以有效地说明网络空间下个体生存的社会属性。

最后，网络空间下人的个体生存具有意识性。“有意识的生命活动把人同动物的生命活动直接区别开来。”[⑥] 意识性是人区别于动物的根本表现，是人之为人的重要特征。在社会实践过程中，个体不断产生不同的生存发展需要，进而开展有目的性、选择性、创造性的实践活动。实践主体“寻找出一种结合的形式，使它能以全部共同的力量来维护和保障每个给予者的人身和财富，并且由于这一结合而使每一个与全体相联合的个人又只不过是服从自己本人，并且仍然像以往一样地自由”[⑦]。在网络空间下，人们源于不同的目标需求，相应进入不同的“网络界面”，与行为客体发生有目的、有指向的具体联系，进行着学习工作、娱乐休闲、人际交往等不同的网络行为。面对网络空间复杂的技术构成、庞大的数据规模、多样的组织结构以及纷繁的信息内容，网络行为主体自由地进行选择性活动，积极发挥主体的能动作用。此外，人们在实践过程中实现了自我解放和自我确证，人以实践活动创造着人类自身的存在方式和发展图景，但这一过程又时时受客观世界的制约和限制。人在网络空间

---

① 《马克思恩格斯选集》第 2 卷，人民出版社 2012 年版，第 207 页。
② 《马克思恩格斯选集》第 1 卷，人民出版社 2012 年版，第 415 页。
③ 《马克思恩格斯全集》第 3 卷，人民出版社 2002 年版，第 302 页。
④ 《马克思恩格斯选集》第 2 卷，人民出版社 2012 年版，第 684 页。
⑤ 《马克思恩格斯全集》第 19 卷，人民出版社 1963 年版，第 404 页。
⑥ 《马克思恩格斯全集》第 3 卷，人民出版社 2002 年版，第 273 页。
⑦ ［法］卢梭：《社会契约论》，何兆武译，商务印书馆 1980 年版，第 23 页。

的存在和解放过程依然是人类自身的创造性实践过程，人的意识性促使人们开创新的实践，建构新的世界，不断实现自我解放和发展。

总的来说，网络空间下人的个体生存是现实性和虚拟性的统一，人在积极地、能动地创造着自己的对象性存在。人在自然存在的基础上，不断形成并展示出人的现实的本质力量和规定性。在自觉自为的实践中，人们借助符号系统，不仅建构了自我的数字化存在方式，而且有目的地改造着现实，并超越了现实，获得了个体自由开放的生存空间和生存方式，以更加全面的方式占有自己的本质，建构自己存在的意义。

二　网络空间下人的群体生存

马克思认为，社会是人与人之间相互交往的产物，在本质上是社会关系的总和，离开了人类社会这一社会群体组织形式，就无法理解现实的活动着的人。人在网络空间下的生存形态同样表现为群体生存，个体在网络空间的实践活动中与其他个体或其他群体发生着社会关系，在地缘、血缘、业缘、趣缘、情缘等方面结成社会共同体，以群体的方式而生存。美国社会学家 C. H. 库利认为，由于群体反映的是具有亲密的、面对面交往与合作的人的社会关系的特征，因而群体的形式更具有人类共同生活的初级形态的含义。我们可以从“群体的生存意识”和“主体的共同存在”两个向度来分析网络空间下人的群体生存形态。

首先，网络空间下群体的生存意识。马克思从现实的人的群体存在出发，认为“一切生物之中，只有人类达到了几乎绝对控制食物生产的地步”①。这说明人类群体存在的最初目的是保存个体的生命存在，它是确保人类生存基本前提的经验事实。无论是人的生存需求，还是人的发展需求，群体都以一种本质的规定性联结了个体的存在和实践，其中，个体联结的精神动力便是群体的生存意识。群体生存意识既表现在对自己隶属群体的共同性建构，也表现在对异己群体的差异性辨识。一方面，在群体生存意识的支配下，人们能动地调节着不同个体间的需求、利益，以群体秩序来平衡个体的均衡发展。群体的生存意识能够有效地在群体

① 《马克思恩格斯选集》第 4 卷，人民出版社 2012 年版，第 29 页。

中建立个体的共同性特征，比如建立共有的信仰、共同的情感、共存的秩序等，因此，共同性的相似特征是维持群体存在的内在凝聚力。正如涂尔干所说："社会成员平均具有的信仰和感情的总和，构成了他们自身明确的生活体系，我们可以成为集体意识或共同意识。"① 网络空间下的行为主体虽然获得了极大的自由和个性发展的空间，但仍然不可避免地遵循着群体生存的逻辑，以实现个体的最佳生存状态。网络行为个体归属于不同的网络族群，在群体化的生存实践和生存交往中与群体形成思想上的共识、情感上的共鸣、经验上的共享，这种有目的、有秩序的共同性建构，不仅带给个体极大的存在感、归属感，而且丰富和扩展了个体的价值追求以及生命意义；另一方面，群体生存意识还体现在个体对异己群体的差异性辨识。在建立群体共同性特征的过程中，人们自觉或不自觉地与其他群体相分离或者说相区别，准确地说，区别不同群体之间的差异性与建构同一群体的共同性之间具有内在同构性。在比较和辨识中，网络行为主体确证了自身特质，也选择了群体归属，这一过程，既有利于个体对群体形成共同期待，也有利于群体与个人达成理性共识。

其次，网络空间下主体的共同存在。网络空间下的群体生存是虚拟主体之间的一种共同存在，这种群体生存相比于现实世界的群体生存而言，实现了结构、地域和等级上的超越。第一，符号化、数字化的群体生存方式打破了现实群体的存在界限和组成结构。现实世界中的群体构成总是表现为地缘、血缘、业缘、趣缘、情缘等样式的共同体，而在网络空间下，人的技术化生存方式以及符号化表达方式改变了人们的传统交往方式，也进一步打破了现实群体的存在界限。第二，网络空间下的群体生存打破了现实群体生存的地域界限。人在网络空间的存在样态是符号化的技术表达，人们在网络空间的交往方式也是数字化的技术交往，人们借由网络信息技术而获得了自身的虚拟性存在和网络化表达。由于人们的上网时间和上网地点并不会影响网络空间下的自我存在，所以，网络空间的群体生存超越了现实群体存在的地域限制，以网络化的技术方式获得了个体的聚合与群体的重构。第三，网络空间下的群体生存打

---

① ［法］埃米尔·涂尔干：《社会分工论》，渠东译，生活·读书·新知三联书店2000年版，第42页。

破了现实群体生存的等级界限。人们在网络空间下可以自由设定自己的虚拟角色，并可以根据自己的兴趣爱好、价值取向等因素自由选择群体归属，在网络社会交往中，逐渐建立起相对稳定的网络群体，这种网络群体的形成方式必然超越了现实社会群体的等级结构。技术赋予实践主体以自由选择权的同时，也增加了网络群体生存的松散性和流动性，个体对群体的依赖和归属大大降低，网络群体生存的内在凝聚力远远不及现实的群体生存。然而，这种开放、自由的群体生存形态却极大地调动了人们的参与热情，扩展了主体的对话空间，有效地促进了资源共享和协同发展。

三 网络空间下人的类生存

马克思认为，人是一种类的存在物，并具有多维的规定性。一方面，马克思从人的自由自觉的活动（即劳动实践）出发，从本质上把握人的类存在，认为劳动实践是人所独有的生存方式，是人的类特性产生和发展的根本原因，并在此基础上将人与动物加以区分；另一方面，马克思从实践活动中的现实社会关系出发，揭示了人与人之间的社会关系。人在劳动实践过程中，自己的劳动活动和劳动产品不仅构成了他人的生活存在，也构成了自己与他人之间的社会关系，人正是在这种生产和再生产的实践过程中，历史性地创造和发展了人的类本质和类特性。此外，人还在实践中不断对现实进行超越，努力解决与自然、社会和自身之间的矛盾，追求人的完成了本质统一的存在状态。伴随网络信息技术的深入发展，网络空间极大地延伸了传统意义上的物理时空，不仅开拓了人的生活实践领域，也进一步凸显了人的类存在方式。网络空间下人的类生存不仅具有主体与对象客体之间的区别，还具有现实与虚拟之间的区别。网络空间下人作为类的存在物，借助中介系统对现实制约性实现了一定程度的超越，虚拟的实践方式衍生了虚拟的社会关系，虚拟的生存方式展现了虚拟的类存在和类意识。

一方面，人在网络空间下的类存在是现实人的类存在的自我延伸，是一种技术化的自我构造。埃里克·麦克卢汉认为，“人的生存似乎要依赖把意识延伸为一种环境。由于电脑的问世，意识的延伸已经开始。”① 从这个意义上理解，不仅网络空间下人的类存在是现实人的意识性延伸，包括网络空间也是人化自然、人化社会的“属人空间”“属人世界”。现实的人创建了网络空间，实现了自我生存空间的延伸和自我存在方式的拓展，并遵循技术的程序逻辑在其中进行自我构造。人作为类存在物，通过发明工具和运用工具而与其他动物相区别，进而获得自身类存在的本质特征。当人类文明进入信息文明时代，人类仍然积极地进行主体性确证。正是人的这种技术化的自我构造，既确证了人的类存在的主体性活动，区分了人类主体与对象化客体之间的本质区别，又确证了人在社会关系层面上的目的性、意识性和创造性发展。

另一方面，网络空间下人的类生存是对现实人的自由自觉活动的超越，是一种技术化的自我解放。从某种意义上说，网络信息技术不仅实现了对人类身体和感官的解放，而且实现了对现实人的自由自觉活动的超越。人类有意识地创造全新的生存空间和生存方式，成功地将人的自由自觉活动这一人的生命存在形式，在网络空间中得到了极大的提升和超越。网络空间下的人际互动是网络主体以符号系统和网络信息技术为中介，有效地开展网络交往活动的过程。在某种程度上消解了主体的现实性制约，人的自由自觉的活动获得了更大程度的解放。需要说明的是，网络空间是一种依托于技术逻辑之上的符号化虚拟空间，与实然世界的现实空间具有本质的区别，我们在肯定网络空间下人的自由自觉活动得到技术性超越的同时，必须承认人的类本质在不同时空维度下的不同表现。人的类意识、类价值等观念在现代技术的推动下得到了进一步的强化，不断追求着人的类存在与自我生存的价值统一。在社会实践中，人们始终在积极探索将理想转化为现实的可能，并努力创造这种转化的条件，促使其完成。人们推动技术进步以打破现实生存中的制约因素，创建全新的生存空间以实现对人的自由自觉活动的超越和解放，不断创造“具有人的本质的这种全部丰富性的人，创造着具有丰富的、全面而深刻的感觉的人作为这个社会的恒久的现实”②。

---

① ［加］埃里克·麦克卢汉、弗兰克·秦格龙编：《麦克卢汉精粹》，何道宽译，南京大学出版社 2000 年版，第 411 页。

② 《马克思恩格斯全集》第 3 卷，人民出版社 2002 年版，第 306 页。

第四节 网络空间下人的生存关系

网络时代，新技术革命助推人类社会走向新的文明，技术的进步不仅变革了人们的生存状态、行为方式、思维逻辑，也改变了人们的交往方式、组织结构和生存关系。人的存在本身就是一种关系性存在，人时刻处于关系系统之中，把握人的关系问题是把握人的本质的关键。人的关系系统永远处于动态发展的未完成状态。生存环境和生存条件的变迁，自然地引发了人的生存关系的改变，直接影响着人的生存方式以及发展趋势。网络信息技术的发展，不断变迁着人的生存发展的生态环境，人们为了开辟自由广阔的生存发展空间，为了全面占有自身的生存本质，就必须准确把握自身的生存关系，并科学地对关系系统进行调适。人的生存关系将在不断调适的过程中得到丰富和发展，关系主体也将在关系调适的过程中实现自我提升。在网络空间下，人的生存关系同样表现为三重，即人与数据环境、人与人以及人与自身的关系，这些对象性的关系系统共同构成了人的网络化存在。

一 网络空间下人与数据环境的关系

无论是人的类发展，还是人的个体发展，总是与一定的社会历史环境相关联。正如马克思所说："人创造环境，同样，环境也创造人。"① 同样，在网络空间下，人创建了网络化的数据环境，又反过来依赖网络数据环境而生存。数据环境为人在网络空间下的生存发展提供了社会条件，人在数据环境的创建和改造过程中实现了自我确证和自我超越。

首先，数据环境是网络空间为人的生存发展提供的社会条件。一方面，人与数据环境的依赖性越来越强。原本用于军事和学术领域的互联网技术，在人们的日常生活领域不断得到扩展和普及，并日益成为人类日常生活的核心。网络信息技术彰显了强大的社会影响力，与人的生产生活紧密相连，广泛地变革着人们的生存方式、交往方式以及思维方式。无论是人们对网络的使用范围还是使用程度，都表明了网络信息技术越

---

① 《马克思恩格斯选集》第1卷，人民出版社2012年版，第172页。

是发达，人们对数据环境的依赖性就越是强烈；另一方面，人与数据环境的依存度越来越高。人们的网络活动范围越来越广泛，网络行为内容越来越多样。从学习到工作、从交往到娱乐，网络信息技术为人的现代化发展提供了全新的可能。人们在网络空间下获得了全新的存在方式和表达方式，数字化的生存空间、符号化的交往模式以及程序化的运行逻辑，赋予了人们自由、自主的生存权利。人们不仅可以自由地设定自己的网络社会身份以及网络交往角色，还可以自主地开展形式多样的网络行为，充分享有选择进入或是离开网络空间、参与或是退出网络活动的权利。技术在赋予人们自由生存权利的同时，也极大地提高了人们生存发展对自身的依赖。

其次，人是创建和优化网络数据环境的实践主体。数据环境为人在网络空间下的生存发展提供了物质前提，人们在依赖数据环境生存的同时，也反作用于数据环境，不断创建新的生存条件和生存空间。人对数据环境的依赖是一种自觉能动的适应和改造。网络空间下的数据环境是现代信息技术的产物，是人的对象性存在，不仅是主体社会化生存的技术工具，也是主体个性化发展的活动空间，同时还是主体间交往的媒介载体。从书信、图片样式的传统交往到音频、视频格式的现代传播，再到综合多样的信息媒介，无论技术怎样变迁，都延续了一条近乎一致的发展脉络，即技术对人的主体精神构想和主观理念意志的表达。技术创新以及技术优化的过程正是人类在技术史上对主体生存和发展的超越过程。人们对数据环境进行自觉能动的超越性实践，目的不仅在于对自身虚拟生存环境的优化，更旨在通过对数据环境的对象化实践来反观自我的生存需求和精神意象。正如马克思所说，“人离开动物越远，他们对自然界的影响就越带有经过事先思考的、有计划的、以事先知道的一定目标为取向的行为的特征”①。网络空间下的数据环境充分呈现了主体的精神景观，也生动地反映了主体间共生互动的精神交往和精神融合过程。从某种程度上讲，主体从自然环境和现实社会环境能动地转向技术化的精神境域，这是主体从现实生存世界走向虚拟生存空间的自我超越。人对网络数据环境的创建和优化，是主体凭借网络信息技术对自身对象性

① 《马克思恩格斯选集》第3卷，人民出版社2012年版，第996页。

世界的改造，在改造的过程中，不断形成人在网络空间的生存逻辑，不断生成了数据化的精神规则。与此同时，人们也更加全面地厘清了人在网络空间下的虚拟生存关系以及生存发展的矛盾和限度，为此，解决主体间关系问题的症结和突破主体发展的限度，便成为人们改造网络空间数据环境的实践动力。人与数据环境之间的关系是人在网络空间下生存关系的基础性构成，不仅影响着人的整体生存关系系统的有序运转，而且直接决定了人在网络空间的生存能力和发展空间。

二　网络空间下人与人的关系

马克思认为，“人同自然界的关系直接就是人和人之间的关系，而人和人之间的关系直接就是人同自然界的关系，这是他自己的自然的规定”①。在马克思看来，人与自然的关系和人与人的关系具有内在统一性。从这一理论出发，反观网络空间下人的生存关系，人与数据环境之间的关系和人与人在网络空间下的关系，同样是内在统一的。自从人类创建网络空间并开始人的网络化虚拟生存以来，人与人的关系就成为连接网络社会生活的纽带。关于网络空间下人与人之间的关系问题，曾一度（甚至延续至今）引发了学者们的焦虑和恐慌。关于关系衰落的焦虑并不是网络信息时代所独有的，相反，每一次技术的革新都影响并改变着人与人之间的连接形式，人们在获得全新的联系方式的同时，也体验着所处时代的这种焦虑。人们曾经因19世纪的铁路惊吓了马群而担忧，也曾为汽车和电话隔离了人们的面对面交往而抱怨，但这一切都远不及人们因使用互联网所造成的关系衰落而产生的焦虑和恐慌。“因为互联网的使用，人们迷失在现实的蹩脚模拟物中，减少真实的面对面关系，所以，社会四分五裂。”② 早在1995年，德克萨斯广播评论员吉姆·哈特威尔告诫大家：“当所有这些电子玩意儿将我们联系起来，同时也把我们分开。比起人类同伴的脸，我们接触更多的是计算机和电视屏幕。”③ 然而，社

① 《马克思恩格斯全集》第42卷，人民出版社1979年版，第119页。

② ［美］李·雷尼、巴里·威尔曼：《超越孤独》，杨伯溆、高崇等译，中国传媒大学出版社2015年版，第101页。

③ *Jim Hightower is Quoted in Robert Fox*，“Newstrack”，Communications of the ACM，38，No. 8（1995）：11－12.

会现实和科学实验都一致证明："互联网和移动革命影响社区的性质，它们发生改变；但是，并没有被摧毁，因为网络化的个人正处于网络化的操作系统中。"[①] 互联网的存在和运行本身就是一种关系，这种技术性的关系解构也重建了现实社会的原有组织结构、社会结构，计算机的连接实质上是人与人之间的智能化关系。正如马克思指出的那样："实物是为人的存在，是人的实物存在，同时也就是人为他人的定在，是他对他人的人的关系，是人对人的社会关系。"[②] 网络空间的联系方式，不仅实现了从"门对门"到"地方对地方"的突破，还进一步将"地方对地方"发展为"人对人"的网络化连接。人在网络空间下生存，并不是抽象的、孤立的，而是相互依赖、互为前提的，人们在虚拟实践过程中生成的复杂社会关系构成了人的虚拟本质，也维系了整个网络社会。

实践表明，无论是现实社会，还是网络空间，人们始终无法孤立地存在，相反，却总是处于一定的社会关系之中，而且总是以一定的关系来表征和验证着自我的存在。正因如此，关系的构成方式成为人的本质规定。以网络空间为视角，以现实和发展为向度，可以从以下几方面来分析人们的关系构成，即经济全球化和命运共同体。

首先，经济全球化是网络空间下人与人关系构成的现实向度。网络空间的落成，打破了实然物理世界的时空维度，人们的生产实践和社会交往得到了前所未有的拓展。网络信息技术突破了原有的时空界限，使"地球村"成为可能，使得连接无处不在，实现了全球范围内的自由交往和普遍实践。在网络空间下，信息成为重要的生存资源，知识经济也成为经济全球化的主要推动力。互联网追求全世界的无缝连接、各行业的跨界融合以及各群体的协同创新。全球化的统一市场有效地调转了货物、服务、资本、劳力、信息的世界性流动，日益形成全球性经济组织和跨国公司，不断出现多种虚拟经济实体。与此同时，人们实现了全球性的网络消费和虚拟消费，自由地选择世界范围内的生产生活资源。

其次，命运共同体是网络空间下人与人关系构成的发展向度。人的

---

① ［美］李·雷尼、巴里·威尔曼：《超越孤独》，杨伯溆、高崇等译，中国传媒大学出版社 2015 年版，第 103 页。

② 《马克思恩格斯全集》第 2 卷，人民出版社 1957 年版，第 52 页。

生存与发展只能在一定的群体组织中得以实现，因为“只有在共同体中，个人才能获得全面发展其才能的手段，也就是说，只有在共同体中才可能有个人自由”①。现实社会如此，网络空间亦然，人们只有在网络空间下建立合理的关系，才能实现真正的联合。马克思认为，人的真正的共同体“是生活本身，是物质生活和精神生活、人的道德、人的活动、人的享受、人的本质”②，是人之为人的根本所在。网络空间的技术特性为人的网络化联合提供了可能，人们不仅具有自觉发起联合的需求，更拥有自由选择联合对象的权利。从微观层面上看，人们在学习、生活、工作的过程中，以业缘、情缘和趣缘为基础不断建立了形式多样的群体组织，这种群体组织不仅打破了现实社会中身份、等级、民族、信仰等方面的限制，而且赋予了个体极大的空间和自由，从某种程度上讲，这种虚拟的群体组织显示了个人自由联合共同体的积极意义和发展价值。从宏观层面看，互联网与社会构成了一个超级庞大而复杂的巨系统，人类的生存发展机遇与挑战并存。人类只有共同构建网络空间命运共同体，积极推动网络空间的互联互通和共享共治，加强沟通、扩大共识、深化合作，才能有效解决人类在网络空间下生存发展所面临的各种问题，才能将网络空间创建为人类的共同家园，才能共同掌握网络空间的前途命运。

三 网络空间下人与自身的关系

人的存在是一种关系系统，人与自然、人与人、人与自身之间的关系又分别构成了相应的子系统，各种关系不断处于变化发展之中。人无论是在身体与精神之间，还是在理想与现实之间，都时刻在自由自觉的实践活动中进行着自我确证和自我发展。网络信息技术的时代意义不仅表现在技术层面，还体现在社会层面，互联网与社会相互生成，为人类创建了全新的生存空间。人在网络空间下的生存关系中最为凸显的便是人与自身的关系，人与自我的互动关系构成了人在网络空间的现实性存在。人与自身的关系呈现出自我分裂和自我统一两种状态，只有坚持批

① 《马克思恩格斯选集》第1卷，人民出版社2012年版，第199页。
② 《马克思恩格斯全集》第3卷，人民出版社2002年版，第394页。

判的观点，在实践中不断进行关系的调适和优化，才能促进人的全面发展。

一方面，网络空间下人与自身的关系表现在人与符号化自我的分裂。人是一种有意识的能动的存在物，总是依据自身的需求和理想来展开自由自觉的实践活动。网络信息技术架构了数字化、符号化的网络空间，人们的生存发展方式也成为一种在线式的符号存在，身体在场和身体缺场成为人的实然存在与虚拟存在的本质区别。"网络使用的结果，模糊了人与电脑的界限，模糊了'人'与'我'的界限。"① 在网络空间下，人们可以自由地选择与现实社会不同甚至完全相悖的角色，人们可以借助网络虚拟技术在交往、娱乐、游戏等领域塑造全新的形象，人们将自我潜意识中的意念幻想，充分地再现于网络，导致自我与游戏、自我与角色以及自我与拟像的界限越来越模糊。正如超写实主义所主张一般，幻想与真实间的分界已不存在，虚拟比起真实更真实。然而，随着人在现实社会与网络空间角色差异的不断增大，会逐渐产生人的自我"分裂"，无论是主体精神，还是主体人格。面对人与网络化自我之间的不一致关系，只有努力实现个体的自我认同，才能达到个体的虚实和谐发展。

另一方面，网络空间下人与自身的关系表现在人与符号化自我的统一。人们在网络空间获得了自由的活动平台以及广阔的生存场域。数字化的生存图景是现实生活世界的映射，也是现实生存空间的延伸和超越。人在实践活动中所彰显出来的超越性是人区别于动物的重要方面，既表征了人的生存本质也规约了人的发展方向。网络信息技术以数字化的符号形式弥合了传统认知中现实与可能之间的界限，将传统生活世界中的"不可能"转化为"现实"，并让人们获得了可观可感的实在享受。信息技术对现实世界的超越和延伸是以现实世界为根基的，是一种理性的创造，极大限度地提升了人类主体的社会性和自由度。网络空间下人与自身的关系表现为人与符号化自我的不一致和一致两个方面，我们必须面对一个事实，网络空间与人类社会并未实现真正意义上的和谐发展，人

---

① 黄少华、翟本瑞：《网络社会学：学科定位与议题》，中国社会科学出版社2006年版，第114页。

在网络空间下的生存发展仍存在分裂和矛盾的一面。在网际互动的过程中，只有实现“人网和谐”，才能真正实现人的全面发展。为此，加强网络空间下人与符号化自我的虚实和谐是优化人的生存状态和发展路径的题中之义。

第四章

网络空间下人的生存问题梳理

网络信息时代，高新技术对社会生活领域的广泛渗透，既为人类的生产生活开辟了全新的场域，也将人类置于空前的生存悖论之中。网络信息技术不仅严重地冲击了现代的社会秩序和规则体系，更加深了人类现代生活的风险程度，极大地增进了个人生活的流变系数，使人的全面发展面临多重困境。从生存矛盾、生存限度以及生存困境出发，全面梳理网络空间下人的生存问题，是我们认识人的生存本质和把握人的发展规律的前提。

第一节 网络空间下人的生存矛盾

马克思主义经典作家认为，矛盾存在于一切事物和过程中，并且是一切事物发展、变化的动力和源泉。伴随网络信息时代的到来，人们的生存状态、发展方向面临着多种冲突，在虚拟与现实、技术与人文之间产生了多重矛盾（见图4—1）。上述问题对网络空间下人的生存发展，既

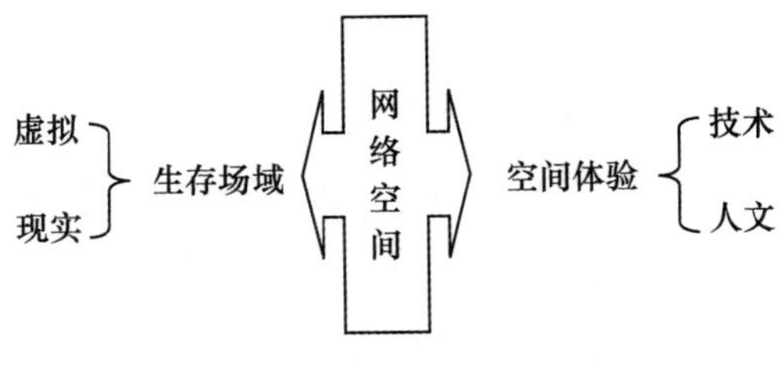

图4—1 网络空间下人的生存矛盾

形成了制约也构成了动力，在这一系列的矛盾统一体中，人的生存发展需求和人的生存发展水平得到了全面的表征和再现，为通达“人的自由全面发展”理想提供了科学的着力点。

一 虚拟与现实：生存场域的分化与交融

人的生存与发展的场域，是指“人们在生存与发展过程中形成的社会关系网络所表现的各种力量和因素的综合体。这个综合体存在是以人们在社会生存和发展过程中所形成的各种各样的社会关系为基础，并且又是独立于人的意识和意志的关系空间，是一个充满力量、竞争、冲突的空间，是一个为各种资本、权利提供相互竞争、比较、转换的必要场所”①。网络信息技术维度下的虚拟空间与实然物理世界的现实空间构成了一个相互建构、相互依存的生活世界。在信息时代，人们生活的世界始终是虚拟性与现实性的统一体，二者构成了生存场域特征的两个方面，既因相互对立而存在，又具有相互转化的可能。

（一）拒斥与侵蚀：虚拟空间与现实空间的分化

在网络信息时代，虚拟空间作为现实空间的技术化延展，在映射现实社会的同时，也实现了对现实社会的分化和超越。现实社会是人之存在的关系基础和物质保障；虚拟社会是人在网络空间下实现虚拟生存和发展的基本依据，虚拟性是网络空间下人的基本属性之一。在人们的生存发展过程中，无论是主体的认知方式，还是主体的行为活动，虚拟与现实之间的差异性，皆引发了不同程度的矛盾和错位。技术化的生成机制、符号化的表达方式、程序化的运行逻辑、扁平化的组织结构以及自由平等的价值观念，使得网络空间形成了相对独立的存在模式和属性特征，不断拒斥并侵蚀着实然物理世界的现实存在。

首先，虚拟空间对现实空间的排斥。在人类文明的历史长河中，技术的进步一次次地拓展了自我生存的空间和向度，生存方式的变革是实现自我全面发展的有益尝试和探索。人们以网络信息技术为阶梯，不断获得信息时代下虚拟世界的通行证和生存权，不断创建自己更为理想的生存发展空间。诚然，网络空间始终是一种符号化的技术性存在，无法

① 曾令辉：《虚拟社会人的发展研究》，人民出版社 2009 年版，第 60 页。

完全取代现实社会而独立存在，但是，从某种程度上讲，网络空间的虚拟性却实现了对现实的超越。人们在实体的现实社群之外，获得了自我实现和自我确证的全新生存空间，自由地进行着社会角色和社会组织的选择，以虚拟化的表达方式和交往方式进行着人际互动和社会交往。人们在网络空间下的虚拟交往和群际互动过程，是在差异性个体之间不断实现同质化认同的过程。网络空间下的“群体极化”现象，往往是网络主体摆脱现实束缚的客观结果，是逃离身体、种族、性别等现实制约的集中表现，它极大范围地实现了虚拟行为体的空间聚合，对现实社会形成了一定程度的疏离和拒斥。与此同时，网络空间虚拟社群的兴盛，重塑并瓦解着人类社会的组织结构和行为方式，进一步加速了现实社会中传统社群的衰落。现实性的社会规制和精神传统在社会实践中形成了相对稳定的行为习惯和心理品格，对网络空间的虚拟自由和虚拟表达持有怀疑和抵触的态度，客观上与虚拟生存相排斥和分离。

其次，虚拟空间对现实空间的侵蚀。人们的生产生活水平与技术的发展呈正相关，技术越是进步，对人们的观照就越是全面，人们的物质生活水平就越是优越。反之，技术的受限会严重阻碍人们的现代化发展。但是，我们必须面对一个客观的事实，在人类社会实践过程中，技术除其进步意义之外，人们对技术的过度依赖在一定程度上造成了技术的异化，人们的主体性面临着威胁和挑战。网络信息技术为人类的虚拟生存开辟了更为广阔的空间，人们开始了前所未有的网络数字化生存，同时，信息技术的进步也加剧了技术与人类生存发展之间的紧张关系。换言之，网络空间是人类社会进步过程中的文明产物，是人类智力创新的对象物，但却在运行和发展中不断背离了人类的意愿，其强大而独立的运行逻辑不但不能凸显人类的主体地位，反而日益成为统治、支配人类的异己力量。虚拟世界对现实世界的侵蚀，既表现在对人的主体地位的侵蚀，也表现在对人类自由时间的侵蚀。马克思指出：“时间实际上是人的积极存在，它不仅是人的生命的尺度，而且是人的发展的空间。”① 同时还认为，“整个人类的发展，就其超出对人的自然存在直接需要的发展来说，无非是对这种自由时间的运用，并且整个人类发展的前提就是把这种自由时

① 《马克思恩格斯全集》第47卷，人民出版社1979年版，第532页。

间的运用作为必要的基础。”[①] 网络空间的出现，改变了传统的时空观念，人们在虚拟社会中拥有了自由支配时间的可能。人们对自由时间的占有和分配直接影响着人类在网络空间下的生存发展状态。信息技术与人类的生产生活紧密相连，人们对信息技术的依赖，无论是从技术层面还是从心理层面都达到了前所未有的高度。从微观层面出发，个体的自由时间是相对有限的，虚拟的自由时间与现实的自由时间在分配上处于此消彼长的状态。人们对信息技术的依赖程度越高，人们分配在网络空间下的自由时间就越多，人们的虚拟生存就越是充分；相反，人们在现实社会的自由时间便随之减少，进而对现实空间形成一定程度的侵蚀。

（二）依存与规制：虚拟空间与现实空间的交融

伴随网络信息技术的深入发展，网络信息时代的虚拟生存空间逐渐与现实社会的实然空间相互依存、相互规制，共同促进了人的生存空间的融合发展。

首先，虚拟空间与现实空间相互依存。现实是虚拟的基础，虚拟是现实的映射。技术的进步实现了现实世界的虚拟化延展，人的主体性的增强实现了虚拟世界的对象化创建。虚拟空间与现实空间相互依存，共同创建了一座完整的属人世界，使得人的生存场域在虚拟与现实之间不断分化，又相互交融。一方面，虚拟空间与现实空间的相互依存，表现在数字化、符号化的虚拟存在物逐渐转化为现实。现实社会的经济发展水平、信息技术水平以及互联网络的普及应用水平直接制约着网络空间的运作和发展。与此同时，虚拟世界的信息资源不仅指涉了政治、经济、文化、医疗、教育等领域，而且逐渐在社会生产实践中创造了新的经济利益和社会价值。人们对虚拟网络空间的依赖集中地表现在人们对网络信息技术的依赖，人们以数字技术的实物终端为媒介，以信息符号的网络界面为入口，紧密地与虚拟空间相连接。网络终端的服务形式和功能载体越来越丰富，无论是可移动的电脑设备，还是可更新的软件系统，都极大地拉近了虚拟空间与现实空间的距离。人们的虚拟对象物不断通过信息输出的方式，转换为现实的存在物。另一方面，虚拟空间与现实空间的相互依存，还表现在现实社会的行为过程不断以网络空间的行为

---

① 《马克思恩格斯全集》第 47 卷，人民出版社 1979 年版，第 216 页。

方式为参照。伴随网络信息技术的深入发展，现实空间与虚拟空间的联系越来越紧密，而且越来越依赖和倚重网络空间的虚拟生存方式。从数据处理到社群交往，从日常生活到学习工作，从休闲娱乐到生存发展，无不以网络空间为媒介平台，无不以网络化、信息化为发展向度。虚拟生存的发展程度越是充分和成熟，现实社会便越是以虚拟生存的行为方式为自我发展的参照和标杆。总而言之，虚拟空间与现实空间的相互依存和转化是虚实交融的客观结果，也是促进人们在人机互动过程中实现自由全面发展的现实需求。

其次，虚拟空间与现实空间相互规制。虽然虚拟空间相对独立于现实空间而存在，但两者之间时刻处于紧密的连接之中，这种连接不仅体现在相互依存的方面，还体现在二者的相互制约。一方面，网络空间的虚拟自由依然受到现实世界的规定和制约。美国学者劳伦斯·莱斯格主张从自由性与受控性的统一中来把握网络世界，他指出："你也许会认为因特网是一个完全自由的通信系统——本科勒所定义的每一个层都是自由的，但事实并非如此。"[①] 网络空间的时代价值既包含技术进步的时代意义，也包含虚拟技术对现实生存的全新超越，然而，网络虚拟技术对现实生存的挑战和超越始终是在现实的约束和控制之下得以实现的，这种约束和控制便是现实社会对虚拟社会的规制。美国学者戴森认为，尽管崇尚自由的网民对现实控制表现得非常敏感，并大喊大叫，但这恰恰表明"需要一种内在的控制机制"[②]。另一方面，现实空间的发展趋势同样受制于虚拟空间的运行状态。在当代，网络信息技术依然处于蓬勃向上的发展阶段，所形成的网络空间也依然处于不断完善和成熟的过程中，虚拟生存所面对的诸多社会问题和生存发展困境时刻制约着现实社会的未来走向。无论是网络犯罪、网络病毒、网络色情、网络黑客等问题，还是殖民主义、霸权主义和强权政治的网络化表现，都日益成为网络信息时代人们在现实社会发展中的关键议题。虚拟实践中占据语言优势和

---

① ［美］劳伦斯·莱斯格：《思想的未来：网络时代公共知识领域的警世喻言》，李旭译，中信出版社 2004 年版，第 25 页。

② ［美］埃瑟·戴森：《2.0 版：数字化时代的生活设计》，胡泳、范海燕译，海南出版社 1998 年版，第 18 页。

技术优势的组织或个人，将会对劣势组织或个人形成信息垄断，并以此开展经济剥夺、文化侵略和意识渗透。为此，人在虚拟空间的运行状态直接影响和制约着现实空间的发展趋势，只有不断优化网络生态、促进虚拟发展，才能进一步实现虚拟与现实之间的和谐共生。

二　技术与人文：空间体验的制约与促进

在人类社会的历史进程中，技术与人文之间的张力和悖论始终是各个时代思想家们所关注的话题。自工业社会以来，技术的发展速度远远超越了人类文明的前进速度，进而导致了社会诸多方面的矛盾和冲突。尤其是在信息时代，技术与人文之间断裂和错位，更加集中而鲜明地凸显出来。网络信息社会的复杂化，再一次证明了技术发展过程中所不可规避的风险，以及人文失落的现实结果。

（一）技术张力形成的科技旋涡

现代的虚拟系统以其数字化的方式为人类构建了虚拟的时空，它与现实生活世界相结合，为人类的存在和发展打造了一个全新的数字化虚拟时代。技术作为人类开展实践活动的重要实践手段，不仅是一种工具性存在，而且已经成为人的一种生存方式。技术的变迁进一步实现了人们对现实世界的超越和理想世界的塑造，使得纯粹现实与理想世界之间的差距不断拉大，人们在现实性与虚拟性之间交错流转。然而，科技巨大的革命力，在为人类创造超越现实、实现自我、追求解放的条件和手段的同时，也逐渐演化成为一种框架，使人类被反置于技术的框架之中。正如马克思曾指出的，“我们的一切发明和进步，似乎结果是使物质力量成为有智慧的生命，而人的生命则化为愚钝的物质力量”①。现代技术的无限扩张，不仅爆发了巨大的张力，也形成了巨大的科技旋涡，让越来越多的人不得不遵循于技术逻辑而生存。事实上，原始的技术表现充分地凝结和释放着人文智慧，但随着现代技术的崛起，魔幻般地幻化出了巨大物质力量的同时，也带来了人与自然、技术与人文之间关系的空前紧张。技术的发展已经对人的生存状况、价值目标和发展意义提出了挑战，技术的片面性急剧扩张形成了强大的“科技旋涡”，无情地将人类抛

---

① 《马克思恩格斯选集》第1卷，人民出版社2012年版，第776页。

入一个机械力高度发达，但生存危机丛生的世界之中。技术逻辑进一步规制了人的生存逻辑，从而使人文价值和人的生命意义走向了失落。现代技术高度的机械化水平和自动化程度，压抑着人的主体意识和精神创造，在一定程度上造成了人的异化并引发了人性危机。人类始终难以摆脱技术的困境，人文的失落无疑是指技术对人的生存实践形成了一种强大的旋涡力，左右并控制着人类的行为姿态和行进方向。

（二）人文失落滋生的文化嬗变

网络社会条件下，虚拟信息技术的广泛应用，不断为人类生存方式的发展变化提供着新的选择样式和技术支持，这一过程与反映着人类社会属性和精神状态的文化生成过程是一致的，二者具有同构性，虚拟生存将同时映射着科技文化与人文诉求两方面内容。正是由于人类在现实的生存与劳动创造过程中建构了一个有意义的虚拟世界，才使得人的全面发展拥有了广阔的空间和无限的可能，这不仅是人的文化创造的结果，同时也是人的存在的文化本质力量生成与发展的根源。人们的生活世界逐渐从纯粹事实的世界拓展到无限丰富的理想世界。然而，当人们愈加依赖网络虚拟技术而获取信息资源时，人也被迫陷入被技术控制与奴役的风险之中。在网络信息空间，人们在面临多元文化交相辉映、多元价值交相激荡、多元信仰交相碰撞的文化样态的同时，还受制于技术理性的支配，导致了人的全面发展潜在着不确定因素。海德格尔认为，“决定技术时代本质的不是所谓的‘技术的因素’，而是作为‘本质’的技术本身”①。然而，假设技术理性被不断泛化成主导其他理性和衡量意义价值的标尺，被认定为是这个时代人的最根本的，也是唯一的思维方式和生存方式，那么，根植于人类生活意义的文化生活便彻底地失去了价值根基。这样，科技文化的发展，反过来也制约了人文文化。随着虚拟时代的到来，人文理性和技术理性、价值理性与工具理性之间的矛盾日益凸显，这一系列矛盾加剧了科技文化与人文诉求的断裂，彰显人类生活意义的文化褪去了人文价值理性的关怀，这种人文失落必然滋生着文化的嬗变。

---

① ［德］马丁·海德格尔：《演讲与论文集》，孙周兴译，生活·读书·新知三联书店2005年版，第3页。

（三）虚拟生存引发的人格裂变

网络信息技术的深入发展，促进了人们的虚拟化生存，也加深了人们对网络信息技术的依赖。数字化、符号化以及程序化的虚拟生存方式在一定程度上引发了道德失范、情感冷漠、信仰危机和人格裂变等现象。人类的生存环境与存在方式随着现代化的进展而不断跃迁，但人始终是一种自然性和社会性相统一的关系性存在。人作为一种关系性存在，其生存和发展不可避免地与自然、社会甚至自我发生着形式多样的联系。其中，基于人的实践与交往活动而结成的社会关系是决定人的本质生成及其发展的外化表达和根本力量，人们正是在这样的实践中确立并形成着自身的主体人格。在物理空间的维度里，人们在血缘的身份确证、地缘的时空限制和业缘的群体认同等因素的制约下，进行着有限的交往。然而，虚拟空间极大地拓展了人们的生存和交往领域，交往主体以符号化的形式开展着全新的网际交往。借助于数字化的信息符号，构成了虚拟主体的符号化表达，使得虚拟环境中的交往主体摆脱了现实世界中生理、地域和身份的束缚，增强了交往的自主性，丰富了交往的形式。但是，网络信息技术催生的新型交互模式，也不可避免地对人的发展带来了新的难题。人的自主性生存、多样化选择程度的加深与自我身份的迷失、社会归属的削弱相伴而生，虚拟生存虽然改变了现代人的技术体验和空间体验形式，但也滋生着现代生存的深层焦虑。虚拟主体以符号化的表达方式而存在，进行着自觉选择下的行为体验，然而，这一符号又随时变成一副面具，遮掩了行为主体的“本我”，进而导致了人的多重人格以及人的本位性的丧失。现实生活世界与网络虚拟世界的不同境遇和生活规范将造成虚拟主体“网我”与“真我”的分离甚至对立。自我存在方式的分裂，带来的不仅是自我认同的危机，更遮蔽了“本我”的真实性。此外，虚拟生存所引发的人格裂变还体现在人的片面化生存与全面化生存之间的矛盾。在网络空间下，如果人的虚拟生存能够得到全面发展，人便可以满足不同的发展需要并适应不同的生存范式，进而全面占有自己的本质；如果人的虚拟生存只能获得某一方面或某一种能力的发展，“每一个人都只能发展自己才能的一方面而偏废了其他各方面，只熟悉整个生产的某一个部门或者某一个部门的一部分”①。为此，人在网络空间下的片面性生存，不仅引发了主体的人格裂变，而且严重地影响着人的全面发展。

第二节　网络空间下人的生存限度

人类伴随网络信息技术的飞速发展，正置身于一个网络化、信息化的现代社会，其面临的不仅是一个新生的社会组织形式，而且是一个崭新的生存空间——网络空间。网络信息技术成功地将人类的生存空间从物理世界拓展到虚拟世界，这场广泛而深入的技术革命，必将引发全球性的社会生产和生活方式的巨大变革。从整体来看，人的生命体验和生存方式得到了技术性的延展，人的生活内容和精神生产得到了技术性的丰富，人们在追求自由全面发展的征程上又迈进了一步。然而，我们必须承认一个事实，人在网络空间的虚拟生存是有限的，肯定和赞扬人类文明进步的同时，不能掩盖和否认现存阶段的生存限度。网络空间下人的生存限度，是指人依托网络信息技术而展开的虚拟生存具有自身的有限性。从应然层面出发，相对于人的整体生存和全面发展而言，人的虚拟生存和虚拟发展只是完整的人的一部分，不能代替人的全部。从实然层面出发，人在网络空间下的生存限度又成为人们不断创新的内在动力，人们正是在突破限度、追求超越的过程中，实现了自我突破和自我确证。正如黑格尔所言，“社会和国家当然产生了限制，但是这种限制只是限制了纯兽性的情感和原始的本能……我们当把这样的限制看作是解放的必要条件。社会和国家正是‘自由’所实现的情况”②。在网络空间下，人的虚拟认识、虚拟交往以及虚拟实践皆呈现出不同程度的有限性，这种有限性又时刻随着具体条件和具体对象而发生变化。正确认识人在发展过程中的生存限度，并将其限度维持在合理的弹性范围内，是确立人的主体地位和实现人的现代化发展的题中之义。

---

① 《马克思恩格斯选集》第1卷，人民出版社2012年版，第308页。

② ［德］黑格尔：《历史哲学》，王造时译，生活·读书·新知三联书店1956年版，第81页。

一 人的虚拟认识的有限性

人的虚拟认识是以虚拟技术的应用和普及为社会前提而建立的，虚拟技术为人类的生活世界带来了革命性的影响，为人类的生产生活创建了全新的世界观和方法论。从哲学视角出发，网络信息技术对认识论的革命性意义在于实现了认识论的技术转向，认识技术的进步引发了认识论的变革，虚拟认识便是在这种时代背景下应运而生的认识形式。人们的虚拟认识是以虚拟技术为媒介，对虚拟世界中的客观对象进行感知和识别的主体性行为活动。网络空间下的虚拟认识是虚拟认识主体以互联网络技术为认识中介，通过人机之间的互动进入网络界面，实现人的现实活动与虚拟对象之间的联结，以人们的技术化生存体验为基础，不断产生的虚拟性认识。然而，虚拟认识的话语体系是相对于实然世界的现实认识而建立的，无论是虚拟认识的要素构成、活动环境还是能力水平，都时刻受到现实世界和现实的人的本质约定。同时，由于人在虚拟世界的生存时间限度、生存形式限度和生存质量限度，决定了人在网络空间下虚拟认识的程度和水平，准确地说，目前的网络虚拟认识尚处于一个较为初级的探索阶段，需要进一步深化和发展。从某种程度上讲，虚拟认识具有与生俱来的有限性。从虚拟认识要素的构成来看，虚拟认识与现实认识一样，同样包括认识主体、认识客体和认识中介三个核心要素。现实认识对虚拟认识的内在规制，使得虚拟认识呈现了不可规避的有限性。

其一，虚拟认识主体的发展限度。“虚拟带来人性的张狂，带来人的创造力的巨大发展，激发出人的潜能的全面张扬，这是人类主体的真实全面发展的时代。虚拟主体是现代人走向未来人的必经之路。”① 认识主体从传统认识过程中的纯粹个人逐渐衍生为一种符号化的技术智能体，这种虚拟认识主体的样态变迁，极大地调动了主体的能动性和积极性，使得人的认识活动获得了更加广泛的认知空间。然而，网络空间下的认识主体与现实认识主体之间的制约关系，直接验证了虚拟认识主体的有限性表现。从终极意义层面出发，不但虚拟认识无法完全脱离现实认识

① 路献琴：《以虚拟哲学代替现实哲学》，《太原师范学院学报》2005 年第 1 期。

而存在，虚拟认识主体也同样无法与现实认识主体相分离。人的自由全面发展是以现实性和完整性为前提的，脱离任何一种价值规约都无法顺利通达人的理想状态。

其二，虚拟认识客体的发展限度。在认识活动范畴下，认识客体是主体认识活动过程中的对象性存在。现实认识活动中的认识客体是认识领域内的客观事物，相对而言，虚拟认识客体便是虚拟认识活动中认识主体在虚拟认识实践范围内的认识对象。在虚拟认识系统中，虚拟认识客体是相对于虚拟认识主体的另一基本要素，不仅包括客观事物，也包含主体之外的他人。网络社会与现实社会相互生成，网络空间的客观事物也是现实社会个体的主观映射，具有极大的虚拟性、复杂性和不确定性。作为客观事物的认识客体，在认识活动过程中始终处于相对被动的地位，只能因主体的观照才能具有被认识的可能。然而，当主体之外的他人成为认识客体的时候，由于人的意识性和能动性而成为特殊的认识客体，既可以被其他主体所认识，也可以实现自我认识。那么，认识客体的有限性便不仅体现在受到现实认识的客体制约，还存在虚拟认识主体与客体之间的相互规定。

其三，虚拟认识中介的发展限度。在网络空间下的虚拟世界中，网络界面成为人机互动的对话端口，人们借由此端口在虚拟空间与现实社会之间自由转换。人们的虚拟认识中介也由实然的物质实体进一步转变为网络虚拟技术的信息媒介。为此，人在网络空间下的虚拟认识是凭借符号的物化形式而不断探知认识客体的对象意义，进而实现对认识空间的拓展。数字化的中介系统成功地传载、再现了信息的具体内容，无论是文字、图片，还是音频、视频，都以数字化的二进制代码为传输模型。虽然比特符号精准地复制了虚拟空间的全部信息，但是这种信息的流转和分配却呈现为一种去中心化、扁平化的结构方式，相对于数字化的中介系统而言，既丰富了认识主体对中介的选择机会，也增加了主体对中介的选择难度，从这个意义上讲，虚拟认识中介同样存在有限性。

从虚拟认识活动的环境来看，人的虚拟认识活动不可避免地受到网络空间下虚拟社会环境的限制，网络空间下的生态环境直接规制了人的虚拟认识水平和限度。众所周知，网络建立的起因缘于信息的共享及精神的交流，甚至可以先验地认为网络空间原本就是信息的聚集地和精神的共同体。伴随虚拟认识活动的深入开展，虚拟生态环境的客观状况越来越成为人的虚拟认识限度的制约因素。我们既要积极抵制网络空间的信息污染（垃圾信息、黄毒信息、黑色信息等）、网络侵权、网络犯罪等现象，也要避免网络沉溺、信息异化和伦理失范等倾向。为了积极回应实践发起的挑战，习近平总书记明确强调，“网络空间是亿万民众共同的精神家园。网络空间天朗气清、生态良好，符合人民利益。网络空间乌烟瘴气、生态恶化，不符合人民利益”[①]。实践证明，现代技术的崛起幻化出了巨大的物质力量，同时现代人的技术体验和空间体验形式，也引发了人与自然、技术与人文之间关系的空前紧张。人的自主性生存、多样化选择程度的加深与自我身份的迷失、社会归属的削弱相伴而生，滋生着现代生存的深层焦虑。为此，建构虚拟认识系统的空间程序，积极遏制网络环境雾霾，不仅是营造网络良好生态的时代要求，更是增强网络社会人心理归属感和身份认同感的必然选择。

从虚拟认识能力的水平来看，人们在网络虚拟空间中的认知需求以及追逐、获取信息的能力影响并制约着人的虚拟认识活动。人们在认识实践过程中，对事物的性质、结构、事物间关系以及事物发展的动力、趋势和规律的把握，在知觉、记忆、思维和想象等领域内逐渐形成了相对系统和稳定的认知能力。安东尼·唐斯认为，“大多数不确定性都可以通过信息的获取来消除”[②]。人们在网络空间下生存和发展的过程，既是一个虚拟行为主体不断提高自身满足需求能力的过程，也是一个不断获取信息资源、完善自我确证的过程，然而，这一过程的实现前提恰恰是以虚拟认识主体能力提高为前提的。虚拟认识能力的发展，不仅受到虚拟社会环境以及虚拟技术发展水平的制约，而且受到虚拟社会主体生存方式和生存状态的限制。网络空间下的认知需求是促进主体认识能力形成和发展的动力。认知需求和认知能力处于一个动态平衡的状态之中，既生成了认识能力的发展限度，也促使认识主体不断超越自身现有的认

① 习近平：《在践行新发展理念上先行一步 让互联网更好造福国家和人民》，《人民日报》2016年4月20日。

② Anthony Downs, *An Economic Theory of Democracy*, New York: Harper and Brothers, 1957: 13-77.

知水平。然而，面对网络空间下的信息资源，如何科学地进行信息的选取和甄别、运用和创新，如何准确地辨识信息、知识以及智慧之间的差别，是衡量和制约虚拟认识能力发展水平的关键。网络空间的技术逻辑和运行方式，只是遵循一种工具理性的事实判断，而无法做出价值选择。因而，正视虚拟认识水平的限度问题，有利于虚拟认识主体获得更加广阔的认知领域，有利于虚拟认识活动更富有创造性的实践力量。

二　人的虚拟交往的有限性

人类主体在一定社会条件下具有相互交往的特性。马克思认为，“劳动实践是人类的‘第一个历史活动’，人类的任何一个劳动实践活动都必然发生主体与客体之间的自然关系和主体与主体之间的社会关系”[①]。社会关系的本质是“许多个人的合作”，合作过程也就是主体间的交往过程，实现了个人、社会团体以及国家之间的相互作用和相互联结，既包含物质层面的交往，也包括精神层面的互动。马克思指出：“人们在生产中不仅仅影响自然界，而且也互相影响。他们只有以一定的方式共同活动和互相交换其活动，才能进行生产。为了进行生产，人们相互之间便发生一定的联系和关系；只有在这些社会联系和社会关系的范围内，才会有他们对自然界的影响，才会有生产。”[②] 生产和交往构成了人进行自我认识和自我确证的路径。马克思的交往理论是建立在现实的人的劳动实践基础之上的，人的生存是一种交往性的实践活动，交往需求促使交往活动的生成和发展，交往主体在交往过程中不断形成自我意识和主体意识，还实现了人与人之间的彼此创造，进一步促进了个人和社会的发展。

在人类社会的历史实践中，生产与交往之间相互作用，生产的发展决定着交往的发展。伴随网络信息技术的深入发展和广泛普及，从根本上变革了人类的交往形式、交往范围以及交往水平，技术革命的胜利一次次地为人类社会交往提供了必要的物质基础，进而将人类的交往实践推向全新的时代。因此，当人类的实践活动拓展到网络虚拟空间，虚拟

---

① 袁贵仁：《马克思主义人学理论研究》，北京师范大学出版社 2012 年版，第 108 页。

② 《马克思恩格斯选集》第 1 卷，人民出版社 2012 年版，第 340 页。

生产的出现也相应催生了人类的虚拟性交往。人在网络空间下的虚拟交往充分地扩展了人的虚拟实践范围，成功地跨越了传统交往过程中主体间的时空障碍，极大地汇聚了主体间的精神合力，有效地增进了主体共生的实践能力。网络空间是一个人化而虚拟的信息世界，在这个生活世界中，网络信息技术对主体间交往方式的优化是以信息沟通方式的变革为前提的，虚拟交往的主体借由网络技术成功地突破了地理和时间等限制因素对人类交往活动的束缚，人们以数字化和符号化的作用方式实现了彼此的合作。网络信息技术快速、高效、广泛地变革着人类的生存状态和交往活动。在交往实践过程中，网络信息技术既是实现交往的手段，也可能成为遮蔽交往的障碍，我们必须理性地对待网络空间下的虚拟交往活动，既要肯定并发挥虚拟交往的技术优势，也要客观面对网络空间的交往限制。

网络空间下虚拟交往的限制，主要来自于主体的交往需求，交往主体间的彼此需求的双向满足成为实现网络虚拟交往的基本前提。“在任何情况下，人都是‘主体’，人的需要都是‘根本’，人的需要就是人的一切活动（包括选择什么样的手段）的出发点和归宿点。”① 一方面，网络信息技术的进步不断调动了交往主体的需求欲望和交往意愿。网络虚拟交往的诸多特征，受到了人们的普遍追捧，人们对虚拟交往的过度热衷，挤占了个体绝大部分的自由时间和经历情感，这不仅无法满足人的真正的交往需求，而且会严重阻碍人的完整存在和全面发展。正如心理学家米切尔·威尔所说：“作为人，我们需要可接触的存在来建立完整的联系，我们需要看到彼此的脸和手势，闻到彼此的呼吸。”② 另一方面，人们在网络空间下获得极大自由度和选择性的同时，也增加了网络虚拟交往的偶然性和松散度。哈贝马斯认为：“社会化了的个人，若无法在通过文化传统而表达的、通过合法秩序而稳定的相互承认关系中找到支持，就不可能作为主体而维持自己——反之亦然。”③ 网络科技实现了人们的

---

① 主客体关系学系列丛书编写组：《社会是什么：价值联结的生存单位》，商务印书馆2002年版，第202页。

② 胡泳：《另类空间》，海洋出版社1999年版，第98页。

③ ［德］哈贝马斯：《在事实与规范之间：关于法律和民主法治国的商谈理论》，童世骏译，生活·读书·新知三联书店2003年版，第97页。

空间性聚合，但也降低了人们的传统精神结构和文化脉络。人们交往需求得到即时性的满足之后，也将面临精神的空虚和心灵的孤独。为此，在网络空间的虚拟交往过程中必须时刻警惕，“我们将毁于我们热爱的东西”“人们感到痛苦的不是他们用笑声代替了思考，而是他们不知道自己为什么笑以及为什么不再思考”①。只有让交往手段真正成为交往本身，生存手段更好地服务于生存目的，才能获得理想的生存状态和发展方向。

三　人的虚拟实践的有限性

虽然人在网络空间下的虚拟实践不断满足着人的虚拟生存需求，也不断提高着人的虚拟生存能力，但是人的虚拟实践同样具有一定的有限性。“正如工业文明在给人类带来物质文明的极大富足的同时，也使人类面临不可逃避的生态危机一样，数字化革命对人类的发展也具有两面性。”② 正视人的虚拟实践限度的存在，是促进人在虚拟社会更好发展的前提。网络信息时代，人的虚拟实践既实现了对原有生存限度的技术性超越，也面临着与以往截然不同的生存制约。人的生存限度永远处于一个不断生成又不断超越的过程之中。

首先，从虚拟发展的长度来看，人的虚拟实践程度受制于虚拟空间的技术水平。自20世纪下半叶以来，以信息技术、网络技术为特征的数字化革命席卷全球。网络信息技术的发展，为人类社会开辟了一个全新的数字化时代，引发了一场广泛而深刻的社会革命，对人们的生存方式以及思维方式产生了深远的影响。网络信息技术的发展水平直接决定了人在网络空间下的虚拟发展情况，技术的深入长远发展是虚拟实践顺利开展的技术保障。诚如马克思所言：“人们自己创造自己的历史，但是他们并不是随心所欲地创造，并不是在他们自己选定的条件下创造，而是在直接碰到的、既定的、从过去承继下来的条件下创造。”③ 在网络空间

① ［美］尼尔·波兹曼：《娱乐至死》，章艳译，广西师范大学出版社2004年版，第205页。

② 王伟光：《新大众哲学》第2卷，人民出版社、中国社会科学出版社2014年版，第3页。

③ 《马克思恩格斯选集》第1卷，人民出版社2012年版，第669页。

的虚拟实践中，信息技术从基础设施到软件系统，全方位地搭建了一个复杂性、逼真性、创造性并存的体验空间，为此，技术发展水平与人们的空间实践体验具有正向相关性。网络空间是人化而虚拟的技术性存在，这是一种人的对象化存在，人们通过技术创新，不断创设并建构着自身的生存方式和发展图景。

其次，从虚拟发展的深度来看，人的虚拟实践程度受制于虚拟主体的实践能力。信息时代，人在网络空间下的认识、交往以及实践能力直接影响并决定了人的生存发展状态。人的虚拟实践能力是人在网络空间下能否实现自身主体生存与发展的核心因素。人们对网络技术的运用、对信息资源的选择，以及对虚拟社会关系的创建与维系，都是人的虚拟实践能力的直观表现，这既是确立人的主体性地位的保证，又是有效解决网络化生存困境的关键。技术的发明和使用是人类不断追求自由和解放的途径，然而，人类却总是迷失在技术手段和目的的矛盾之中，错把手段当成目的，盲目追求信息的最大化。在虚拟实践的过程中，只有不断提高实践能力，才能真正预防并遏制人的虚拟性异化和技术性失范，实现全面发展。

最后，从虚拟发展的广度来看，人的虚拟实践程度受制于虚拟环境的生态建构。网络的意义不仅表现为一种技术结构、经济形式、政治媒介或是社会组织，而且它表征着一种文化价值理念，它既给予了网络空间生存图景以全新的特征，也为人类社会精神文明建设提供了丰富的资源和广阔的前景。网络空间下的数据生态、文化生态、伦理生态等的运行状况，严重影响着人的虚拟实践活动的开展，制约着实践主体独立性、自主性、能动性和创造性的发挥。习近平总书记指出，“我们要本着对社会负责、对人民负责的态度，为广大网民特别是青少年营造一个风清气正的网络空间”①，这就要求我们必须紧抓机遇、迎接挑战，开创网络精神文明建设的新局面，积极营建网络良好生态。以优化网络空间的虚拟社会环境为依托，促进虚拟实践主体的现代化发展。

---

① 习近平：《在践行新发展理念上先行一步　让互联网更好造福国家和人民》，《人民日报》2016年4月20日。

第三节　网络空间下人的生存困境

自20世纪90年代以来，网络信息技术在全球范围内得到了广泛而深入的发展，一个以信息网络为核心资源的数字化时代悄然而至。马丁·阿尔布劳明确指出："计算机技术是种种观念、实践、逻辑和形象概念的复杂合成物"①，技术作为一种复杂的现象，"它既是自然力的应用，同时又是一种社会文化过程"②。以信息技术为基础的互联网络不断地改变并重塑了人类生产生活的实践图景，影响人类历史进程的信息革命正在全球范围内深入铺开。网络空间下人类的生存与发展问题被寄予高度的关注。网络空间的时空特点，切实地影响着人类社会的精神文明和时代风貌。在深入推进人的现代化发展的伟大实践中，我们必须客观地认识到，实践场域的变迁既给人类的现实生存带来了契机，却也发起了挑战。伴随虚拟实践的崛起和深入，人在网络空间下的生存困境也日益凸显。

一　大数据时代的数字鸿沟

进入21世纪，人们的生产、生活、工作、学习、娱乐、交友，无不与信息的流通和传播发生直接或间接的关系，从实质上看，人类的数字化生存时时与信息的选取和再生相关联、相影响。"'信息'带给人们的将是对自身存在方式的理解的重大转变，即从以往主要基于实在性方面来理解自己的存在方式，扩展到在'物质和信息'双重维度中来理解这样的存在方式。"③ 网络信息技术深刻地影响并改变了人们的传统生存方式和思维方式。然而，"网络信息技术也同时在不同人群和地域之间不断制造一种数字化鸿沟，进而区分出信息富人与信息穷人、信息富裕地区与信息贫穷地区。即便是在网络信息技术得到普及的情况下，也会存在着因财产收入和受教育程度等现实差别而引发的信息权利上的不平等，

① ［英］马丁·阿尔布劳：《全球时代：超越现代性之外的国家和社会》，高湘泽、冯玲译，商务印书馆2001年版，第229页。

② ［法］F. 拉普：《技术哲学导论》，刘武等译，辽宁人民出版社1986年版，第57页。

③ 康兰波：《人的实践本性与信息时代人的自由》，中国社会科学出版社2013年版，第156页。

更何况，现代网络信息技术越发展，其对信息资源的依赖性也会越增加，信息权利上的不平等也会进一步加剧”①。“数字鸿沟”（Digital Divide）被广泛用来描述信息技术发展过程中信息富有者和信息贫困者之间的差距，因此，也可以称为信息鸿沟。在信息技术催生的大数据时代，无论是在地域、国家、民族、行业、企业之间，还是在组织、家庭、代际之间，都存在不同程度的信息落差，进而造成了人类社会的知识分离和贫富分化。伴随网络信息技术的深入发展，人类进入了全新的大数据时代。网络信息技术的发展，既表现为互联网技术的全面普及与深化升级，也表现为实践主体在甄别、获取和运用信息等方面能力素养的提升。在网络信息社会中，数字鸿沟是一个复杂而普遍的社会现象，其表现形式也是多样的，既表现为信息技术的普及和应用程度所存在的不平等，也表现为实践主体之间在信息素养和信息能力等方面的差距。两种不同层面的表现形式在不同的信息化程度背景下具有各自的解释力，当整体范围内的网络信息化程度日益提高，数字鸿沟便集中体现在人们运用信息中介的能力差异方面。

人在网络空间下的实践过程表明，网络信息技术不仅是一种生存发展工具，而且日益表现为一种人文环境和生存资源。信息时代下的大数据环境，为人类的跨越式发展提供了广阔空间，也发起了诸多挑战，数字鸿沟成为信息化浪潮中最为凸显的一个难题。无论是个人层面，还是国家层面，数字鸿沟都将严重影响人类社会的平衡发展和持续繁荣。美国 Sun 公司总裁麦克尼利有句名言：网络之美在于它对所有人都是开放的，每个人都可以站在别人的肩膀上。② 然而，网络空间下的生存状态与真正的信息自由、信息平等以及信息共享还有一定的差距，数字鸿沟将人们的生活状况和社会现实截然割裂。美国前副总统艾尔·戈尔曾警告，“如果我们听任信息高速公路哪怕只是暂时绕开这个社会的不幸群体，信息富人将更富而信息穷人会更穷，这样就没法保证所有人最终都能上网。”③ 在社会、政治、经济、文化、教育等不同领域之中，数字鸿沟的

① 贾英健：《虚拟生存论》，人民出版社 2011 年版，第 274 页。

② 鲍宗豪：《数字化与人文精神》，上海三联书店 2003 年版，第 92 页。

③ ［美］戴维·申克：《信息烟尘：在信息爆炸中求生存》，黄锫坚等译，江西教育出版社 2001 年版，第 202 页。

存在都是人类发展过程中不平等的表现，这种不平等是传统与现代、国内与国际、虚拟与现实之间的种种分化现象在大数据时代的延续，已经成为人们亟待攻克的生存发展课题。

二　网络化时代的信仰危机

20 世纪中叶以来，伴随着政治多极化、经济全球化进程的强势推进，社会信息化和文化多元化程度也日益加深，使得社会主义意识形态建设长期深陷于多元而复杂的文化冲突与价值碰撞的旋涡之中。然而，在具有现实力量的社会实践面前，人类始终秉持信仰这把精神利剑，一次次划破横亘于物质生产、精神文化和科学技术之间的发展症结；一次次冲破现代社会背景下人类自我生存与发展的深层困境。马克思主义的主流意识形态正是在历史实践中，不断向世人验证了自身的科学性，并彰显出强大的生命力，推动着历史车轮的前行。中华民族承载着光荣而悠久的历史文化传统，中国精神如同一面旗帜，飘扬在历史进步的舞台上，挥舞在社会实践的浪潮中。坚定的精神信仰始终是团结中国人民奋勇前进的内生力量，是引领中国社会主义事业锐意进取的精神内核。

历史条件和生存环境的变迁，不断赋予社会信仰以新的时代内涵。在网络信息化的当代，伴随网络信息技术的发展和虚拟技术的迅猛渗透，一个全新而又与实然世界紧密相连的虚拟生存空间业已落成。近年来，以数字技术、网络技术为核心的信息传播技术飞跃发展，它使人类的生存实践获得了开拓性的进展，不仅对世界各国的政治、经济和社会发展产生重大影响，而且极大地淡化了虚拟世界和现实世界之间的界限。网络正在以一种不可阻挡的全球性力量，影响并改变着我们的生存方式和生活时代。网络信息技术使现实物理实存的世界与虚拟世界并存，直接引发了人类传统的生存方式和实践方式的变革，改变了人类的生存基础、思维模式以及话语方式。网络社会人的空间性生存，淡化了国家与社会在互联网公共空间的互动边界，以虚拟化、符号化的方式重组了组织化的利益集团，进行着自由性、开放性的兴趣聚合。网络技术越是进步，触及人类生活的范围越是广泛，人类便越加警醒网络的存在意义；网络社会越是成熟，影响人类生活的程度越是深入，人类便越加思索自身的生存逻辑。

网络空间依托于信息技术全面映射了现实世界，对自然空间进行了符号化扩展和技术性的延伸或浓缩，使得信仰的培育和建设再次面临前所未有的环境和态势。“社会信仰作为社会心态的最为稳定的内在结构要素，是人在生活世界中的对象化，也是人在生活世界中的社会文化现象，同样也是人在生活世界中对于美好社会生活的向往。”① 社会信仰是社会个体对客观世界的心理反映，深受社会实践的影响。“随着科学技术层面的高度发展，‘物’的主体性逐渐取代‘人’的主体性，在‘物的拟人化’主导下，物质生活高于精神，由此造成的精神文化生活滞后已经成为社会共识。”② 新的历史条件下，社会信仰同样无法规避信息时代的虚拟性存在。一方面，网络信息技术为人类社会的信仰培育提供了现代化的技术平台，具有以往社会所不具备的传播优势，发挥着不可替代的凝聚动员作用；另一方面，我们必须时刻警醒网络空间下多元价值的离散风险，积极占领信仰培育的网络阵地。人在网络空间下的信仰危机主要表现为个体在价值认同过程中的自我迷失、在文化选择过程中的意义失落以及意识形态领域的精神恐慌。

首先，虚拟生存带给人们以全新的存在方式，技术进步再次引发主体自我确证过程中的自我迷失。从本质上说，人们再次向人类自身存在的永恒话题发起追问，比如，“我是谁”“我从哪里来”“我的归宿在哪里”等。“人是天然的社会动物”，始终存活于解决问题和迎接新问题的过程之中。“人类社会每一次重大跃进，人类文明每一次重大发展，都离不开哲学社会科学的知识变革和思想先导。”③ 面对复杂的网络空间生态，积极实现人类社会信仰建构的空间转换，不仅缘于网络信息技术发起的现代邀请，更是预防网络空间因价值多元而引发信仰危机的必然选择。人们只有在实践过程中实现了自身的价值认同，才能真正自由地选择自己的虚拟身份，才能创造自身的利益价值和意义秩序。然而，信息技术

---

① 李东坡：《复杂社会条件下社会心态培育研究》，博士学位论文，兰州大学，2014 年，第 197 页。

② 李东坡：《青年信仰的生成机制、发展规律与危机消解》，《湖南师范大学社会科学学报》2015 年第 1 期。

③ 习近平：《结合中国特色社会主义伟大实践 加快构建中国特色哲学社会科学》，《人民日报》2016 年 5 月 18 日。

的虚拟和异化，不仅会导致人们的主体性迷失，而且会严重地影响主体的精神世界、情感世界、生活世界，以及意义世界的合理建构。价值认同本是人类所特有的认知方式和行为结果，但又始终受到人类的实践方式和实践程度水平的制约，人们只有不断调整自身的价值结构，才能实现个体对社会价值系统和行为规范的自觉接受和主动遵循。

其次，“人总是文化的人，人的世界在某种意义上就是文化的世界；人总是生活在文化之中，文化现象在人的世界中无处不在。”① 在历史的长河中，人类的生活空间是由不同质的边界构成，人类的发展恰恰基于对边界的突破或巩固。在人类社会的历史进程中，人类再一次借助科技的力量瓦解着生活场域的边界，在虚拟与现实之间实现了历史性的跨越。人类社会实践跨越的是物质生产、精神文化和科学技术之间的发展症结，突破的是人类自我生存发展的困境，凝结的是人类文明进步的精华。然而，现代性的网络社会生活具有极强的流变性，不仅造成了一定程度的历史断裂，也增加了文化实践的选择难度。新媒体时代的强势推进，携传统媒体时代传播效果之积威和传播内容之多元，实现传播形式转型的同时，也增加了文化生态的复杂。网络信息技术的演进过程，从局域网到广域网的跨越，搭建了一个自由、开放、平等、互动和共享的技术平台，存储了海量的信息数据，承载了更为复杂的人类社会交往。信息时代，多元文化也在数字化的符号身份建构中得到了强有力的体现，文化资源的数据形式日益多元而复杂，进一步加深了实践主体进行文化选择的现实困境。

最后，网络信息技术的推广和应用是人类科技史上的一次伟大变革，它将人类的文明推向了一个崭新的阶段。技术是人借以实现超越的条件，极大地扩展了人类的生存场域。技术化的生存方式在现实世界与虚拟世界之间实现了结合和转换，为人类开创了一个前所未有的数字化网络生存时代，而这一时代的到来赋予了现代性以新的意蕴。技术的助推力逐步变革着人类历史的实然形态，与其将技术的革命意义表述为对人类社会生存发展空间的拓展，不如将其理解为技术原本就是人类存在方式的现实展示。“由于人在本能上的孱弱，人要生存下去，就不得不用超自然

① 衣俊卿：《现代性的维度》，黑龙江大学出版社、中央编译出版社 2011 年版，第 19 页。

的、人为的手段和工具来满足自己的基本生存需要；而后者的实现要求人的活动内含着自觉性、主动性和主观性的要素。”① 网络空间下精神世界和意义秩序的建构，依托于技术的程序化运行而存在，也因其技术性存在而与网络生态的发展景观紧密相连。广泛多样的信息网络移动终端极大地铺展了信息传播的广度，高效先进的社会化媒体迅猛地提升了信息传播的速度，这既为意识形态的形成提供丰富的信息素材和培育媒介，也为意识形态外化的行为选择给予了高效的技术支撑。技术的进步一次次地为人类在理想与现实之间搭建起桥梁，但它也像一面镜子，毫无遗漏地折射着全新的社会矛盾。网络空间下主流意识形态的建构生态更为复杂，网络技术平台放大了现代意识与传统意识的时代裂痕，交融了全人类意识与阶级意识的社会冲突，脱出了多元意识与民族意识的价值碰撞。主流意识形态的网络建构过程，既然伴随着信息的交流和融通，就必然无法规避主体之间文化习惯、民族情感、传统价值的碰撞乃至冲突。主流意识形态的认同问题如海上之冰山凸显于世，而这冰山更是直系国家和民族的命运。面对复杂多元的网络生态空间，主流意识形态的建构面临着深层的技术变迁，既引发了人类社会结构的变迁，也滋生了人类意义世界的精神恐慌。

习近平总书记指出，“伟大的事业需要伟大的精神”。② 这一论断不仅从理论层面呼应了韦伯著名的社会学假设，任何一项伟大事业的背后都存在一种支撑这一事业并维系这一事业成败的无形的时代精神，而且从实践层面论证了中国精神是践行中国梦的强大动力。实践表明，不同的社会结构和历史条件，影响并建构了人类不同的生存状态。回归现代社会，立足于网络空间下人类的生存和发展方式，网络信息技术正在悄然而深刻地改变着人们的日常生活，规约了社会的运行机制和个人的存在方式。值得重视的原因在于，这种改变早已涉及人类的思维方式和价值选择，自然也改变并重塑了精神文明建设的生成路径。虚拟时代的到来，

① 衣俊卿：《现代性的维度》，黑龙江大学出版社、中央编译出版社 2011 年版，第 22—23 页。

② 习近平：《大力弘扬伟大爱国主义精神 为实现中国梦提供精神支柱》，《人民日报》2015 年 12 月 31 日。

带来了人类文明进程中的又一次真正文化意义上的精神跃迁。网络信息时代，人文理性和技术理性、价值理性与工具理性之间的矛盾日益凸显，科技异化的旋涡加剧了人文诉求的断裂，褪去了价值理性的关怀。网络精神文明的建设，是人类摆脱生存困境的又一次探索，这一伟大实践是延续人类文明的自觉尝试。历史地看，人类文明的发展史呈现了一个递进式的推进过程，它不仅彰显了人的本质力量、拓展了生存的时空界域，同时也滋生了诸多矛盾和张力，使社会发展存在多种可能和选择。人民群众是历史的创造者，这一理论真谛再一次经受住了实践的考验。在网络虚拟实践过程中，人民以网络信息技术为媒介创造着历史，担当着文化的生产者和创造者。然而，网络空间精神文明的技术性生成，必将伴随多元价值的碰撞和多样文化的冲突。根据布鲁斯·宾伯的观点，信息技术比其他媒体提供的信息要多得多，而且通常价格相对低廉，这些信息事实上有无限多个相互竞争的来源。为了避免人们在网络空间下的精神空虚，为了厘清人们甄别信息资源的价值标准，只有全面深入地接收庞杂繁多的信息流，才能客观而准确地获取第一手感性的信息资源，进而科学地分析信息符号背后的利益归属，形成心理认知和价值判断，争取在网络实践中超越现实、建构自我。

三　全球化时代的网络生态问题

近年来，以数字技术、网络技术为核心的信息传播技术飞跃发展，它使人类的生存实践获得了开拓性的进展，不仅对世界各国的政治、经济和社会发展产生了重大影响，而且极大地淡化了虚拟世界和现实世界之间的界限。网络信息技术不仅引发了人类传统的生存方式和实践方式的变革，改变了人类的生存基础、思维模式以及话语方式。然而，人类始终无法规避的事实再次脱出于世，螺旋式的前进必然面临着新的矛盾和挑战。网络信息技术的普及加速了全球化的历史进程，也相继引发了一系列的网络生态问题。

其一，全球化时代的网络文化霸权。人们因科技的发展而不断地创建自己的生存图景。网络空间作为时代发展的产物，不仅延伸了人的社会关系，而且彻底激活了人的主体性。如果说，工业时代主要是对生物多样性构成威胁的话，那么，信息网络时代则主要是对文化多样性构成威胁。[①] 文化多样性在网络空间的技术表达，虽要依照程序化的技术运作规律和符号化的信息交换模式，但这一过程并不是抽象被动的字码输入，而时刻与鲜活的生命个体相结合。文化的多样性在网络空间的自由布展，恰是人类主体地位的网络化呈现，文化品格的多样性表达时刻遵循着自知、自觉和自信的内生逻辑。正如拉兹洛所说的："真正的创造性并不导致一致性。……不同文化的人所信奉的许多不同的观点和观念只要互不对抗，就能使当代世界增添丰富性和活力。"[②] 然而，网络主体要求的多样性与网络文化创造和实现手段的单一性之间存在深刻的矛盾。[③] 多样文化间的主体共在与和谐共生是人类文化繁荣的鲜活动力，异质文化间的个体差异和多元关系是文化进步的内在张力，网络信息技术虽然赋予了文化发展以诸多的理性空间，但是却依然无法摆脱技术化和市场化的现实约束。"网络已经成为政治经济文化的统一体，主要是技术和市场的力量推动和主导着网络的发展。网络文化的创造和实现必须服从技术和市场的逻辑（技术效用最大化和市场利益最大化原则）。"[④] 网络信息技术在扩展人类文化交往空间的同时，也相应地瓦解了本土文化的传统屏障，然而，即使网络信息技术的运行模式具有去中心化和扁平化的特征，但却依然无法规避网络数据背景下的数字鸿沟和信息不平等现象。信息技术的全球性发展，为弱势文化的现代化发展和网络化传播提供了一定程度的话语空间，然而，却在客观上带来了与强势文化更大的差距。因为强势文化在网络空间获得了更加便利的流通手段和技术支撑，使得文化信息资源的全球化流通成为可能。信息资源的流动规律是信息永远流向技术更强、市场更发达的地方，进而导致了网络领域的"马太效应"[⑤]。

---

① 何中华：《从生物多样性到文化多样性》，《东岳论丛》1999 年第 4 期。

② ［美］拉兹洛：《决定命运的选择》，李吟波等译，生活·读书·新知三联书店 1997 年版，第 121 页。

③ 常晋芳：《网络文化的十大悖论》，《天津社会科学》2003 年第 2 期。

④ 郑元景：《虚拟生存研究》，社会科学文献出版社 2012 年版，第 124 页。

⑤ 马太效应（Matthew Effect），指强者越强、弱者越弱的现象，广泛应用于社会心理学、教育、金融以及科学领域。名字来自圣经《新约·马太福音》一则寓言："凡有的，还要加倍给他叫他多余；没有的，连他所有的也要夺过来。""马太效应"与"平衡之道"相悖；与"二八定则"类似，是十分重要的人类社会规律。中国古代哲学家老子曾提出类似的思想："天之道，损有余而补不足。人之道则不然，损不足以奉有余。"

赖斯顿写道，“信息技术消除了时间差距和空间差距，因而自由思想能够像微生物一样，借助电子网络毫无障碍地扩散到世界的各个角落”。同时也指出，“信息输出大国更容易将本国的社会价值和意识形态通过互联网传递给其他国家，进行文化扩张和政治控制”①。从这个意义上讲，占有网络优势的国家将在网络空间内积极进行文化渗透以及意识形态引导，进一步将文化霸权思想蔓延至虚拟的网络空间，滋生并导致西方霸权的扩张。“为了保持文化多样性，发展中国家必须以网络发展为契机，致力于保护与促进自己的文化传统、文化工业与文化认同，形成自主的‘替代性视听空间’，以颠覆国际文化信息交流中的不平衡，缩小信息贫困社会与信息富裕社会之间的数字鸿沟。”②

其二，全球化时代的网络技术犯罪。网络信息技术对现代社会人的生存环境进行着程序化和虚拟化的建构，发起了一场伟大的空间性的生存变革。中华民族正在开展一场崭新的社会实践，既面临着西方文化的价值冲击，又无法规避现代性不足的发展症结；既要全力抵制文化霸权主义的威胁，又要警惕文化相对主义的风险。实践表明，信息技术的发展对人类社会的历史变革和实践活动提供了条件，也发起了挑战，要求人们“要努力适应一个更加相互关联的、高度不确定的世界”③。数字化的生存方式、符号化的网络表达，衍生了形式多样的新型犯罪形态，严重地威胁着网络空间的生存安全。伴随网络信息技术的深入发展，网络黑市、网络病毒、网络色情、网络诈骗等网络现象愈演愈烈。据我国公安部网络安全保卫局有关负责人介绍，从 2008 年开始，中国的网络犯罪数量开始以年均 30% 的速度增长，打击网络犯罪可以说是任重道远。④ 2016 年，中央政治局委员、中央政法委书记、中央综治委主任孟建柱在全国社会治安综合治理创新工作会议上的讲话中提到，当前，我们面临的最现实安全威胁主要来自网络空间。“网络安全的复杂性、影响力远远

---

① 转引自娄成武、张雷《质疑网络民主的现实性》，《政治学研究》2003 年第 3 期。

② 参见段伟文《网络空间的伦理反思》，江苏人民出版社 2002 年版，第 132 页。

③ ［英］保罗·霍普：《个人主义时代之共同体重建》，沈毅译，浙江大学出版社 2010 年版，第 48 页。

④ 网络犯罪数量每年递增 30%，185 个政府网站被黑客入侵［EB/OL］，http://china.cnr.cn/yaowen/201207/t20120727_510364112.shtml。

超过传统安全。传统违法犯罪向网上蔓延、网络黄赌毒、盗窃、诈骗、传销、贩枪、传授制爆技术和窃取公民个人信息等违法犯罪增多，严重影响公共安全。”① 网络空间内的技术犯罪之所以如此猖獗，主要原因在于网络信息技术层面的缺陷以及犯罪主体的因素，加之以网络技术自身高度的匿名性、隐匿性，造成了网络犯罪与传统犯罪截然不同的表现，即具有发现难、取证难、风险小、收益大、报案率低、破案率低等特征。全球化时代的网络技术犯罪，不仅增加了人类社会安全防控的技术难题，而且严重危害人类自身的生存发展。

其三，全球化时代的网络舆论暴力。人们在网络空间下的社会行为具有独特的技术特征，既表现为一种技术逻辑下的社会关系构成，又表现为技术对现实权力关系的结构过程。以网络社会交往下的信息传播为视角，更容易凸显网络空间下的舆论特征。“网络信息发布成本之低、速度之快、容量之大、流动之任意、身份之隐蔽、复制之无限、删改之无痕等，使得网络上的信息既不是只从固定的地方送出，也不限于以固定的形式流动。”② 从这个意义上看，网络空间的信息模式似乎不易于汇集社会思潮或是价值取向，然而，在事实层面上，网络空间的话语表达和意见生成却往往以极其迅速和广泛的力量得以汇聚，并进一步演变成具有明显倾向性的网络舆论，这种网络舆论又常常表现为舆论风暴而在短期内蔓延于网络。在技术力量的驱使下，人们热衷于追随、关注、探讨甚至左右网络社会中的热点话题，并自觉或不自觉地将自我的意见表达上升为集体意志，努力形成具有明显倾向性的集中思潮，追求行为主体在价值取向和精神思想方面的意见趋同。在这一过程中，难免会出现泛道德主义、民粹主义、民族主义等倾向。网络舆论暴力极易将事态恶性升级，扩大社会矛盾。网络主体对待和处理网络事件的过程往往带有浓重的个人立场和情绪化色彩，而忽略事态的本质和真实。网络群体对待网络话题、网络事件的意见，往往源于群体自身的角色和立场。网络空间的社会舆论一经确立，便迅速得到广泛的网络围观和网络扩散，随之带来具有倾向性的舆论压力，而将其放大为一个重大的社会事件，甚至

---

① 高语阳：《网络犯罪已占犯罪总数近三分之一》，《北京青年报》2016 年 10 月 14 日。

② 叶琼丰：《时空隧道：网络时代话传播》，复旦大学出版社 2001 年版，第 178 页。

会演变成一个等待道德审判和伦理讨伐的群体事件，舆论事件的当事人不得不因此而面对强大的舆论制约。“公众极易从感性和道德层面片面选取信息焦点，并加以宣传放大，使事态发展失真。”① 原本正当合理的网络表达会在此种状况下形成一种舆论暴力，而表现出强大的群氓特征，扰乱网络行为主体的视听取向和价值判断。

其四，全球化时代的网络伦理失范。网络信息技术的推广和普及，为人类塑造了一个现代化的网络信息社会，它具有以往任何社会都无法企及的效力，影响着人类社会的生存和发展。从工具理性出发，网络信息技术变革着人类的传播方式和通信手段，也进一步提升了人们获取信息、处理信息以及创建信息的能力。在全球化的信息时代，人们获得了广泛的话语空间，从某种程度上讲，技术的进步实现了人们话语权的回归，人们具有自由表达、自由选择、自由交往的权利和可能。在网络空间下，人们借助不同功能的软件系统及硬件终端，自由开展形式多样的网络行为，充分释放了人们的生存权利和发展热情。然而，网络信息技术却也自觉或不自觉地与人们的生活传统、精神传统、文化传统以及伦理道德发生冲击，在网络行为过程中引发了诸多的伦理失范现象，网络伦理问题日益成为人们关注的热点问题之一。目前，网络社会中比较凸显的伦理失范现象表现在网络诚信缺失、网络关系紧张、个人隐私权失控、网络人身攻击、网络沉迷成瘾、网络色情以及网络病毒等方面，“尤其是网络诈骗、信息污染、恶意侵犯他人隐私、侵犯他人知识产权等网络诚信缺失的现象在网络中日益泛滥，并严重影响到网络社会的健康发展”②。在网络社会这个数字化的空间里，人们的社会交往与信息传播都是以符号化的形式而展开的。网络空间的伦理问题，既是现实伦理问题的符号化表现，同时也具有自身独特的技术化特征。人们在技术逻辑的基础上，以追求个体自由最大化为行为动机，不断引发网络空间不同行为主体之间的冲突与纷争，在人类生存实践的过程中埋下了隐患，并时刻威胁着人的现代化发展。

---

① 王丽鸽：《新时期我国网络反腐问题研究》，硕士学位论文，兰州大学，2014 年，第 21 页。

② 李达奇：《当前网络伦理失范与治理研究》，硕士学位论文，山西大学，2013 年，第 8 页。

第五章

网络空间下人的生存问题省思

网络信息技术在当代的发展，不仅为人类创建了全新的生存空间和实践图景，而且也从诸多方面规约了人类的生存方式与发展进路。在网络空间下，人类不仅面临着虚拟与现实、技术与人文之间的生存矛盾，面临着虚拟认识、虚拟交往、虚拟实践上的限度制约，同时，也面临着数字鸿沟、信仰危机以及网络空间下的文化霸权、技术犯罪、舆论暴力、伦理失范等生存困境。“如果信息超出人类的承受能力，它就会破坏我们自我学习的能力，使作为消费者的我们更容易受到侵害，使作为共同体的我们更缺乏凝聚力。”① 我们必须高度关注人在网络空间下的生存矛盾、生存限度以及生存困境，并给予认真的思考，深刻地探究其中的缘由，力图获取解决问题的合理路径。在网络信息化时代，全面建构一种科学、健康、绿色的新型生存模式。

第一节　社会时空的虚拟性演进对生存体验的变迁

网络信息技术以虚拟化的形式延展了人类的生存空间、丰富了人类的生存体验，也变迁着人们的情感需求、价值认同、行为模式以及网络人格，这是人们在虚拟数据背景下产生生存问题的直接原因。

---

① ［美］戴维·申克：《信息烟尘：在信息爆炸中求生存》，黄锫坚等译，江西教育出版社2001年版，第9页。

一　从虚拟表达分析人的情感需求

库利认为，“没有表达，思想就不能存在”[①]。表达是一切交往性社会活动的起点，也是各种传播性社会行为的开始，构成了信息传播和社会交往的基础环节。“表达是作为主体的人对自身的情感、态度和思想的外在展示和呈现。”[②] 网络信息技术赋予了互联网络以天然的传播属性，网络空间日益为“各种话语和集体行动找到了新的突破口”[③]。虚拟化的表达成为网络空间下行为主体的一项基本权利，既再现了人们的民意动向，也传递了人们的情感需求。

美国心理学家亚伯拉罕·马斯洛的需求层次理论是人本主义科学的重要理论之一，他将人类的需求从低到高按层次分为五种，即生理需求、安全需求、社交需求、尊重需求和自我实现需求，其中，情感和归属方面的需求是社交需求的主要内容。在人类社会的生产生活中，任何个人都希望得到他人的关爱与照顾、信任与忠诚、认可与倾慕等，这种情感上的需求与主体自身的生理特性、人生经历、理想信念以及宗教信仰密切相关。正如传播学者詹姆斯·卡茨和马克·阿克库斯指出的那样，技术的普及会改变“apparatgeist”——即人和数字技术的关系及其对人与人之间、人与社会机构之间关系的影响。[④] 当人们的实践活动扩展到网络空间，人类社会的相关需求也随之转向网络领域，虚拟化的情感需求成为人们虚拟生存与虚拟发展过程中基本需求，构成了人们虚拟实践和虚拟交往的主要动力。在网络空间下，任何网络行为的发生都以网络行为主体的符号化表达为开端，也都将以网络信息技术的程序化表达为逻辑，同样，网络行为主体的情感需求也将遵循网络空间的行为逻辑得以表达。换言之，人们在网络空间下的虚拟化表达方式和表达内容都是主体情感

① ［美］查尔斯·霍顿·库利：《人类本性与社会秩序》，包凡一等译，华夏出版社 1989 年版，第 60 页。

② 王君玲：《网络社会的民间表达：样态、思潮及动因》，暨南大学出版社 2013 年版，第 5 页。

③ 李永刚：《我们的防火墙：网络时代的表达与监督》，广西师范大学出版社 2009 年版，第 10 页。

④ 转引自［美］李·雷尼、巴里·威尔曼《超越孤独》，杨伯溆、高崇等译，中国传媒大学出版社 2015 年版，第 75 页。

需求的直观体现，表征着人们在感情上的满足程度和心理上的认同状况。情感的存在并不仅仅局限于正向的喜欢、关爱、赞美、崇拜等，也包括反向的憎恶、厌烦、仇恨和批判。无论是哪一种情感，无论在哪一个社会，人们的情感状态都可以分为情感建立、情感维系和情感终结三个阶段，其中，情感建立与情感维系阶段都是以主体间的情感需求为基础的。主体间的情感伴随情感需求的上升而不断升温，也随着主体间情感需求的消减而趋向终结，情感需求的完全消退也宣告了这段情感的终结（见图 5—1）。值得说明和注意的是，情感所连接的主体间关系，只是诸多社会关系中的一种，主体间情感的终结并不代表主体间关系的终止，而只是主体之间一段情感的破裂。

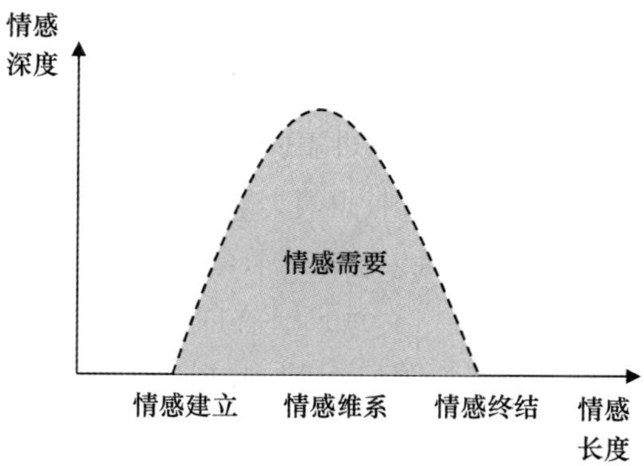

图 5—1　情感需求与情感状态的关系

在网络空间下，情感需求是表达性行为的发生动因，虚拟表达是情感性活动的发生基础。不同主体基于各自的情感需要，将采取形式各异的媒介手段和沟通方式，选择建立或是终结一段主体间情感。虚拟化的表达方式赋予了情感需求以独特的网络化特征，也正是这些特征带给了人们以全新的生活体验。

首先，网络化的虚拟表达为主体间情感的建立提供了丰富的样式。发明和创造网络信息技术的初始动力，就是为了创建人们精神上的交流和共享。在具体的信息实践过程中，网络空间日渐发展为一个信息的聚集地和精神的共同体。在主体之间，比特符号凝聚成了沟通的桥梁，建立了形式多样的网络化情感，互联网悄然地改变着行为主体的生活世界、心理世界和精神世界。人们面对网络信息技术的渗透和影响，或是乐观追崇，或是消极抵制，但不管怎样，都无法改变一个事实，即网络正在或是已经成为人们生活的必需。人们在网络空间下建立的情感类型可以分为两类。一类是人们在现实社会中真实情感的网络化延续。网络信息技术的深入发展，使得网络与人们的生产生活紧密相关，人们借助网络平台和社交软件进行沟通、学习和工作，自然地将现实社会关系延展到网络空间。所以，人们在现实社会中的真实情感也以符号化的表达方式而活跃于网络空间。另一类是人们在网络社会中虚拟情感的网络化创建。以技术理性为支撑的网络空间，不仅具有虚拟性、交互性、开放性以及跨越时空等技术特征，更呈现了越来越浓郁的人文性、社会性、主体性和创造性。在网络空间下，行为主体在虚拟实践中建立了相应的虚拟社会关系，自然也生成了形式多样的情感关系，这些情感在现实社会生活中并不存在，只是存在于网络空间下的虚拟主体之间。

其次，网络化的虚拟表达为主体间情感的维系提供了无限的可能。网络化的虚拟表达过程是一个附载并凝结了主体思想和人类文明的发展过程。网络空间下不断形成了越来越多的网络族群，他们通过网络化的虚拟表达进行组织和互动，来不断满足行为主体自身的物质需要和精神需要。“与希望交流的伙伴的通讯只靠键盘的手指尖就能做到，这时候，即使有义务与邻近交往，但却不是自己情愿做的事情。我们是远远超越自然环境而以广大的媒体环境为舞台共存的。”① 无论是网络族群还是网络个人，网络表达永远都是主体存在与思考的体现，也都是主体间沟通与交流的起点。人们在网络空间的情感维系是以网络化的虚拟表达为始终的。需要注意和说明的是，网络表达的内容极为丰富，包括思想、意见、态度等内容，情感只是众多表达内容中的一部分。人们在网络空间的情感互动，本质上是一种带有主观目的和情感需求的信息传播。与现实社会不同，网络空间的情感互动不仅超越了时空的限制，而且打破了传统社会观念的束缚，一段情感的维系只需要确保行为主体依然具有某

---

① ［日］尾关周二：《共生的理想：现代交往与共生、共同的思想》，卞崇道等译，中央编译出版社1996年版，第72页。

种情感需求，依然期待获得情感满足即可。

最后，网络化的虚拟表达为主体间情感的终结提供了自由的空间。美国学者迈克尔·海姆曾指出："技术一只手给予，而另一只手则常常索取。技术愈来愈忽略人类直接的互相依存。当我们的装置给了我们更大的个人自治的同时，它们也破坏了直接交往的亲切的关系网。由于机器使我们的许多劳作都自动化了，我们相互之间所互助的事也就少了。交往成了一件有意识、有意愿的活动。自愿交往的自发性，要比偶发的交往少得多。机器给我们力量，让我们在宇宙中弹来弹去，可我们的社区却变得更脆弱、空虚和短暂，即使我们的连接多了起来。"① 人们在网络空间内的行为活动具有现实社会所无法企及的自由度和自主性。无论是真实情感的网络化延展，还是虚拟情感的网络化表达，人们都可以自由地选择交流和互动的时间及方式，人们也可以自主地决定是否暂时或是永久地退出这段网络互动的行为过程。在网络空间下，人们以技术符号为载体创建了虚拟生存身份，以虚拟表达为基础进行着人际互动，人们之所以具有如此充分的自由选择空间，原因依然在于网络化的虚拟表达方式。自我呈现是人际互动的基本条件，为了很好地交流与互动，人们必须去定义情境和将要扮演的角色。② 欧文·戈夫曼指出，我们都像舞台上的演员，努力地要让"观众"（我们周围的人）相信自己是某种人，即使我们其实并非这种人。③ 当人们不再对某种情感存有期待而失去情感需求的时候，人们便会自主地选择停止在这段网络情感中进行网络表达，这也就从根本上终结了这段情感的存在。

二 从虚拟认同分析人的价值生成

网络信息技术在当代的发展，不仅对人们的生存方式发生了前所未有的改变，而且也对人们的传统价值观念发起了挑战；不仅成功跨越了民族国家的现实世界，而且带来了个人、民族之间的普遍化交往。现代

---

① ［美］迈克尔·海姆：《从界面到网络空间——虚拟实在的形而上学》，金吾伦、刘钢译，上海科技教育出版社 2000 年版，第 102—103 页。

② Goffman, E., *The Presentation of Self in Everyday Life*, New York: Doubleday, 1959: 83.

③ Ibid., p. 90.

社会的生活方式具有极强的流变性，在传统与现代之间、虚拟与现实之间都存有程度各异的关系断裂现象，虚拟认同问题与上述现象密切相关。从某种程度上讲，计算机网络和虚拟技术的普及过程，就是现代生活体系和现代工业体系不断确立和快速发展的过程。在这一过程中，行为主体总是在不断地面对现代性的流动和多元性的碰撞，“传统认同则日益失去了往日的凝聚力，甚至出现了认同上的空白或断裂，如现代性的扩张必然造成对传统认同的否定”①。在网络空间下，异质文化互相辉映、多元价值相互激荡，促成了一个复杂而多元的数字化虚拟网络社会，人们的虚拟认同和价值认同天然地统一于网络主体的认同实践过程之中。

一方面，人在网络空间下的虚拟认同与价值认同具有同构性。“无论我们谈论‘信息时代’，或者‘全球化过程’，或者‘新的世界秩序’，我们都能够发现，日常生活的观念、价值、视角、态度、形象、人格和我们接受的信息都在稳定地扩展着。”② 人们在传统与现代、虚拟与现实之间，不断对认同的内容和形式进行认知、选择和重构。网络信息技术赋予了网络行为主体以充分的自由空间和选择权利，技术文明使人类再一次扩展了理性认知和科学实践的范畴，人们的传统生活习惯、价值理念也因此而得到刷新与重构。人们在网络空间中不仅获得了信息资源的共享，而且实现了精神交流上的共鸣。在网络空间下，人们进行自我确证的过程也正是人们进行虚拟认同的过程，而这一过程恰恰伴随着人们对价值、文化、信仰的认同和选择。网络信息技术的发展，使得人的身份性规定再一次从确定与完整走向瓦解和分裂。“现代人不得不面对的最大危机就是：如何认同被现代性消解了的自我的多重身份，如何在现代社会里为自我重新定位。”③ 认同原本就是一个复杂的心理过程和社会现象，网络空间的特殊性进一步加剧了人们获得同一感的难度。在美国《心理学百科全书》中认同是精神分析理论中的一个核心概念，指的是主体同化、吸收其他人或事，以构建自身人格的过程。从这一层面出发，在网络空间中无论是虚拟认同还是价值认同，都是网络行为主体在网络

---

① 贾英健：《虚拟生存论》，人民出版社 2011 年版，第 236 页。

② 郑元景：《虚拟生存研究》，社会科学文献出版社 2012 年版，第 127 页。

③ 同上。

生存背景下的心理认知和行为选择，都是现实主体对网络社会角色的虚拟体验和主观创设，二者具有内容和形式上的一致性。

另一方面，人在网络空间下的虚拟认同与价值认同具有异质性。网络时代具有以往任何时代都不曾具备的多样性和不确定性。正如匈牙利马克思主义理论家阿格尼丝·赫勒所说，“不再有什么是稳定的，不再有什么被一致接受；在任何地方，对一切事物，都存在不同的意见。这就是现代生活。”① 人们在认同的过程中会不断获得确定一致的价值观念、行为原则以及社会期望，进而指导并规范主体的行为过程。然而，虚拟认同形成于主体的虚拟实践过程，受到人们所选择和创建的虚拟社会角色以及虚拟社会关系的影响。由于这种网络角色和网络社会关系具有极强的虚拟性、瞬时性、无序性和流动性，使得网络空间中的行为主体不断在真实自我与虚拟自我、真实需求与虚拟需求、真实角色与虚拟角色之间进行转换，极大地增加了虚拟认同的流变性。与此相比，价值认同是行为主体在社会活动中所形成的价值选择和精神共识，决定并体现着主体自身的理想信念和目标追求。在网络空间中，虚拟认同与价值认同虽然具有内容和形式上的一致性，却又具有目的上的异质性。虚拟认同是为了确立主体在虚拟空间中的角色归属以及意义建构，是人们为了赋予虚拟角色和虚拟社会关系以更加真实和稳定的存在感，这种认同缘于主体对他者的被动迎合。与虚拟认同不同的是，价值认同是行为主体自觉、自愿、自主地对某种价值规范所采取的自为性接受，这是一种建立在主体主动遵循基础之上的认同，具有更加稳定和深远的凝聚力和约束力。在虚拟认同和价值认同之间的异质性特征，也是引发网络行为主体不断对自我身份进行质疑的根源，成为滋生社会不稳定因素和摧毁生活意义的内在隐患。

三 从虚拟文化分析人的行为模式

在网络空间中，人们继承并发扬了传统精神自觉的一贯努力，积极探索突破生存困境的合理路径，不断超越自我，不断追求自由、解放与和谐的生活状态。网络社会具有与以往任何社会形态所不同的技术特性，

① ［匈］阿格尼丝·赫勒：《现代性理论》，李瑞华译，商务印书馆2005年版，第67页。

自然也滋生了具有全新特征的文化边界。荷兰当代技术哲学家 E. 舒尔曼曾指出，“技术在现代的、充满活力的文化现实中占据着重要地位，人们愈加广泛地承认现代技术是现代文化得以建立的基础，我们文化的未来在很大程度上就将被技术控制和决定”[①]。虚拟网络文化的出现是技术与文化的最新联姻，对现实文化进行拆解与变形，对传统文化进行置换与颠覆，对大众文化进行演绎与重解。虽然，网络文化如同一个棱镜，具有不同的侧面，但是，网络文化所折射的光芒远大于阴影，而日益发展成为人类社会的一种全新文化景观。网络文化深刻地影响着人在网络空间的认知行为和交往行为，以网络虚拟文化的发生机制、演进过程以及作用方式为着眼点，将能更好地透析人在网络空间下的行为模式。

首先，虚拟文化的发生机制验证了人的网络行为具有先验平等的特征。网络行为构成了网络空间下虚拟社会活动的基础，组建了基本的虚拟社会关系和组织结构。“网络行为作为网络社会生活得以建构的初始要素，同时也蕴含着网络社会生活中一切最复杂、最深刻的关系和结构。”[②]网络信息时代是一个全方位、全天候的自媒体时代，人们拥有了“自精神”和“微内容”的全新文化体验，技术的进步促进了话语权的复归。虚拟技术在当代的发展，一跃成为人们认识世界、表达自我的新方式。海姆曾经将人们进入网络世界的方式形象地表述为“界面”。“界面指的是一个接触点，电子信号在此成了信息。正是我们与软件的交互作用，才创造出界面。界面意味着人类正被线连起来。反过来说，技术合并了人类”，“在一种意义上，界面指计算机的外围设备和显示屏；在另一种意义下，它指通过显示屏与数据相连的人的活动”[③]。结合海姆关于“界面”的解释不难看出，网络文化的参与者在技术界面面前具有先验的平等性。网络信息技术赋予了行为主体以新的发展平台，在文化生产的链条中，“大众第一次由文化的原料提供者变成文化的生产者，真正充当了

① 参见［荷］E. 舒尔曼《科技文明与人类未来》，李小兵等译，东方出版社 1995 年版，第 1 页。

② 黄少华：《网络空间的社会行为——青少年网络行为研究》，人民出版社 2008 年版，第 9 页。

③ ［美］迈克尔·海姆：《从界面到网络空间——虚拟实在的形而上学》，金吾伦、刘钢译，上海科技教育出版社 2000 年版，第 79 页。

文化的主角。”① 网络主体关于文化身份的转变是对自身行为产生影响的关键因素，这也是以虚拟文化为视角来分析人的行为模式的原因之一。在网络空间下，人们获得了更多的话语空间，扭转了自身在文化生产过程中的身份，调动了人们广泛的参与热情和创造热情。可以说，无论是技术层面，还是文化层面，都验证了网络空间下人的主体行为具有先验的平等。

其次，虚拟文化的演进过程体现了人的网络行为具有操控大众的势能。“因特网络将成为全世界艺术家展示作品的世界最大的美术馆，同时也是直接把艺术作品传播给人们的最佳工具。”② 网络虚拟文化的创造和传播是遍及了所有网络主体的自由表达和平等互动。网络信息技术赋予了现代文化以新的光芒，赋予人类以全新的自由。然而，“自由应该是以社会为共同的、由一定物质生产方式所产生的利益和需要的表现，而不是单个的个人恣意横行”③。即便是在虚拟化的网络空间，人的网络行为也应具有规范性，但是，网络空间却始终存在诸多价值失范、伦理失范、社会失范的现象，难以规避。虽然，网络空间下人的主体行为具有先验的平等性，但是，由于人们对文化的生产能力、接受水平、知识结构、教育背景等方面的差异，在具体的虚拟实践中主体间的差异越来越难以掩盖，尤其是在虚拟文化的演进过程中主体行为的差异性最为明显。随着虚拟实践的深入，文化精英会自然胜出，文化等级也相继生成。值得说明的是，网络文化精英并不是纯粹的文化优胜者，而形成于网络传播中的民众关注和民众追随，这其中既包含文化本身的价值性，也不乏技术操作的虚假性。美国农村社会学家罗杰斯，从两个方面来分析大众传播的过程，不仅将传播过程划分为信息流和影响流，而且指出意见领袖多作用于影响流，明确了意见领袖的作用领域和影响方式。参照罗杰斯的观点，可以清晰地再现网络文化演进过程中网络文化精英对网络文化平民进行意见引领的作用方式（见图5—2）。

在网络文化的演进过程中，网络文化级差之间存在不同程度和不同

① 徐世甫：《虚拟生存论导论》，上海社会科学院出版社2013年版，第186页。

② 陆俊：《重建巴比塔：文化视野中的网络》，北京出版社1999年版，第180页。

③ 《马克思恩格斯全集》第6卷，人民出版社1961年版，第292页。

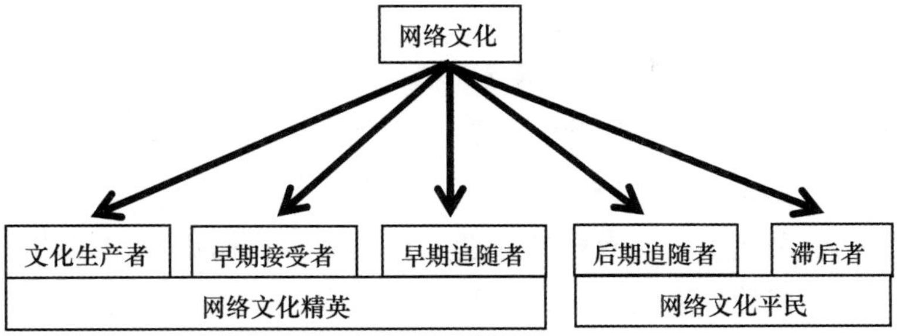

图5—2　网络文化精英对网络文化平民进行意见引领的作用方式

目的的文化操控，进而影响人们的认知、态度以及行为方式。网络文化精英对网络文化平民进行意见引领的作用方式，可以成功地解释网络文化实践过程中的文化渗透和文化霸权等现象。值得说明和注意的是，网络文化平民身处于网络文化等级的下层却不自知，相反，却被技术赋权所营造的自由表达和平等对话所蒙蔽，并不自觉地陷于网络文化精英精心设计或无意安排的文化陷阱之中，既引发了民族文化精神的失落，也滋生了个体文化传统的迷失。

最后，虚拟文化的作用方式规约了人的网络行为具有关系调适的功能。人们的社会行为，受到文化体系、价值规范、社会结构、制度组织、经济水平等多种因素的制约。复杂而多元的虚拟文化同样对人们的网络行为具有规约的作用，人们受到多重文化生态、文化理念、文化传统、文化结构的影响，而不断选择并调和文化之间的冲突与裂痕，也正是在这种调和的过程中，发挥了自身行为的调适功能。海德格尔认为，人是被抛到这个世界上的，世界不过是人无法跳出现在状态的一个场域。正是这个场域，划定了人感受自然并感激自然的范围。人在网络空间下的关系性存在，也同样无法超越于网络信息技术水平之外的技术维度。人们的网络行为只能基于现有网络技术水平的空间范畴而展开，也只能遵循于网络发展的技术逻辑而运行。然而，人在网络空间下的行为模式，既是一种技术性的约定，也是一种文化性的约定。网络空间下多元文化的碰撞和多元价值的融合，只能对人们的行为具有调适性，而不具有任意性或决定性。不能明确这一基本事实，是引发诸多网络行为失范的主观原因。

四 从虚拟交往分析人的网络人格

网络信息技术在当代社会发展中的价值优势，不仅体现在其工具理性的时代意义，更得益于网络的技术本质与人的交往需求之间的契合。网络信息技术具有超强的社会交往性，早在网络建立之初，美国国防高级研究计划署指令与控制研究办公室主任利克里德及其后任罗伯特·泰勒、拉里·罗伯茨都反复强调，计算机及其网络的根本作用和社会价值在自身的交互性而不仅仅是计算性。虚拟技术的出现，实现了信息源的人性化变革，建立了人际互动的信息系统，这种技术性的体验极大地延伸了人的社会关系以及生命的存在方式。网络空间日益成为人们进行社会交往的主要场域，网络化的虚拟社交平台也不断得到扩展和完善。

首先，虚拟交往使得人的网络人格具有“后身体”特征。主体人格是指个体在社会实践过程中所形成的一系列身心组织，依托于个体生命而存在。然而，当网络信息技术介入人类社会的具体生活，网络行为主体日益形成了具有独特表征的人格类型。网络人格的培育和塑造也因此得到了人们的广泛关注和重视。网络空间是一个具有广泛联系性、去中心性、平等性的直接互动平台，实现了人们社会关系的网络化存在。与现实社会交往不同的是，交往的主体不再表现为生命化的物理实体，而是隐去了身体的本征，以数字符号代替身体而出场。网络空间下的虚拟交往具有更多的不确定性，数字化的技术逻辑使得人们的生活方式具有明显的“后身体”特征。所谓“后身体”，是指“人类超越自身物理身体在交往中的片面性和局限性的产物。它外在表现为一种去身体化和符号化，内在表现为绝对精神性和自由平等性，是一负载着能指与所指的集合体”①。网络信息技术使得人们的交往空间日益数字化、虚拟化、符号化、程序化，比特符号不再是简单的程序代码，而逐渐演化为鲜活的思想，活跃于网络主体之间。正如卡西尔所说，“一个符号并不是作为物理世界的一部分的那种现实存在，而是具有一个‘意义’。”② 一方面，

---

① 徐世甫：《虚拟生存论导论》，上海社会科学院出版社 2013 年版，第 95 页。

② ［德］卡西尔：《人论》，甘阳译，上海译文出版社 1985 年版，第 72 页。

网络空间下人们符号化的存在方式超越了传统世界对身体的限度，瓦解了传统社会对社交范围的限制；另一方面，网络空间下去身体化的交往模式打破了传统社会结构的等级制约，彰显了人们对精神交往的自由追求。在人类追求自由进步的历史过程中，“后身体”现象彰显了强大的进步意义，它是人类摆脱奴役、追求自由解放的成果。在此过程中，我们必须认清一个事实，身体是人之存在的自然前提和物质基础，是“后身体”存在的本体论前提，是人的生存与发展等一切实践活动的本原。网络主体越是依赖于网络，其自身的生活方式就越是表现出一种张力，一种自我确证与自我超越的张力。这种张力可能增加虚拟交往的魅力，也可能引发虚拟生存的困惑。只有合理地把控真实自我与虚拟角色之间的张力，才能确定网络主体人格的稳定性、系统性和统一性，才能真正实现人的虚实和谐和自由全面发展。

其次，虚拟交往使得人的网络人格具有“多重性”特征。在现实社会中，身体在场的交往行为必然表征着一定的人物身份、社会地位和社会关系，人们的交往活动也将受到社会结构、文化习惯、心理认知、宗教信仰等因素的制约，而呈现出固定化、同一化的交往模式。与此相比，网络空间下的虚拟交往不仅隐藏了交往主体在外貌、性别、地位、职业、学历等方面的客观事实，而且去除了交往主体在交往过程中的任何情绪性标识，仅仅保留了一个符号化的网络角色，这个角色可以是网络交往主体的真实表现，也可以是网络交往主体的主观设定。“虚拟交往蕴含着种种巨大的可能性，因为它是一个去中心系统，它改变了个体间交流的时/空构型，改变个体间交流的身/心关系，改变了个体的种种社会特性，重构人的外表、性别和种族……它的互联性和去中心的结构和本质对于不同文化交流更具意义。”① 在网络空间中，人类第一次拥有了异于现实世界的多元性存在，网络主体凭借数字化、符号化的表达方式，而根据不同的行为需求和价值观念展开人机对话。主体在网络空间中可以同时呈现出多个“碎片化”的自我，这些“符号的自我”不仅可以同时存在，而且可以同时表现出相同或相悖的网络人格。在数字符号的作用下，现

① Mark poster, *The Information Subject*, Amsterdam: Overseas Publishers Association, 2001, pp. 147 – 148.

实世界中确定而同一的自我获得了多重性的表达方式和多重性的网络人格，这不仅增加了人们在虚拟生存过程中进行自我确证和自我认同的难度，也加速了网络主体责任感和道德感的流失。一方面，人在网络空间下的多重自我与本我之间存在疏离感。人们出于不同目的选择或设定形式多样的网络角色，体验着虚拟角色带给主体精神上的愉悦和享受，然而，这种虚拟性的愉悦与现实生活之间存有明显的差距，这种存于虚实之间的落差会使得网络行为主体更加迷恋和沉溺于网络世界而无法自拔；另一方面，人在网络空间中的多重表现和多重人格，虽然获得了更为丰富的社会关系和生存体验，但是网络行为主体因为具有多重性的存在方式和选择空间，难免在面对道德困境和伦理失范的时候，通过置换身份，甚至是终止某种网络身份而逃避网络行为责任，这也是引发主体人格分裂、滋生网络社会问题的潜在因素。

最后，虚拟交往使得人的网络人格具有公众性特征。网络空间下的人际交往模式不断呈现出“去中心化”和“分裂”的现象，一场猛烈而普遍的交往革命已经悄然展开。在网络交往中，每个人都可以通过信息发布和热点评议来改变自我身份，从被动的“旁观者”转变成新闻的“当事人”，而且，每个人都可以创建一个网络信息传播平台，如微博、微信、播客等，自由地创建以个人为中心的“媒体”。“P2P 技术也被称为‘点对点’技术，使网络用户之间不通过某些服务器便可以进行直接的交流或信息转换，可以实现个性化的信息订阅，RSS 技术可以让用户在某个页面中实现各种内容与服务的自由组合，APP（Application）在国内更多称为‘客户端’技术，如今在移动终端的广泛采用，使得传统浏览器模式在移动终端受到极大威胁，API（Application Programming Interface）开放，意味着某个平台的运营者向其他开发者提供程序接口，这样任何人开发的应用、服务都可以集中在这个平台上。”① 信息传播技术的变迁极大地削减了传统传播格局中的权威主体，“个人媒体”或“公民媒体”的出现导致了以“个人门户”式的交往模式，零技术、零成本的个人门户式信息传播方式打破了传统媒体精英的话语垄断，实现了大众话语空

① 彭兰：《从“大众门户”到“个人门户”——网络传播模式的关键变革》，《国际新闻界》2012 年第 10 期。

间的公共性整合，推进了社会生活的公众化进程，进一步形塑了行为主体网络人格的公共性特征。

第二节　生存实践的超越性变革对生存方式的挑战

网络信息技术在当代的发展，不仅是技术文明史上的光辉一笔，更标志着整个人类文明的发展水平。网络空间具有以往任何社会所不具备的异质性表征方式，呈现了具有现代性特征的发展逻辑。技术的优越性越是得到充分的彰显和验证，技术所引发的现实问题就越是难以掩盖。现实生存与虚拟生存之间的冲突、技术理性与价值理性之间的分裂、公共诉求与信息权利之间的纷争以及多样化选择与确定感的削弱等发展症结，制约着人们在网络空间下的生存与发展。网络信息技术的进步，变革了人类社会生存实践的方式。从实践所必备的三个要素出发，网络空间下的生存实践分别面临着不同程度的生存挑战，如虚拟实践主体对网络信息技术的依赖、虚拟实践客体对网络生态环境的破坏以及虚拟实践中介对网络生存方式的制约，这些挑战性因素也是构成人们生存问题的主要原因。

一　虚拟实践主体对网络信息技术的依赖

虚拟实践是人类实践活动在网络空间的虚拟化呈现，是传统实践方式在信息时代的超越性发展。在虚拟实践过程中，网络行为主体不断地明确虚拟实践目的，运用虚拟实践工具，认识和改造虚拟实践对象，设计并执行着虚拟的实践活动。与现实社会中的实践主体不同，虚拟实践主体的身份具有不确定性、可隐匿性以及流变性。网络信息技术在当代的发展，使人类以前所未有的速度进入了高度发展的现代文明，对人类的生产生活形成了巨大的影响。万维网的发明者蒂姆·伯纳斯－李认为，“万维网与其说是一种技术的创造物，还不如说是一种社会性的创造物。我设计它是为了社会性的目的——帮助人们一起工作——而不仅仅是设计一种技术玩具。万维网的最终目标是支持并增进世界上的网络化生存。”① 网络信息技术越是普及，对人们的社会实践的影响就越是深远，人们也就对网络信息技术越是依赖。“互联网 +”时代的到来，使得互联网络与现实社会的方方面面紧密相连。“网络的发展，使人从人或物的依赖关系中解放出来，冲击着传统社会中的等级、身份观念，确保人能够在网络中实现‘类’与‘自我’的价值统一与精神自由。”② 然而，网络空间下社会实践的运行并不仅仅受制于技术逻辑，还受到市场逻辑的影响。网络空间下复杂、繁多的信息资源，不断冲击着人们对信息的辨识能力和决断能力，实践主体往往被强大的信息流所操控，而被动地参与虚拟实践。虚拟实践主体仿佛被信息流卷入虚拟实践中一般，主体功能被信息资源的影响势能所操控。从某种程度上讲，虚拟实践主体不仅丧失了理智、主动的行为能力，而且盲从地崇拜信息，对网络信息技术的依赖性不断增加。网络界面是人们进入虚拟网络空间的门户，画面精美的主页、精彩丰富的内容、形式多样的数据、优美酷炫的音频以及生动逼真的视觉，为网络行为主体带来立体化、全方位的技术体验，极大地唤起了人们的参与热情。伴随网络信息技术的深入发展，网络与人们的生活紧密相连，技术的进步升级了人们的虚拟生存体验，优化了网络的服务性能。与此同时，虚拟实践主体对网络信息技术的依赖程度也与日俱增，中国互联网络信息中心（CNNIC）第 39 次《中国互联网络发展状况统计报告》的数据显示，2016 年中国网民人均周上网时长达 26.4 小时。人们对网络的依赖不仅体现在人们的上网时长，也表现在人们对网络的心理依赖和生活依赖。从心理依赖的层面来看，厌烦现实人际交流的“宅居生活”越来越普遍，许多喜欢宅居的年轻人认为“一网在手，天下我有”；生活中随处可见一些时时关注手机的“低头党”“手机党”，不分时间、不分场合地通过手机进行聊天和游戏；QQ、微博、微信等社交软件越来越多，人们将虚拟生活与现实生活密切融合，热衷于将自己生活中的见闻、随想公布于众。从生活依赖的层面来看，近年来互联网的服务性能不断增强，个人网上支付、网络约车、网上慈善等活

① ［英］蒂姆·伯纳斯－李、马克·菲谢蒂：《编织万维网：万维网之父谈万维网的原初设计与最终命运》，张宇宏、萧风译，上海译文出版社 1999 年版，第 124 页。

② 贾英健：《虚拟生存论》，人民出版社 2011 年版，第 180 页。

动越来越普遍，政府线上办公，企业在线销售、在线采购等程序越来越完善。马克思把自由时间看作是人的发展的重要条件和尺度，认为“时间实际上是人的积极存在，它不仅是人的生命的尺度，而且是人的发展的空间”[①]。人们是否拥有可自由支配的活动时间是衡量人的自由全面发展的重要标准。我们并不能简单地通过人们对网络的依赖程度来断言人们网络化生存的利弊，但我们必须正视一个事实，由于人们的自由支配时间是相对有限的，人们用于现实社会生活中的时间与网络消费时间是此消彼长的，人们将可支配的自由时间花费在网络活动上越多，人们的虚拟实践展开得就越充分，人们对网络信息技术的依赖程度就越高。

二　虚拟实践客体对网络生态环境的破坏

“虚拟实践的客体已经不再是传统意义上进行主体认识与实践范围内的实践经验对象，而是根据实践需要通过信息化后得到的数字组合，也可以说是虚拟技术产生和创设出来的对象，其本质上是以数字化的方式形成的虚拟实践客体，虚拟实践客体是利用信息技术手段通过对象化的人机交互接口，对自然界、人类社会甚至是不存在的虚拟世界进行人工创制，从而呈现出逼真、动态、综合、多维能够以假乱真的虚拟客观世界。”[②] 虚拟实践客体是人在网络空间的对象化创设，不仅数量丰富，而且样式广泛。伴随信息时代大数据和云服务的不断推广，网络空间正在变成信息的海洋，信息资源的免费共享和自由流通，有利于虚拟认知、虚拟交往、虚拟合作等实践活动的开展。然而，由于虚拟实践客体是人在网络空间下的一种自由创设，就难以确证这种对象化生成的结果都具有合理性，不可避免信息资源的复杂多样。正如爱因斯坦指出：“科学是一种强有力的工具，怎样用它，究竟是给人带来幸福还是带来灾难，全取决于自己，而不取决于人所利用的工具。刀子在人类生活上是有用的，但它也能用来杀人。”[③] 虚拟实践客体由于生成主体的不同利益、不同目的、不同需求，而呈现出不同的利弊属性。虚拟实践客体中具有负面效

---

① 《马克思恩格斯全集》第 47 卷，人民出版社 1979 年版，第 532 页。

② 闵清：《信息时代虚拟实践与人的发展研究》，光明日报出版社 2016 年版，第 102 页。

③ 《爱因斯坦文集》第 3 卷，商务印书馆 1979 年版，第 56 页。

应的部分信息对网络生态环境形成了信息污染和生态破坏。“所谓信息污染是指媒介信息中混入了有害性、欺骗性、误导性超过传播标准或道德底线信息元素，对传播生态、信息资源以及人类身心健康造成损害或其他不良影响的现象。”① 其一，虚拟实践客体中存有大量的偏激性信息。网络空间是一个巨大的舆论场，现实社会中的利益群体以网络为传声器进行意见表达。目前，我国正处于改革的攻坚期，社会领域的深化改革触及了多方既得利益的群体，社会矛盾风险不断增大。由于网络表达具有匿名性的特征，使得网络空间成为网民宣泄不满与表达愤怒的意见场，形成了大量偏激性信息。其二，虚拟实践客体中存有大量的暴力、色情信息。由于部分组织和个人受到经济利益和市场效益的驱使，故意散布和扩散暴力、色情信息，不仅危害了网络行为主体的身心健康，而且恶化了虚拟实践的网络生态环境，冲击了社会信仰与伦理道德的底线。其三，虚拟实践客体中存有大量的虚假性信息。目前，网络空间的法制建设和运行机制仍不健全，自媒体时代下的网络主体不仅拥有技术的使用权，而且具备信息的发布权。大量失真、失效、无用、无意义的垃圾信息如井喷式涌现，严重干扰了信息的有效传播，也严重困扰了实践主体的信息选择。其四，虚拟实践客体中潜藏着信息安全的隐患。从经济金融到国家政治，从军事、文化到社会、个人，网络空间的安全风险和隐患涉及了诸多领域，网络病毒、网络黑客、网络诈骗等现象屡见不鲜，尤其是霸权大国利用信息和技术上的优势所进行的文化渗透和价值观推广，更是严重威胁了网络空间的文化安全。

三　虚拟实践中介对网络实践方式的制约

“实践的中介系统是指实践主体与实践客体相互联系的一切居于中间因素和实践自身的变化、发展的中间环节，实践的中介是事物本身所具有本质的、必然的因素和环节，既是主体需要和本质力量的体现，又与客体的本质和规律相符合。实践中介作为实践主体与实践客体的结合，融合了主体与客体的特点，因此实践中介也是实践力量的标志，在人的

① 韩丽风、柳青：《控制信息污染、改善信息环境》，《图书馆论坛》1996 年第 4 期。

实践活动中起着关键作用。”[①] 马克思曾经指出，“各种经济时代的区别，不在于生产什么，而在于怎样生产，用什么劳动资料生产。劳动资料不仅是人类劳动力发展的测量器，而且是劳动借以进行的社会关系的指示器。”[②] 在人类实践中，实践中介的工具系统经历了一个不断丰富与发展的过程，无论是语言系统还是生产工具，都记载了人类社会实践的进步。通信技术、虚拟技术以及电子技术的深入发展，不断革新了虚拟实践的中介系统，从硬件基础设备到软件智能程序，智能化、数字化、符号化正在成为新型实践方式的标志和象征。实践中介的发展程度和技术水平制约着人们的网络实践方式，也影响着人们虚拟生存与现实生存的融合程度。人的新型实践方式发生于既相互对立又相互转化的虚拟与现实的双重时空之中，虚拟与现实的内在矛盾造成了人们实践空间和生活世界的分化与交融，引发了人在网络空间下的诸多生存问题。网络社会中，现实生存与虚拟生存的冲突是制约人们生存与发展的关键问题。面对这种虚实之间的冲突，我们甚至不能确定这种虚实的划分是否必要。“我们现在还无法准确地批判网络社会究竟处于总体过程中的哪一个阶段，甚至当我们说网络社会诞生于现实社会的时候，其实这句话也同样是存疑的，因为网络发展得如此之快，以至于人们看到互联网反而成为现实世界的基础设施：互联网不断膨胀，像水电一样成为每个人日常生活的一部分，成为现实生活的基础。网络空间有着空前的吸纳和融合能力，原来现实世界中的一切都被迅速地数字化而融入了数字世界并纳入了网络世界。所以不难理解美国著名的科幻作家、曾经被人尊称为虚拟世界‘教父’的威廉·吉布森在《滚石》杂志 40 周年的一次采访中所说的：‘将来，我们的子孙会为我们这一代人非要在数字和真实之间画一条线而感到怪异万分。什么是虚拟空间，什么不是虚拟空间，有什么可分辨的呢？’”[③] 即便如此，基于当下实践中介系统的发展水平和技术表现，我们仍然不能无视于人们在虚拟与现实之间所存在的精神错位、人格分裂等异化现象。事实上，虚拟实践的中介系统直接关系着人们在虚拟与现实

---

① 闵清：《信息时代虚拟实践与人的发展研究》，光明日报出版社 2016 年版，第 103 页。

② 《马克思恩格斯选集》第 2 卷，人民出版社 2012 年版，第 172 页。

③ 陈赛：《世界的镜子》，《三联生活周刊》2009 年第 2 期。

之间的实践方式和生存方式，虚拟生存不仅复制和再现了人们的现实生活情境，而且针对现实生活中的一些生存困境实现了技术性的超越。与此同时，虚拟实践的中介系统也关系着虚拟生存与现实生存之间的生存体验，实践中介以链接的形式在世界范围内形成互联。“每一个节点或每一个终端背后都存在一个真实的个体，每一个个体通过终端在互联网上确立各种（但不是唯一）虚拟身份，建立各种与现实社会中不同的虚拟关系，形成一个像现实社会一样真实的互动和生活空间。”[①] 虚拟实践中介的建构逻辑和设计构想，在运行过程中不同程度地规约了虚拟实践主体与虚拟实践客体的实践方式和实践进路。

第三节　网络社会的复杂性实践对虚拟生存的困阻

网络信息社会是一个以数据信息为基础的生存空间，繁杂而多元的大数据背景对人们在网络空间下的虚拟生存形成了困阻。美国学者西奥多·罗斯扎克在《信息崇拜——计算机神话与真正的思维艺术》中曾经这样提醒人们：“如同所有的崇拜，信息崇拜也有意借助愚忠和盲从。尽管人们并不了解信息对于他们有什么意义以及为什么需要这么多信息，却已经开始相信我们生活在信息时代，在这个时代中我们周围的每一台计算机都成为信仰时代的‘真十字架’——救世主的标志了。”[②] 人们对原本复杂的大数据系统过度依赖和崇拜，诱发了一系列的生存困顿。在网络社会中，事实性信息与价值性信息相交织、主观性信息与客观性信息相混淆、普适性信息与特指性信息的交错、全息性信息与有限性信息的差异以及目的性信息与随机性信息的碰撞，这些因素是引发网络空间下人们生存问题的重要原因。“随着网络经济与信息社会的来临，信息文明大张旗鼓，信息成为一个重要的战略资源。在此背景下，信息公开不但具有重要的政治意义，还具有举足轻重的经济和社会意义。信息的自

---

① 王君玲：《网络社会的民间表达：样态、思潮及动因》，暨南大学出版社 2013 年版，第 17 页。

② ［美］西奥多·罗斯扎克：《信息崇拜——计算机神话与真正的思维艺术》，苗华健、陈体仁译，中国对外翻译出版公司 1994 年版，第 7 页。

由流动乃是整个市场机制的基础，信息之不可或缺如同阳光与空气。”[①] 信息是网络行为主体基于网络技术而生成的加工物，网络空间是一个物质和信息双重存在、双重演化的世界。邬焜认为，不管是物质生产、精神生产还是人自身的生产，它们在本质上都是信息生产，他指出，“人类的物质生产是人类复制、创造特定物的结构信息，以及人所设计的目的信息在实物产品中实现的过程，是人类改变和建构物的结构信息的信息生产过程”[②]。在当代的社会实践中，信息显示了重大的功能和价值，不仅成为网络空间的重要资源和生产力要素，而且融合了虚拟与现实之间的异质性差异。在经济活动中，信息是市场变化的晴雨表，充分而准确的信息资源将直接决定网络生产和网络交易的成效；在社会文化生活中，信息制造、信息传播、信息交流、信息共享等活动是发挥人们主观能动性、增强人们虚拟认同的关键；在政治生活中，信息自由、信息开放是政治民主化和法制化水平的标志。相对于人们的信息需求，信息作为一种资源，是相对有限而稀缺的，这也就引发了新一轮的利益竞争。从信息发布到信息占有，从信息传播到信息利用，不同社会主体之间关于信息的纷争持续发生。如何确保行为主体的合法信息利益，如何抑制不法分子的信息垄断，成为规定网络信息生产、网络信息共享和网络信息利用等权利的核心议题，以追求合理制造、拥有、传播、共享和使用信息的目的。权利是人们随着社会实践和生活境遇的变化而不断生成的社会约定，信息权利的内容也在虚拟实践的过程中不断得以补充和完善，然而，网络信息权利在网络虚拟实践中仍存在诸多现实问题。

一　网络信息访问权与数字鸿沟

在网络空间下，每个公民都可以平等地使用网络信息技术，都拥有平等的访问网络信息的权利。网络信息时代，信息的传播方式更加开放和多元，人们可以自由地分享信息、平等地获取信息。电子访问式的技术赋权不仅削弱了传统社会的等级观念，而且打破了传播过程的客观限制，网络的非中心化设计理念实现了多元传播和信息自由。纵观人类

---

① 王四新：《网络空间的表达自由》，社会科学文献出版社 2007 年版，第 36 页。

② 邬焜：《信息哲学：理论、体系、方法》，商务印书馆 2005 年版，第 327 页。

社会的发展历程，网络信息技术的普及给人类开辟了广阔的自由空间，人们可以获得更多的信息资源和知识体验，技术的福祉得到了广泛的共享。然而，网络空间也存在明显的数字鸿沟，在不同人群、不同地域之间呈现出信息富裕和信息贫困两种极端。无论是网络信息的基础设施，还是网络用户的知识结构，皆存在明显的差异，这使得网络信息访问权具有严重的不平等性。技术只是工具，总是更容易被占据优势的群体而控制，“如果我们听任信息高速公路哪怕只是暂时绕开这个社会的不幸群体，信息富人将更富而信息穷人会更穷，这样就没法保证所有人最终都能上网”①。总体来说，信息资源不对等、信息生产结构失衡、信息访问受限等现象，严重地制约了人在网络空间下的自由、平等和全面发展。

二 网络信息发布权与信息泛滥

网络信息技术所追求的高交互性和高参与性，赋予了网络使用者极为广泛的信息发布空间。“在网络上，任何人都可以是一个没有执照的电视台。”② 人们自由地选择理想的网络终端，实时发布自己的思想、观点，“信息权力已经分散到数以百万计的电脑之中，其中很大一批电脑不仅接收信息，而且生产信息，比如网页、网址。总之，它们成了分散的中心，不仅是阅读、收听和收看的中心，而且是生产和广播的中心”③。信息在去中心化的网状渠道内自由流通，不仅实现了网络舆论的自由化，而且打破了信息资源的垄断。“我看到同样的分权心态正逐渐弥漫于整个社会之中，这是由于数字化世界的年轻公民的影响所致。传统的中央集权的生活观念将成为明日黄花。”④ 信息来源遍及了普通大众，网络信息内容也随之丰富而多元，低成本、零问责的信息发布权不仅导致了信息的泛

---

① ［美］戴维·申克：《信息烟尘：在信息爆炸中求生存》，黄锫坚等译，江西教育出版社2001年版，第202页。

② ［美］尼古拉·尼葛洛庞蒂：《数字化生存》，胡泳、范海燕译，海南出版社1997年版，第196页。

③ ［美］保罗·莱文森：《数字麦克卢汉：信息化新纪元指南》，何道宽译，社会科学文献出版社2000年版，第165页。

④ ［美］尼古拉·尼葛洛庞蒂：《数字化生存》，胡泳、范海燕译，海南出版社1997年版，第270页。

滥，而且产生了大量无用信息。埃瑟指出："数字化世界是一片崭新的疆土，可以释放出难以形容的生产力量，但它也可能成为恐怖主义者和江湖巨骗的工具，或是弥天大谎和恶语中伤的大本营。""它是一个虚弱的宣传工具，但却是施展阴谋的好地方。"① 信息超载、信息过剩，以及信息泛滥等现象，进一步加速了失实、暴力、色情等垃圾信息在网络生态环境中的蔓延和扩张，严重污染了人在网络空间下的生存发展环境。

三　网络信息共享权与知识产权

目前，互联网已经发展成为继报刊、广播、电视之后的第四媒体，其中，最为显著的优势就在于信息资源的全网共享。信息共享是网络社会的显著特征，既实现了信息资源效用的最大化，也促进了社会的共同进步，创造了越来越多的财富和价值。网络经济中有个重要的定律，即"梅特卡夫法则"，该法则表明信息使用者越多，信息的价值也越高，互联网的价值等于其节点数的平方。信息共享不仅实现了科技成果的迅速普及，更促进了人类的自由自觉的发展。关于信息共享的理念与行为，无论是虚拟世界的发展事实，还是人类社会的应然选择，都具有公正合理的进步意义，都合乎发展伦理与社会道德的价值追求。然而，信息共享的实现前提是信息主体愿意让渡自己的信息使用权，或者说，信息主体同意将自己的信息与他人分享，否则，强行窃取他人的信息内容或信息使用权，就侵犯了他人的"知识产权"。网络空间下的信息生产同样需要创造性的发挥和基础性的保障，也同样需要物力、财力、智力和人力的投入。为此，信息生产者有权占有信息的所有权，并将信息产品投放于信息市场，通过让渡信息的使用权来补偿其投入并获取利润，这也是促进信息生产和繁荣信息市场的根本动力。如果信息毫无限制、毫无回报地被免费占有和流通，就难以避免一种困境："网上特有信息的绝对数量越来越少、重复率越来越高，没有新的知识信息注入的网络越来越陈旧、越来越没有吸引力；得不到知识产权保护的商业网站不再费心去保

① ［美］埃瑟·戴森：《2.0 版：数字化时代的生活设计》，胡泳、范海燕译，海南出版社 1998 年版，第 156 页。

护自己的信誉……”① 为此，我们必须合理地调适知识产权保护与信息自由共享之间的关系，既努力实现信息资源效用的有效发挥，又全面保护知识产权，激励知识创新、促进知识传播。

四 网络信息安全权与信息监控

网络信息技术的深入发展，使得人类社会的生产生活更加高效率、高效益、高质量，但是，网络空间所具有的国际化、开放化、多元化和自由化等特点，也增加了网络信息系统的复杂性和严峻性。“当真实世界用各种检查制度和权衡措施把住邪恶之门时，人性中的所有恶魔，却在极短时间内跳到赛博空间里重新开张营业。”② 网络信息窃密、网络信息污染、网络信息犯罪等事件不断发生，信息时代的网络安全问题不容小觑。网络空间应该是一个兼具自由与安全的场域，为了维护网民的合法权利，就必须提供必要的全景监视与风险防控。正如莱斯格教授所说：“你也许会认为因特网是一个完全自由的通信系统——本科勒所定义的每一个层都是自由的，但事实并非如此。因特网的特别之处在于自由与控制的混合方式。因特网的物理层基本上都是受控的，网络赖以运转的计算机和网线或是政府的财产，或是私人的财产。与之类似，目前在因特网的内容层上，许多东西都是受控的。”③ 程序监控和数据审查日益成为确保网络信息安全和营建网络良好生态的技术保障。

五 网络文化的多样性发展与文化霸权

在网络空间下，人际互动和文化交流都逐渐趋向于跨系统式的全球联合，为多元价值、不同文化的交流和互动提供了广阔的平台，一个多元文化并存的数字景观业已落成。然而，文化繁荣景观背后的不争事实也日渐清晰，数字化生存的表达方式成为威胁文化多样性和民族特质性的技术根源，使得原本真实、生动、丰富的文化景象全部浓缩为贫乏一

---

① 郑元景：《虚拟生存研究》，社会科学文献出版社 2012 年版，第 112 页。

② ［美］马克·斯劳卡：《大冲突：赛博空间和高科技对现实的威胁》，黄锫坚译，江西教育出版社 1999 年版，第 87 页。

③ ［美］劳伦斯·莱斯格：《思想的未来：网络时代公共知识领域的警世喻言》，李旭译，中信出版社 2004 年版，第 25 页。

致的“二进制”成像。这种符号化的抽象规定，虽然便于文化的输出和交流，却在一定程度上降低了文化的本真和特质。文化多样性的存在，不仅可以激活人类文化生产的内在动力，而且可以保持不同文化系统之间的结构性张力。正如拉兹洛所说：“真正的创造性并不导致一致性。……不同文化的人所信奉的许多不同的观点和观念只要互不对抗，就能使当代世界增添丰富性和活力。”[①] 与此同时，“信息化殖民”是危害文化传统、价值认同、民族信仰以及精神品格的新型桎梏。在保持文化多样性发展的过程中，必须时刻警惕西方发达国家的经济扩张和文化渗透，谨防网络技术时代下新型殖民化的政治文化霸权。

---

① ［美］拉兹洛：《决定命运的选择》，李吟波等译，生活·读书·新知三联书店 1997 年版，第 121 页。

第 六 章

网络空间下人的发展图景创设

人的生存与发展是以主体的创造性实践为基础的，人在实践中完成了具体的现实生命活动，获得了生存体验，也在实践中实现了自我确证和自我超越。技术的进步不仅变迁了人类文明的发展轨迹，更规约了人类自身的生存发展路径。人的超越性存在与发展在不同的历史时期具有不同的表现形式。在当代，网络信息技术以数字化、虚拟化、符号化、网络化、程序化的技术逻辑创设了人类全新的生存发展图景。人类在网络空间的虚拟实践中，不断验证了发展理念的科学性，不断发掘着发展动力的实效性，也不断探索着发展进路的全面性。树立互联网思维，加强思想政治工作传统优势与信息技术的高度融合，是新形势下实现思想政治教育创新发展的题中之义，更是促进人的现代化发展的必然选择。

第一节　网络空间下人的发展理念

在网络信息时代，人类获得了全新的生存方式和发展范式，这不仅是人的本质力量的集中体现，更是全人类对理想追求的不懈努力。在网络空间的虚拟实践中，人类积极缩小理想生存与现实生存之间的差距，不断弥合虚拟生存与现实生存之间的裂痕，不断追求人性发展与技术进步之间的和谐，科学合理的发展理念是实现人的自由全面发展的思想保证。

一　理想模式：网络空间下人的发展模式的转换

在当代，网络信息技术已然成为影响人类生产实践和社会生活的决定性力量，科技带给人类以前所未有的便利和享受。科学本是一种“有条理的知识”和“理性的研究”，却被部分人神化为一种主义。“科学主义”作为一种社会思潮，其特点是未能实事求是地将科学界定为人类对自然实在现象的知性陈述，相反，却狂热地迷信“科学活动是有利于良好生活事物的前提，是生存的一切和最终目标”[①]。在信息技术面前，总是有人无视于自然科学及其方法的局限性和客观性，甚至只顾为技术的优越而欢呼，都不曾发现自己对科技的盲目追崇和过度依赖。“网络技术在全球雪崩般地发展，把整个世界拖着向前，我们感到被拖拽着与时代同行，无奈但无法抗拒。我们稍有彷徨和迟疑，便会落伍于这个时代，便会被这个时代无情地摒弃。从一定意义上说，科技已成为现代人的历史命运。”[②]

（一）“人机分离”模式的必然矛盾

在网络实践中，网络互联成为人机互动，以及人人互动的技术通道，海姆将人机对话的网络窗口表述为界面，“在一种意义上，界面指计算机的外围设备和显示屏；在另一种意义下，它指通过显示屏与数据相连的人的活动”[③]。人在网络空间中的对象化存在，是以网络信息技术为核心的符号性创造，无论是网络空间的生存景象还是人们的虚拟生存体验，都是人们借由技术工具而获得的实践成果。从发生逻辑的起点来看，行为主体（人）与实践中介（网络）是相对独立而分离的，正是这种起点上的分离，引发了主体在“网我”与“真我”之间的异化。一方面，从主观意识上，行为主体并不承认网络化的符号自我是自己完整性存在的一部分，认为人在网络空间的存在状态只是自身借由技术渠道而获取娱乐或享受自在的片刻游离，既不需要承担行为责任，又不需要道德制约；另一方面，从客观行为上，行为主体之间的互动过程诱发了主体身份的缺场，这种排除了生理性基础的交往模式，使得人们误以为网络技术设备是行为发生的关键，事实上，技术只是一种必要，而非主体。德国思

① 柴发邦：《民事诉讼法学新编》，法律出版社 1992 年版，第 338 页。

② 贾英健：《虚拟生存论》，人民出版社 2011 年版，第 280 页。

③ ［美］迈克尔·海姆：《从界面到网络空间——虚拟实在的形而上学》，金吾伦、刘钢译，上海科技教育出版社 2000 年版，第 79 页。

想家沃尔夫冈·韦尔施在其著作《重构美学》中，曾经就人工的电子世界如何影响日常生活世界进行了分析，在他看来，“用户自然知道模拟和现实的差别。但是关键在于这差别是越来越微不足道了。模拟被视为现实直截了当的替代品，甚至被当做现实的更完美的图式，这完全是因为它提供了机会‘实实在在当一回父母而无需真的操心’。模拟的经验日益被人当做真实行为的母体：婴儿日益被比照起‘视像娃娃’，他们与那个理想的电子形象有所不符的地方，不是被看做人性的表现，反而成了不完善的负担。……你可能发现这类发展叫人毛骨悚然——显而易见它们是大有问题的。”① 这种结论虽然有些危言耸听，但却很好地揭示了“人机分离”模式的现实危害。以网络信息技术为核心的发展模式，只能引发科学主义倾向和信息技术的异化；对技术的过度崇拜与依赖，必然导致人的主体迷失和道德沦丧。

（二）“人机统一”模式的理性表征

科技发展所创造的成就越是显著，科学技术就越是被人们所肯定和关注。技术对人类生活的融入和影响是已经被理论和历史证实了的必然，而技术与人文之间的断裂和矛盾也是不争的事实。人类历史进程中的每一次技术革命都曾引发过对人类生存影响的质疑，但这种质疑却从未使人们与技术相分离，而历史反复验证了一个恒久的规律，即人类只要以自然规律为前提，科学地运用技术，技术的价值理性和科学理性都将得到最大的发挥。无论是蒸汽机时代的工业革命，还是电气时代的技术革新，人类学家和思想家们都曾为之堪忧并极力向世人发出警告，但事实表明，技术发展对人类社会的双重影响是可以得到控制和引导的。正如保罗·萨福所指出的那样，“在较长时期内，生活已变得更好……某些人惧怕互联网和电脑空间，担心人际关系疏远并可能成为犯罪和社会冲突的舞台。然而，它们也曾有过创造性经历，使文化融于人之间的新型关系，并且有助于应付各种灾难。”② 人在网络空间下获得了全新的生存方

---

① ［德］沃尔夫冈·韦尔施：《重构美学》，陆扬、张岩冰译，上海译文出版社 2002 年版，第 253 页。

② ［美］迈克尔·沙利文－特雷纳：《信息高速公路透视》，程时端、柳卸林等译，科学技术文献出版社 1995 年版，第 199 页。

式和发展向度，这不仅是人类实践方式的变革，更是科技与人文、虚拟与现实等两难困境的再现。人们只有在实践过程中深刻地认识到“人机分离”模式下的生存矛盾，努力将以技术为中心的发展模式转变为以人为中心的发展模式，才能在技术依赖、信息依赖基础上实现虚拟与现实的和谐统一，才能实现“网人合一、网人共生”的理想和诉求。在恩格斯看来，人的需要不仅是一个建立在一定社会物质生活条件的基础上的相互联系、相互促进、有机统一的系统整体，而且也是一个在需要和满足需要的手段的统一中来把握的概念，而这种手段只能被合理地理解为人们所进行的一定的物质生产和精神生产的社会实践活动。[①] 正确处理人机关系，既是明确主体生存发展过程中实践手段与实践目的的根本前提，又是规避技术异化、主体迷失、伦理失范等生存问题的题中之义。只有坚持以人为本，才能充分发挥主体的能动作用，才能有效促进人的整体优化。“人机统一”模式为网络时代人类的理想生存图景的建构奠定了基础，人们在“真我”与“网我”之间的统一，将为人类自身获得生活、精神和心灵体验上的共鸣，将为人类社会带来自在、自主、自觉的发展意识。为此，“我们有理由相信，人类生存方式的理想前景，一定会在一种人性化的计算机网络和计算机网络的人性化的互动过程中得到实现。”[②]

二　文明期待：网络空间的精神文明体验

网络空间下人类的生存与发展问题被寄予高度的关注，与此同时，网络也开启了社会主义精神文明建设的新篇章。网络空间的时空特点，切实地影响着当下社会的精神文明和时代风貌，在深入推进社会主义现代化建设的伟大实践中，我们必须客观地认识到，实践场域的变迁为社会主义精神文明建设带来了契机，却也发起了挑战。“像电脑和汽车一样，技术把人们的生活割裂，同时又帮助把碎片缝合起来。挑战在于怎样把电脑化空间里建立起来的联系融入真实生活。……Internet 是一种新

---

① 参见唐凯麟《论幸福——兼析享乐主义》，《求索》1996 年第 3 期。

② 贾英健：《虚拟生存论》，人民出版社 2011 年版，第 289 页。

文明，文明的目的是净化并拓展我们的生存空间，提升人类的生活质量。”① 习近平总书记指出，“我们要本着对社会负责、对人民负责的态度，为广大网民特别是青少年营造一个风清气正的网络空间”②，这就要求我们必须紧抓机遇、迎接挑战，开创网络精神文明建设的新局面，积极营建网络良好生态。网络的意义不仅表现为一种技术结构、经济形式、政治媒介或是社会组织，而且它表征着一种文化价值理念，它既给予了网络空间生存图景以全新的特征，又为社会主义精神文明建设提供了丰富的资源和广阔的前景。探析网络空间下的精神文明体验，不仅有助于丰富和拓展社会主义精神文明建设的时代内涵，更有助于我们深入地认识、研究和建设网络世界。

（一）精神生产的技术化推进

在社会实践过程中，人们既有衣食住行的物质需求，又有求知、交往、审美、娱乐、情感等方面的精神需求，只有实现二者的有机结合与合理互动，才能推动人们不断地实现自我发展和自我突破，以追求平等、和谐、自由的全面发展。习近平总书记指出，“伟大的事业需要伟大的精神”③。人们为了满足精神文化生活而展开的探索、创作、生产活动构成了社会生产体系的重要组成部分，也被视为社会主义现代化建设的关键环节。精神生产作为人类生命活动的重要表现形式，基于其实践过程及产品形式的本质特性更鲜明地表现为思想的解放与精神的探索。传统的精神生产研究，关注的焦点不在其依托的实然载体形式，而大多聚焦于内容创造和探索过程。然而，随着网络信息技术的深入发展，精神生产的基本特征也将不再局限于抽象性、创新性、传承性和长效性这几方面，而被时代赋予新的表征。21 世纪以来，中国各项事业的蓬勃发展，不仅意味着中华文明的复兴，而且表征着中华文化的繁荣。我们无可否认，科学理论和实践经验指明了社会发展的方向，但推动历史车轮前行的物质力量仍源于科技的进步。与以往不同的是，网络社会的精神生产依托

① 乔岗：《网络化生存》，中国城市出版社 1997 年版，第 307 页。

② 习近平：《在践行新发展理念上先行一步　让互联网更好造福国家和人民》，《人民日报》2016 年 4 月 20 日。

③ 习近平：《大力弘扬伟大爱国主义精神　为实现中国梦提供精神支柱》，《人民日报》2015 年 12 月 31 日。

于技术符号的有序化编程，其存在状态和运行方式不仅验证了现代技术的文明程度，而且表征了现代文明的价值观念和精神意义。精神生产所依托的物质载体日益网络化、所创造的产品内容日益数据化、所延续的精神传统日益信息化。在网络空间的生产实践过程中，精神生产活动与信息技术之间形成了天然的联盟，庞大的数据资源丰富了人们精神生产的内容素材，发达的信息链条扩展了人们精神生产的探索路径，强大的流通速率提升了人们精神生产的创作动力。信息革命创造的网络空间，影响和重塑的不仅仅是人们的行为方式，更是人们的实践内容。精神生产的技术化推进，开创了全新的网络精神文明。

（二）活动方式的创新性优化

麦克卢汉曾断言："任何技术都倾向于创造一个新的人类环境。"① 伴随着网络信息时代的到来，网络技术不仅以程序化、符号化的思维逻辑，创建了一个全新的世界和崭新的生存空间，而且深刻地影响着人们的生产生活方式以及社会结构和文化观念，为人类提供了一个网络化、数字化的社会环境。网络空间的虚拟实践问题日益成为考究人之本质的关键议题。从文化哲学的视角出发，以"预设的经验"为基础，人的本质是追求知识的"信息动物"。事实证明，人类在网络空间展开的虚拟实践也的确与信息紧密相关。虽然，网络环境和主体群落构成了网络社会的生态系统，但将机器生态与群落生态紧密相连的媒介恰恰是信息系统，二者伴随着信息的生产、传输、交换、选择、整理，以及信息的增值与再生产，恰好实现了人类在网络空间的虚拟实践。人的发展与信息紧密相连，追求知识信息内化为人的本质。网络社会最为重要的物质特征是知识与智力，数字化、信息化、网络化的联结方式，对人们的生产、生活方式不仅仅是一种改变，而且促使了知识经济形态真正成为人类社会的整体发展方式。网络空间下人类的活动方式不仅受到网络信息社会的技术化影响，介于信息的复杂与多元，以及主体群落所具有的主动性、意识性及目的性等行为特征，其活动方式在虚拟实践中不断得以创新和优化。

---

① ［美］理查德·A. 斯皮内洛：《世纪道德：信息技术的伦理方面》，刘钢译，中央编译出版社 1999 年版，第 1 页。

（三）公共生活的有序化设定

网络社会以其特有的技术逻辑，为人类的生产实践搭建了一个自由、平等、开放的空间。网络空间所呈现的是一个自为、自治的世界，为人的个性化发展开辟了广阔的天地。然而，网络空间的公共生活却也潜在着诸多风险，比如，自我中心主义膨胀、文化霸权主义泛滥、伦理和法律规范缺失，以及网络空间安全等隐患。历史表明，在人类社会历史进程中，任何一个社会的形成与成熟都经历着从无序到有序的过程，都是一个社会体制不断定型、人文教化不断规范和价值标准不断的过程。网络社会以其方便快捷、自由平等、信息共享、自主创新和开放兼容等特质，而被人们广泛认同和接受，但仍无法逾越社会发展历程的本质规定。“在中国，互联网似乎扮演了这两种功能：它既是媒体的一种新形式，又是社团的一种新形式。”[①] 换言之，在虚拟实践过程中，网络主体受制于网络技术的程序化、符号化逻辑，不断地重组着主体间关系，创建了全新的网络秩序。自网络社会诞生以来，构建社会主义和谐社会的辐射范围便不再局限于实然的物理世界，网络社会的和谐构建将成为全面建成小康社会与现代化建设的关键环节，中国共产党将带领全体人民不断深入探究社会开放与社会进步的深层逻辑。为了积极回应实践发起的挑战，习近平总书记明确强调，“网络空间是亿万民众共同的精神家园。网络空间天朗气清、生态良好，符合人民利益。网络空间乌烟瘴气、生态恶化，不符合人民利益”[②]。故而，维护网络空间公共生活的有序运行，保护网络主体的合法权益和正常活动，是确保网络化生存从无序到有序、从有序到顺序的基石。实践过程中所指涉的“有序化设定”，就是指对网络空间生存秩序的有序梳理和重构，既包含技术层面的程序设定与监控，又包含价值层面的伦理约束与法律制裁。积极消解网络空间潜在的不安定因素，全面抵制网络失德现象，提供给网络主体一个稳定、良好的生存空间，是积极营建文明、和谐的网络生态系统的题中之义。

---

① 郑永年：《技术赋权：中国的互联网、国家与社会》，东方出版社2014年版，第66页。

② 习近平：《在践行新发展理念上先行一步 让互联网更好造福国家和人民》，《人民日报》2016年4月20日。

（四）社会心态的复合性养成

一次能谓之“技术革命”的运动，其社会影响和历史作用将不仅仅停留于对人们生存环境的改变和生活水平的提高，由技术革命所引发的系列新兴生存规律和发展模式，将渐进地重塑人们的社会心态和精神结构。尼古拉斯·巴任说得好：“未来的技术时代将会是什么样子？……它将怎样改变我们的社会？我们都希望信息高速公路最终会使我们生活得更好，为全人类带来更多的好处：传播文明，给人们进步所需的信息，加强全世界的沟通和理解。它不仅仅是家庭购物和视频点播，它将彻底改变我们的生活，这是信息高速公路的承诺，让我们共同努力来将它变成现实。”① 以信息技术为核心的新型技术革命正在全球范围内风起云涌，海量的信息资讯加速了全球化的文化互动与精神交往。从社会心理学视角出发，社会心态应表现为社会主体在精神层面的倾向与态度、心理层面的意识与习惯、道德层面的气质与境界及其三者融合而成的人格模态。网络信息技术既加速了人类社会的历史进程，也改变了人们的生存发展环境，社会心态的稳定性和系统性也随之发生变化。网络空间所构筑的虚拟世界，使人的社会化过程产生全新的方式。社会心态的养成也将从传统意义上的“与客观现实世界的互动”，逐步扩展为“与虚拟社会情景的对话”。客观地讲，我们始终无法将网络社会与现实社会相剥离，故而分析网络空间的生存体验和社会心态的养成过程，就必然要兼顾现实与虚拟的双重维度。在社会开放的进程中，社会主体的人格模态不可能始终保持绝对平衡的状态，而是伴随社会环境与主体需求的变化不断做出调整。从传播学视角来看，网络社会的信息系统是一个开放性的复杂系统，各子系统之间相互交织、相互影响。不仅表现为彼此之间的联系与协调，同时也保持着系统内部与外部环境的紧密沟通，纷繁复杂的信息流不断循环构成了网络空间的复杂生态。网络主体按照网络社会的行为模式而组织生活方式，根据主体的不同动机需求、兴趣爱好和价值信念进行人机对话。在与其他行为体的交互作用过程中，不断进行自我选择和自我调整，以实现虚拟环境与现实环境的对接、个体行为与群落选择

① ［美］尼古拉斯·巴任：《透视信息高速公路革命》，於丹、李振译，海南出版社 1998 年版，第 254 页。

的统一以及物质追求与精神气质的和谐，这种复合性构成了网络空间社会心态的养成逻辑。

三 价值规约：网络空间主流意识形态的建构

马克思、恩格斯指出："统治阶级的思想在每一时代都是占统治地位的思想。这就是说，一个阶级是社会上占统治地位的物质力量，同时也是社会上占统治地位的精神力量。"① 在我国当代，主流意识形态是以马克思主义为指导的社会主义意识形态，是社会主义社会结构的重要组成部分，是社会主义社会经济基础和政治上层建筑的自觉反映。主流意识形态的产生和形成有着深刻的社会历史背景，反映着时代的需要和历史发展的必然。社会实践的发展和人类科学认识的巨大进步，为主流意识形态的产生和发展提供了必要和可能。

（一）发展基点：主流意识形态的理性自觉

网络空间的符号化、数字化思维方式源自人类自身适应环境、超越现实的文化本性。技术不仅是人类实现超越的条件，也是人类生存需要得以充分展现的平台。网络信息时代，技术打破了传统的地域限制，拓展了人类的生存和发展空间，增强了信息流通的自由度和舆论传播的开放度。然而，相对意义上的技术自由和形式开放，却造成了一种技术假象，即网络空间为意义系统提供了并存、共荣的沃土。但实践表明，技术工具的效能永远无法证明技术使用者的阶级属性和利益归属。从技术操作平台的角度出发，网络具有客观性和中立性，是人类不断实现自我解放的工具和媒介，然而，从网络空间信息技术的存在方式看，以技术转码来拓展人类生存空间的实践方式是基于信息载体而存在的，包括信息存贮、信息传播、信息交流、信息反馈等形式。无论网络空间下人类的生存方式、交往方式以何种样态呈现，都伴随着网络信息的流转。无可否认的事实是网络技术具有中立性，但技术承载的信息、技术运作的主体、技术建构的场域却被粘贴上了不同意识形态性的标签。因而，不同价值观、理论和政治倾向便物化在了形态各异的网络交往路径之中，渗透于网络受众的交往过程。网络空间由不同"文化代码"直接或间接

① 《马克思恩格斯选集》第1卷，人民出版社2012年版，第178页。

地发出的意识形态输出、价值引导、道德模式、政治思想的“射线”相互交错，使得意识形态的传播和认同、价值观念的传承和取舍以及政治思想的判定和选择，都在不同“射线”的干扰下发生偏移。社会实践反复证明，主流意识形态的理论魅力来源于自身的理性权威，只有全面发现并充分肯定主流意识形态的理论张力和实践号召力，才能解密网络数字符号背后的价值所指，才能识破网络信息代码背后的文化渗透，才能确保网络社会浪潮跌宕后的信息安全。充分的理性自觉是塑造主流意识形态理性权威的逻辑基点，只有正视主流意识形态的理论感召力和现实影响力，主流意识形态的建设才能主动迎接环境变迁的考验，才能真正引领时代发展。因而，网络空间主流意识形态的建构要着眼于理论自身的理性权威，这是占领网络阵地、赢取民众理性认同的逻辑基点。

（二）内生动力：主流意识形态的角色担当

哲学不能“只是用不同的方式解释世界，而问题在于改变世界”[①]。无论是主流意识形态的理论形成，还是主流意识形态的现实建构，都无法依靠单向度的自我宣扬和高压灌输等方式而达成。事实证明，理论价值的理性权威原本就彰显于伟大的社会实践，其建构过程也势必要结合时代、贴近现实。理论对社会实践过程中的现实挑战所给予的理性回应和角色期待，将成为主流意识形态建构的持续动力。从实践哲学的层面出发，主流意识形态建构应当成为“我们这个时代的哲学主题”[②]。首先，担当网络空间命运共同体的价值引领者。“网络空间命运共同体”是习近平总书记在第二届世界互联网大会上所提及的一个新概念，是对人类命运共同体理论的时代化和具体化的阐释。网络空间命运共同体的形成和维系是一个系统性的过程，该过程不可规避地存有诸多争议和难题。主流意识形态将立足于人类共同的技术生存空间，不断增强自身理论的科学性，不断彰显自身理论的先进性，凝聚力量、汇集智慧，推动网络空间互联互通、共享共治，开展互联网国际合作、构建公平公正的互联网秩序，为开创人类发展更加美好的未来助力。其次，担当网络强国战略的精神护航者。网络空间以虚拟为表征，却真切地演绎着人类生存和发

---

① 《马克思恩格斯选集》第 1 卷，人民出版社 2012 年版，第 140 页。

② 俞吾金：《意识形态论》，上海人民出版社 1993 年版，第 4 页。

展的进程。网络强国战略的提出，旨在兼顾网络安全和信息化工作两大重点工程，以实现国家网络安全和数字经济的蓬勃发展。“互联网+”经济形态的出现，将充分发挥互联网在生产要素配置中的优化和集成作用，将深度融合互联网的创新成果于实体经济，进一步增强常态经济的创新力和增长力。习近平总书记在全国宣传思想工作会议上强调指出：“经济建设是党的中心工作，意识形态工作是党的一项极端重要的工作。”① 在鼓励产业创新、促进跨界融合、惠及社会民生的过程中，既要持续以“互联网+”为驱动，更要强化网络空间主流意识形态的精神护航作用，以实现经济和社会的创新发展。再次，担当网络舆论战场的思想守卫者。“互联网已经成为舆论斗争的主战场”，这一观念日益得到证实和重视。与此同时，网络空间所承载的思想文化信息和社会舆论，也在深刻地影响着受众的思想观念、价值判断、文化传承和生活方式。面对网络空间主流意识形态阵地所潜在的威胁和冲击，维护主流意识形态的力量正在不断汇集，从党员干部到普通民众，都在积极掌握网络舆论战场的主动权，大力创新网络宣传模式，探索网络传播规律，捍卫网络意识形态安全，以积极主动、开放包容的治网思想，在网络舆论的战场上，吹响伟大社会实践的前进号角。最后，担当网络文明建设的道德传承者。网络空间营造了一个信息多元化的时代，价值的碰撞、思想的交锋所绽放的是人类文明的火花，然而，伴随着网络技术时代人类生存方式的巨大变革，带来的不仅是网络空间思想、观念的频繁流动，网络社会的价值系统中也杂糅了一些不健康的、腐朽的、落后的思想观念和价值追求，准确地说，这类信息并不在少数。就社会心理而言，道德的视角比理论的视角更容易被公众所接受，主流意识形态本就具有化育社会道德的功能。面对网络空间下道德文明建设所面临的巨大挑战，我们更应积极主动地发挥理论优势，为推进网络文明建设而努力。

（三）思维转换：主流意识形态建构的理路构想

网络信息技术的发展，既为社会不同阶层之间的利益表达、思想碰撞和文化交流提供了多维的信息渠道与传播空间，也为社会主义意识形

---

① 习近平：《胸怀大局把握大势着眼大事　努力把宣传思想工作做得更好》，《人民日报》2013 年 8 月 21 日。

态的建构形成了新的挑战和威胁。在信息时代，网络空间以符号化的形式集中映射着现实社会，不同的发声体也借助符号密码对现实生活进行着不同的解读和演绎。网络空间数字化密码的背后潜生着各自独立的意识形态和价值标准，解构的同时也建构着我们的生活世界，为此，必须转换固有发展思维，培养空间性、选择性和创造性的思维方式，为网络空间主流意识形态的建构拓展视野。

1. 空间性思维：推进主流意识形态建构的虚实转化

网络虚拟技术以符号化的方式拓展着人类的生存和发展空间，在线时空与物理时空并存、虚拟环境与现实环境相连，使人类能够在“虚拟”和“现实”两种时空之中自由转换。美国数字预言家埃瑟·戴森指出：“数字化世界是一片崭新的疆土，可以释放出难以形容的生产能量。”① 互联网的最大成功不在于技术层面，而在于对人的发展的影响，它拓展了人的生存和发展空间，丰富了人的精神生活和情感生活，我们既要看到其带来的革命性效果，又要看到其带来人的发展场域的分化与融合，并努力探寻人的全面发展的实现路径。网络空间重组了人的思维方式和行为方式，伴随人类虚拟实践的逐渐深入，个体意识在虚拟技术空间内率先觉醒，并日益强劲。网络空间具有不可估量的聚合力，将社会舆论和民众心理迅速集合成网络舆论。技术进步推演文明变迁的光环始终无法掩盖技术本身所放大的社会矛盾，网络信息技术的虚拟性、交互性和分散性等特征愈是凸显，就愈加证明了网络空间意识形态引导的重要性，就愈加警示我们虚拟实践将成为主流意识形态建构的关键环节。意识形态的建构过程有着自身不可变更的铁律，即只有随着社会实践的发展，不断创新理论内容、不断强化理论张力，才能有效地解释世界、科学地改造世界。积极建构空间性思维，有助于推进主流意识形态建构过程中的虚实转化，这既是保证网络意识形态安全的现实选择，更是社会实践发展的现实需要。

2. 选择性思维：整合主流意识形态建构的合法资源

网络空间主流意识形态建构的过程中不可规避一个实然景观，即永远面临“选择”和“被选择”两种境遇。网络空间维度下的信息社会，

---

① ［美］埃瑟·戴森：《2.0 版：数字化时代的生活设计》，胡泳、范海燕译，海南出版社 1998 年版，第 17 页。

激荡的是文化争鸣的波浪，涌动的是价值碰撞的浪潮。即便如此，这艘技术的油轮仍载着人类追求自由和解放的梦想不断驶向前方，其中缘由除了技术进步所表征的先进生产力的强大聚合力之外，还有异质文化间的互斥与融合所形成的精神张力，维持着人类生存和发展空间的稳定。为了建立和维系主流意识形态在网络空间的合法性地位，必须建构选择性思维，伴随网络空间虚拟实践的发展，整合主流意识形态建构的合法资源，使得主流意识形态的理性权威在揭示现实世界和指导社会实践的过程中得以彰显。首先，从“选择”境遇出发，积极主动地开展行之有效的资源选择行为。正确处理意识形态指导思想一元性与社会价值观念多样化之间的关系，准确把握意识形态的传播与发展规律，选择优秀的传统内容和先进的时代内容来发展理论，选择高效的网络平台和便捷的技术支撑来宣传理论，选择合时的舆论热点和合适的话语方式来输出理论，选择合情的网络环境和合宜的网络群体来应用理论，以促进主流意识形态在网络空间的虚拟实践中不断得到充实和发展。其次，从“被选择”境遇出发，“网民作为网络信息的受众，对网络信息也不是完全被动的，而是受自身价值观念、意识形态倾向性的影响，具有主观选择性”①。网络空间的开放性和虚拟性，极大地鼓舞了民众的自主意识，选择对象的多元和选择成本的降低提升了民众自由选择的意愿。既然已经证明网络空间多种意识形态并存的事实和受众具有主观性选择的行为，那么建构主流意识形态的过程就必然面临被受众“选择”的境遇，这就要求网络空间的意识形态传播，必须避免单向度、高压式的强势灌输，积极整合网络数据资源，增强主流意识形态的理性权威和价值魅力，即提高网民的选择能力。

3. 创造性思维：优化主流意识形态建构的拟态环境

人类社会伴随着第三次科技革命的兴起和发展以及互联技术在各个领域的运用而进入了信息多元化时代，公开和公平便日益成为网络信息流通和网络话语模式的基本原则。网络空间是现实世界的技术化成像，但随着网络信息技术的不断发展，网络技术也日益规约了人类的生存和发展方式，正如马克思当年曾指出的，“我们的一切发明和进步，似乎结

① 聂立清：《我国当代主流意识形态认同研究》，人民出版社2010年版，第183页。

果是使物质力量成为有智慧的生命，而人的生命则化为愚钝的物质力量。”① 从价值层面讲，创造性思维是人类客观认识网络世界的思想武器，是人类理性对待技术异化引发的科技旋涡的方法论。创造性的思维方式将丰富和发展主流意识形态的内容，在网络社会人的现代化过程中，明确技术的工具属性，突出人的主体地位，追求技术理性与人文价值的对接，使科技真正成为人的“自由的生命表现”。从理论层面讲，网络空间的信息传播方式促成了个体话语和小众话语气象，网络表达呈现出散点辐射、触角延伸的态势，它消解了中心话语的传播方式，改变了传统大众媒介信息传播的单向性和信息接受的被动性，逐渐形成双向性的信息传播交流的路径。为此，主流意识形态的网络建构必须遵循网络传播的规律，发挥创造性思维，借助技术平台，合理架构网络交往活动的主体关系和行为方式，进而培养正向的网络意见领袖。在网络交往中形成主导的意见流，引导舆论走向理性。从实践层面讲，“十三五”规划建议中“网络强国战略”的提出，网络安全维护和信息化工程建设成为全面建成小康社会决定性阶段中的工作重点。面对时代的变迁和社会的进步，党和人民自信而果敢地做出了理性回应，“以安全保发展、以发展促安全”，这是遵循亦是目标。主流意识形态的网络建构解决的不仅是技术变迁带来的挑战，还要接受社会进步发起的邀请，积极培养创造性思维，建立起符合时代特点和要求的现代思想体系，以提升马克思主义的凝聚力，增强社会主义意识形态的合法性。

第二节　网络空间下人的发展基点

马克思把人的发展与社会的发展看作是一个相互统一的过程，认为人的自由全面发展与社会形态的变迁以及社会制度的变革紧密相关，揭示了社会发展的客观规律与人的全面发展具有内在同一性。马克思指出：“人的依赖关系（起初完全是自然发生的），是最初的社会形式，在这种形式下，人的生产能力只是在狭小的范围内和孤立的地点上发展着。以物的依赖性为基础的人的独立性，是第二大形式，在这种形式下，才形

① 《马克思恩格斯选集》第1卷，人民出版社2012年版，第776页。

成普遍的社会物质变换、全面的关系、多方面的需要以及全面的能力的体系。建立在个人全面发展和他们共同的、社会的生产能力成为从属于他们的社会财富这一基础上的自由个性，是第三个阶段。第二个阶段为第三个阶段创造条件。”① 网络信息技术在当代的发展，不仅促进了社会的结构性变迁，更为人的现代化发展奠定了基础。人在网络空间下不断获得了全面展示自我特征的可能和条件，“人以一种全面的方式，就是说，作为一个总体的人，占有自己的全面的本质”②。人在网络空间下的对象性存在和虚拟社会关系的生成，不断丰富了虚拟生存的价值内涵。虚拟性和社会性分别从技术和价值两个维度，共同架构了人在网络空间下的活动本质。伴随虚拟实践在网络空间的深入开展，人在现实社会实践中的政治、经济、文化、社会、伦理、安全等方面的生存发展需求，全面地延展到了网络空间。虚拟性的需求的存在，既是人在网络空间下生存状态的现实反映，更是人们追求发展、积极实践的内在动因。

一　网络空间政治的发展需求

马克思在《德意志意识形态》中指出：“他们的需要即他们的本性，以及他们求得满足的方式，把他们联系起来。”③ 由此看来，人的需求是人的本性的表现，人们在满足需求的过程中形成了丰富的社会关系，而这一切关系的总和又表征了人的本质。在网络信息时代，人们逐渐走向了突破物质和地域限制的虚拟交往，人们越是全面占有自己的本质，人们的交往范围就越是广泛、交往程度就越是深入。正如学者曼纽尔·卡斯特曾指出的在网络信息社会“国家的新形式与社会的新形式也必须重新开始摸索”④。网络社交模式的转变，在一定程度上，加速了形式多样的网络群体或网络组织的生成，无论是现实社会组织的网络化延伸，还是网络空间的虚拟社区的构建，网络信息技术都赋予了网络群体一定的组织宣传能力和社会影响能力，这些网络群体的活动效应具有广泛的渗

---

① 《马克思恩格斯文集》第 8 卷，人民出版社 2009 年版，第 52 页。

② 《马克思恩格斯全集》第 3 卷，人民出版社 2002 年版，第 303 页。

③ 同上书，第 514 页。

④ ［美］曼纽尔·卡斯特：《网络社会的崛起》，夏铸九等译，社会科学文献出版社 2003 年版，第 3 页。

透性，甚至能够引发现实政治生活的动荡。在网络空间下，人们的政治意识、政治行为、政治制度等政治文明内容发生了极大的变革。技术层面的优越性为网络民主的现代化发展带来了机遇，网络信息技术加速了现代化政治文明的发展进程。

首先，网络空间的政治参与。现代人类的基本政治诉求是获得平等的政治权力，公民的政治参与程度标志着一个国家民主政治的发展水平。马克思、恩格斯在《共产党宣言》中明确指出："工人革命的第一步就是使无产阶级上升为统治阶级，争得民主。"① 民主既是一种激动人心的政治理想，又是一种令人神往的政治形式；既是人类政治文明发展的优秀成果，又是世界各国人民的普遍追求。为此，人们在追求现代化政治文明的过程中，将广泛的政治参与视为衡量政治文明进步的标尺，将平等的政治权力视为民主政治发展的核心任务。在网络空间下，网络信息技术的创设前提是保证每一个网络用户拥有较为平等的使用权利，为开放、平等、民主的政治文明提供了技术支持和程序保障。网络信息技术在当代的发展，不仅为公民进行政治参与提供了丰富的渠道，而且打破了传统公民政治参与的规模局限。公民借助电脑、移动终端积极关注并自由参与政治活动，既可以为政治文明建设建言献策，又可以及时反映基层政治生活的实况。"2000 年 11 月，英国内阁颁布法令，宣布英国公民可以对放在'英国在线'门户网站上的政府文件进行咨询并提出意见。与此同时，网站还通过建立一系列政策论坛，以供公民对政府政策进行讨论。公民可以在论坛里自由地发表见解，相互交流。"② 网络日益成为政治互动的绿色通道，各国领导积极通过脸书、推特等网络交往方式与民众展开交流，"2015 年 11 月美国总统奥巴马新开脸书，在第一条状态中表示，希望他的脸书个人账号成为一个与民众可以进行真正对话的地方；2006 年时英国前首相布莱尔就开通了播客，成为英国第一位播客用户。"③ 在我国当代网络政治学习过程中，"学习中国"作为全国首款习近平重要讲话 APP 正式上线，中国领导人对网络信息技术不仅持有赞赏

① 《马克思恩格斯选集》第 1 卷，人民出版社 2012 年版，第 421 页。

② 于海青：《当代西方参与民主研究》，中国社会科学出版社 2009 年版，第 217—218 页。

③ 闵清：《信息时代虚拟实践与人的发展研究》，光明日报出版社 2016 年版，第 173 页。

和肯定的态度，更具有坚定的决心和勇气。在网络空间下，人们可以结合政府议案自由表达个人意见和建议，也可以针对不良政治现象提出异议和指责，公民直接进行参政议政日益成为可能。技术的进步既提高了公民政治参与的能力，又调动了公民政治参与的热情。

其次，网络空间的政治监督。政治监督的目的是整合和制约现实政治生活中的政治权力，以保证公共权力的合理运行，预防权力寻租和权力腐败。“赋予治理国家的人以巨大的权力是必要的，但是也是危险的。”① 为了有效地预防权力的失控和滥用，制度的顶层设计与技术运用同样关乎监督的实效。承担时代使命，必须立足实际国情，理论的创新与实践的推进不能无视于技术革命的历史作用，相反，要高度关注和重视技术的革命创新，并加以正确地引导和运用，使其最大限度地服务于人类的生产实践。我们必须深刻地认识到，科学技术的发展永远是人类文明进步的助推器。伴随网络信息技术的出现与普及，新技术条件下“网络监督”日益成为体制外监督的一种崭新的实践范式。邬焜认为，“交互性的网络信息处理、创制和传播过程，能够在信息发布者与接收者之间建立起某种即时互逆性的反馈式联系，从而在信息发布者与接收者之间架起相互沟通的有效渠道”②。技术设置的逻辑程序为使用网络技术的主体间平等对话提供了技术性的支撑，打破了集权机构内的单向控制。如果说权力的制约和监督可以按其制约和监督的主体性质与特征而划分为体制内、体制外两大体系，前者属于以权力制约权力，后者属于以权利制约权力。那么，网络信息技术作为一种工具，便无须局限于哪一种体系，技术的价值在于服务于目的而具有科学性和进步性。所以，为了进一步畅通政治监督渠道的阻滞，必须充分发挥网络信息技术的优势，以科技革新推动政治文明的进步，改变政治活动的互动模式和参与方式，改变信息的占有与分配格局，为政治权力的制衡与监督开拓新的空间。

---

① ［美］詹姆斯·伯恩斯等：《美国式民主》，谭君久等译，中国社会科学出版社 1993 年版，第 189 页。

② 邬焜：《论人类信息活动方式与文明形态、价值观念变革的一致性》，《重庆邮电大学学报》（社会科学版）2007 年第 1 期。

最后，网络空间的政治生态。政治生态集中反映着一个地方政治的生活现状和发展环境，综合体现着党风、政风以及社会风气，直接影响着党政干部的价值取向和为政行为。习近平总书记多次强调，加强党的建设，做好各方面工作，必须营造一个良好从政环境，也就是要有一个好的政治生态。风清气正的政治生态，是政治建设和政治发展的必要保证，同时，深入发展社会主义政治文明，建设中国特色监督文化也是净化政治生态、营造廉洁从政环境的必由之路。政治文明作为一个国家政治发展的追求目标，既体现着人类政治生活的进步状态，也反映着政治建设中所取得的文明成果。自从2002年党的十六大正式提出“发展社会主义民主，建设社会主义政治文明”的奋斗目标以来，“政治文明”成为国家建设的重要任务，此后，围绕政治文明基础理论和中国政治文明实践问题展开了深入的研究，取得了一系列有价值的研究成果。制度层面上的成果主要是民主政治的制度化、规范化、程序化，集中体现在对公共权力的配置、整合、制约与监督，有力地促进了中国社会主义政治文明的发展。在信息时代，网络信息技术的运用成为提高国家治理能力现代化的必要前提，既可以提高政府对社会治理的效率和质量，又可以提高政务公开的透明度，进而提升自身的合法性和公信力。实践表明，加强对权力运行的制约和监督，是人类政治文明发展的必然要求。发展政治文明，必然要预防权力天然的扩张性、变异性和腐蚀性，加强对权力的制约，抵制权力的失控和滥用。政治生态污浊，从政环境就恶劣；政治生态清明，从政环境就优良。回顾人类文明的发展历程，营造良好的政治生态与建设社会主义政治文明相互促进，其核心特质皆在于先进的民主与法治制度、健全的权力制约和监督机制，以保证权力规范有序地运行，这不仅是社会主义现代政治文明的基本特征，也是构建中国特色权力制约和监督机制的重要方向。只有充分肯定网络空间政治文明的发展需求和建设意义，才能更好地发挥网络政治的时代价值，坚持在不断完善和积极探索中将网络政治文明推向前进。

二　网络信息时代的经济业态

网络时代催生了网络经济，网络信息技术为现代化经济社会的发展提供了先进的技术保障，提升了物质资源在全球范围内的流通速度。网络信息技术加速了全球化进程，现代经济的发展方式打破了传统时间和空间上的限制，实现了物质资料、劳动产品、人力资源、生产资金在世界范围内的优化配置。网络信息技术的深化和普及，引发了现代化生产关系的变革，网络信息化正在向生产、销售、分配、消费的各个环节渗透。在信息社会里，“战略资源已是信息。它不是唯一的资源，但却是最重要的资源。信息成为战略资源之后，人们进入经济社会就要容易多了”①。

从宏观层面来看，网络经济时代的工业资本主义生产关系正在发生变革。工业资本化市场体系中的资本具有逐利性，在市场经济过程中存在各种强权势力，以追求利益的最大化为目的，不断引发诸多不平等经济现象。马克思认为，“生产劳动给每一个人提供全面发展和表现自己全部的即体力的和脑力的能力的机会。”② 然而，人获得全面发展机会的前提是拥有自由对等的生产空间和生存权利。在网络空间下，每个网络经济时代的经济行为主体都拥有平等、自由、开放的平台。网络空间的交往模式和行为逻辑，极大地改变了经济主体的传统经济思想、生产观念和市场行为，网络信息技术引发了生产实践和经济制度的巨大变革。网络经济主体通过电子渠道不断建立超越国家界限和地域限制的合作伙伴以及市场机遇，网络信息技术将具有不同经济制度、不同生产方式、不同文化信仰的经济实体融合到无限广阔又触手可及的网络世界，一个多元、开放的网络经济市场正在形成。

从微观层面来看，网络经济时代下人的生产与消费不断发生变革。网络信息技术支撑下的经济活动催生了大规模的电子商业，改变了传统市场中卖方主导的博弈景观，买方主导的网络市场正在形成。在网络经济活动中，消费者的购买体验和购买偏好日益成为网络经济的主要影响因子。“以个性精神复苏为标志，人们开始挣脱标准化时代的被动商业消费者的命运。网络时代消费者的需求可以表达为：我要购买那些能够带给我个性化生活的东西。我要购买那些能够让我实现心

---

① ［美］约翰·奈斯比特：《大趋势：改变我们生活的十个新方向》，梅艳译，中国社会科学出版社 1984 年版，第 14 页。

② 《马克思恩格斯选集》第 3 卷，人民出版社 2012 年版，第 681 页。

理自主的服务。我要购买那些能够让我创造自己、了解自己、成为自己的东西。”[①] 网络空间下的经济交往模式更加凸显消费的个性化、平等化以及信息的相对对称性，网络经济以更加广阔、更加快捷、更加彻底的方式对传统经济发展模式进行了变革和扬弃。习近平总书记在参观考察腾讯公司时指出：“现在人类已经进入互联网时代这样一个历史阶段，这是一个世界潮流，而且这个互联网时代对人类的生活、生产、生产力的发展都具有很大的进步推动作用。”互联网络正在与社会生活的方方面面发生联系，深刻地影响和改变着人们的日常生活。李克强总理在2014年《政府工作报告》中首次提出“互联网金融”的概念；在2015年《政府工作报告》中又推出“互联网+”的概念，要求制订“互联网+”行动计划。“‘互联网+’是把互联网的创新成果与经济社会各领域深度融合，推动技术进步、效率提升和组织变革，提升实体经济创新力和生产力，形成更广泛的以互联网为基础设施和创新要素的经济社会发展新形态。”[②] 中国进入经济新常态，国家级的“互联网+”行动计划将为经济发展提供全新的机遇和平台，“互联网+”经济发展理念将进一步促进新生态的发育（见图6—1）[③]。“互联网+”经济在本质上是一种以人为本、人人受益的普惠经济，追求一种集约、绿色、共享、高效的资源配置方式，一批具有创新性和生命力的新型经济业态脱颖而出。互联网所爆发出的巨大融合能量，将推动一个全新经济时代的来临。

三　网络空间文化的融合发展

文化是发展的摇篮，是民族的灵魂。恩格斯曾指出文化上的每一个进步都是迈向自由的一步。人在网络空间下的文化需求，在本质上属于人的精神交往需求，包含了人的思想意识、价值观念以及精神产品等内容。网络信息技术带来了人类生存条件的变迁，也相应变革了人们的精神文化生活。正如马克思所言：“物质生活的生产方式制约着整个社会生活、政治生活和精神生活的过程。不是人们的意识决定人们的存在，相

① 沈拓：《网络人的世界》，中信出版社2015年版，第23页。

② 国务院：《关于积极推进“互联网+”行动的指导意见》，国发〔2015〕40号。

③ 马化腾等：《互联网+：国家战略行动路线图》，中信出版社2015年版，第29页。

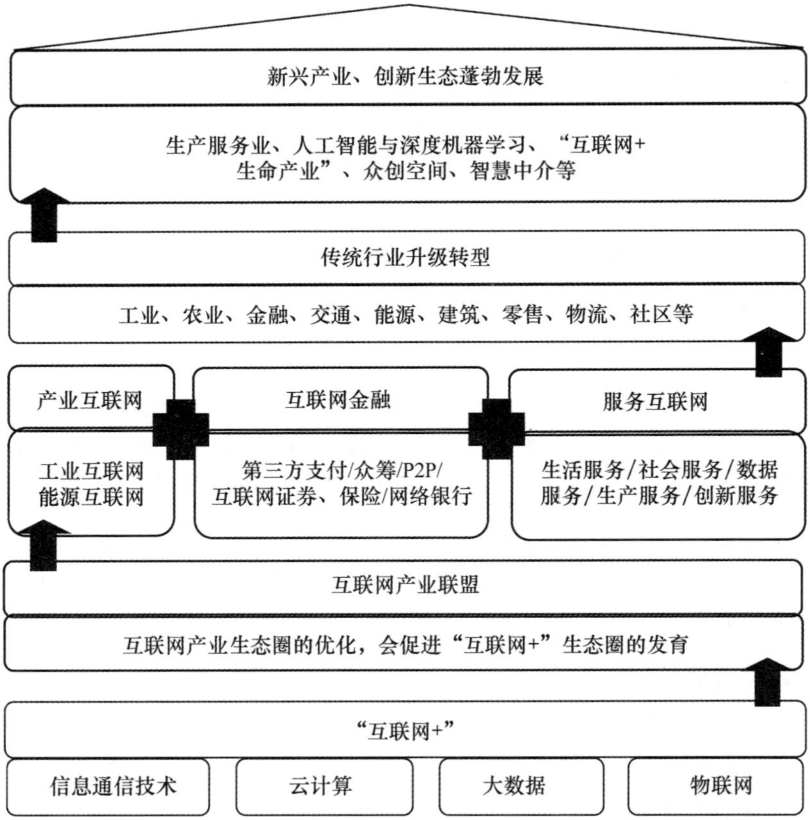

图 6—1 “互联网 +”促进融合创新生态的逻辑

反，是人们的社会存在决定人们的意识。”① 人在网络空间下的文化需求，不仅受制于网络信息技术的发展水平，而且受制于人类的文明程度和知识水平。马克思曾引证过英国作家孟德维尔的观点：“知识会使我们产生更大和更多的愿望。”毫无疑问，网络信息技术的发展会极大地促进思想的传播和精神的交往，人类社会的文化边界再次得到技术性的拓展。“马克思主义的社会主义，不是要缩减个人的需要，而是要竭力扩大和发展个人需要，不是要限制或拒绝满足这些需要，而是要全面充分地满足有高度文化的劳动人民的一切需要。”② 人在网络空间下的文化需要，集中

① 《马克思恩格斯文集》第 2 卷，人民出版社 2009 年版，第 591 页。

② 《斯大林全集》第 13 卷，人民出版社 1956 年版，第 318 页。

体现在互联网时代下的自觉、自主的文化创意性发展，这不仅是推进“文化强国”战略的题中之义，更是确保国家文化安全的应然之举。

（一）文化自觉与文化“走出去”

网络信息技术在当代的发展，不仅为现代文化的创新和发展提供了一个更加开放和多元的空间，而且也增加了不同文化之间的交融与碰撞，文化渗透、文化霸权等风险日渐凸显。信息时代的文化发展直接关系着一个民族国家社会发展的灵魂和动力，也直接关系着每一位社会个体的精神风貌和心灵品格。在网络空间下，技术逻辑的开放性和平等性，促使多元文化兼容并蓄、融合共生，只有将文化自觉与文化走出去相结合，才能在网络文化发展过程中，实现民族文化的大发展和大繁荣，才能发挥网络信息技术的平台作用，进一步促进社会主义文化强国战略目标的早日实现。

一方面，文化自觉是网络文化发展的理性前提。文化自觉是实现文化创新发展的基本保障和精神支持，人们只有以文化发展规律为基础，以文化传承和文化创新为己任，才能积极应对文化发展进程中的诸多问题，才能准确把握网络文化发展的内在趋势和科学路向。网络空间如同一个博采众长、兼容并蓄、和而不同的文化圣殿，只有坚持文化自觉，才能避免文化主体在多元选择过程中的价值混乱和身份迷失，才能保持“交流、交融、交锋”的发展姿态，才能怀揣“以天下为己任”的家国情怀。文化发展的内在动力源于人们的精神交往需求，网络信息技术水平的深入发展，不仅促进了人类社会物质文明的演进，更激发了人类精神文明发展的需求。网络信息平台的完备以及移动互联终端的丰富，实现了形式多样的网际互动，也滋生了丰富多彩的文化产品。在网络空间下，文化的发展脉络再一次因为技术的变迁而被重新约定，也再一次因为技术的进步而获得了新的发展机遇。

另一方面，文化“走出去”是网络文化发展的必然要求。网络文化发展虽然以技术逻辑为内在规制，但始终无法超脱网络程序设计者和网络技术使用者的语言传统、思维模式、精神习惯、民族传统等因素的制约。文化“走出去”是基于文化自觉之上的自我确证和自我发展，“走出去”的目的在于求同存异和去伪存真，“中国文化只有走出去，才能发现不足，找到自身优势”①。文化发展如同一条涌动的河流，文化元素的汇聚使得文化之河源远流长，文化价值的碰撞使得文化之河波澜壮阔，中华文化从传统走向未来，不断融入人类文明的汪洋。网络文化发展事关国家的文化实力和文化安全，我们必须正确评估文化贸易逆差、积极应对价值冲击、努力建构文化品牌，以“文化走出去”为文化强国战略的着力点，不断形成具有民族特色和现代化特征的文化品格。

（二）文化创意与文化聚合

网络信息时代，互联网络与传统文化产业的紧密结合，极大地激发了文化生产的活力和文化创新的热情，网络信息技术的发展突破了现实文化结构的束缚，以更加开放、自由、平等的对话模式，获得了广泛的精神交流和知识共享的可能。信息技术的发展水平和网络空间的实践氛围将直接影响并决定着网络社会的文化生产力以及文化影响力。

首先，文化创意是网络文化发展的核心动力。信息时代，网络文化精神面临着市场经济利益的强烈冲击，网络文化生产者狂热地追求着网络文化市场的商业价值，催生了一系列碎片化、低俗化、色情化、无厘头化的文化产品。与此同时，网络文化创新严重不足，在虚假繁荣的网络文化市场的背后，是“翻新”式的文化演绎，阻碍了文化的长足性发展。传统文明的历史积淀犹如一把双刃匕首，既给予了现代文化以丰富的文化资源，又因文化传统的内生惰性而拒斥现代文明的普及。在网络文化发展过程中，文化领域竞争的核心点集中体现在有民族文化特征的明星IP②的构建与发明上，国际文化产业的分工日益深化，竞争也日益激烈。在目前的文化市场中，明星IP的创建直接关系着一个国家的文化影响力，例如，美国的漫威英雄、唐老鸭；日本的火影忍者、奥特曼等，我国文化创意发展明显不足，不仅缺乏具有影响力的现代IP形象，而且在传统明星IP的开发和构建上也严重不足。“互联网与传统文化产业——电影、文学出版、戏剧等——的结合，不但为这些文化创意产业带来了

① 2011年11月5日在北京召开的“中华文化怎样‘走出去’”论坛，许琳女士在关于“对中国文化‘走出去’有怎样的期待”的话题讨论中，提出此观点。

② 知识产权，英文全称为Intellectual Property。比如有学者指出应该增加中国制造产品的IP（intellectual property）即知识技术含量，提升产品附加值，是知识经济这一概念的延伸。

巨大的发展机遇，对于推动中国进一步确立‘文化强国’的地位也有着非常积极的意义。”[①] 在网络文化生产过程中，必须强化文化创新的意识和能力，抵制低水平、无意义的文化复制和文化翻新，力求创建具有代表性和竞争力的文化产品，增强网络文化发展的时代内涵。

其次，文化聚合是网络文化发展的应然选择。文化发展的内在张力不仅源于文化主体的创造性生产，也源于文化传播链条中的聚合性影响。在网络空间下，信息的流通方式和传播模式放大了传统社会中的粉丝效应，移动互联网、3D 显示、流媒体以及云计算等新兴技术推进了网络文化的衍生速率。网络信息时代的粉丝经济成为网络文化发展的直接动力，一种泛娱乐式的发展战略席卷了游戏、动漫、文学、影视等多个领域，逐渐形成一个以互联网为基础的互联、融合、共生的发展模式。网络文化生产中，“明星 IP”[②] 日益成为发展的内核，既是扭转文化赤字、抵制文化渗透的关键，又可以在多个领域内衍生出相应的内容产品，活跃文化创意局面。网络空间的文化聚合效应，不仅表现在对网民文化情感的聚合，也表现在对网络文化形态的聚合，比如，网络文学日益成为影视、动漫、网游、广告等文化产业的素材源头。正确认识并准确把握网络空间的文化聚合效应，是实现文化融合发展和繁荣共生的应然选择。

四　网络良好生态的营建目标

面向未来，我们每个人都有责任思考和行动。习近平总书记指出，“我们要本着对社会负责、对人民负责的态度，为广大网民特别是青少年营造一个风清气正的网络空间。”[③] 2016 年 4 月 19 日，习近平主持召开网络安全和信息化工作座谈会，会议强调让互联网更好造福国家和人民。创新、协调、绿色、开放、共享是党的十八届五中全会提出的全新发展理念，是当前和今后一个时期我国发展的总要求和大趋势。习近平总书记号召我国网信事业发展必须适应大势，在践行新发展理念上先行一步。

---

① 马化腾等：《互联网 +：国家战略行动路线图》，中信出版社 2015 年版，第 182 页。

② 明星 IP 在泛娱乐语境中，是指一个形象或一个“故事核”——被如潮的粉丝簇拥，具有同调性、持续性、高频性等特征。

③ 习近平：《在践行新发展理念上先行一步　让互联网更好造福国家和人民》，《人民日报》2016 年 4 月 20 日。

“随时以举事，因资而立功，用万物之能而获利其上。”数十年的时间，中国作为一个后发国家快速迈入了信息化时代，伴随网络空间的拓展与巩固，紧抓国家发展和治理转型的契机，积极化解生存困惑，规避发展风险。党的十八大以来，党中央高度重视网信事业的发展进步，党的十八届五中全会提出了“实施网络强国战略”。加大网信基础设施建设是推进网络强国战略的根本路径，然而，强国战略离不开政治、经济、社会、文化等领域全面发展的坚实基础。“‘互联网＋’行动计划的核心是生态计划，要重塑教育生态、创新生态、协作生态、虚拟空间生态、资源配置和价值实现机制、价值分配规制。”① 在网络虚拟实践的过程中，大数据处理方式彰显了新的智慧，现代化信息技术催生了新的生态。习近平总书记强调，“网信事业要发展，必须贯彻以人民为中心的发展思想。要适应人民期待和需求，加快信息化服务普及，降低应用成本，为老百姓提供用得上、用得起、用得好的信息服务，让亿万人民在共享互联网发展成果上有更多获得感”②。面对复杂多元的网络生态空间，我们必须以坚定的信仰为律令，以文明的规约为指南，以先进的技术为保障，共建网络良好生态，积极营建一个开放、自由、和谐、符合人民利益的网络生态空间。

其一，开放生态是推进网络良好生态的前提。伴随网络信息技术的深入发展，人类的生存发展空间不断得到延展，有学者认为网络空间为人类呈现了一个没有边界的世界。建构一个开放的网络生态系统，必须坚持技术开放、用户开放和行业开放的统一。低成本、便利化、全要素、开放式的网络生态系统，可以促进政策集成与协同效应的结合，可以加强思想创新与行业发展的统一。网络信息技术的普及和推广，不仅是打破数字鸿沟的根本措施，更是将网络世界与现实世界全面对接的技术保障。开放是融合与协同的前提，只有在开放的网络生态环境中，才能真正实现要素的交互、信息的共享、资源的流通以及行业的协作，才能真正体现网络空间下生存与发展的平等性、自主性和公共性。

---

① 马化腾：《互联网＋：国家战略行动路线图》，中信出版社 2015 年版，第 58—59 页。

② 习近平：《在践行新发展理念上先行一步　让互联网更好造福国家和人民》，《人民日报》2016 年 4 月 20 日。

其二，自由生态是推进网络良好生态的核心。马克思反对亚当·斯密把自由、幸福理解为逃避和摆脱劳动的说法，他指出："人不是由于具有避免某种事物发生的消极力量，而是由于具有表现本身的真正个性的积极力量才是自由的。"[①] 网络信息技术将现实性的主体发展、精神生产、文明进步、社会变革等因素纳入自由所观照的视野，自由生态的网络化创建非但不是对现实生活的背叛和逃离，相反，恰恰是网络信息技术的创设逻辑赋予了现代人以全新的自由空间和自由体验。网络空间下的自由氛围为"创新发展"开辟了广阔的舞台，它打破了传统社会中制约创新的枷锁，将孤立、僵化的创新环节连接起来，形成了一种发展方式、一种时代气息。自由是网络空间的价值表现，是互联网发展的生命线，更是网络行为主体积极探索信息实践和网络活动的精神指引。

其三，融合生态是推进网络良好生态的关键。"我国经济发展进入新常态，新常态要有新动力，互联网在这方面可以大有作为。要着力推动互联网和实体经济深度融合发展，以信息流带动技术流、资金流、人才流、物资流，促进资源配置优化，促进全要素生产率提升，为推动创新发展、转变经济发展方式、调整经济结构发挥积极作用。"[②] 融合生态的建构是落实"互联网 +"行动计划的题中之义。融合意味着一种连接、一种交互、一种关系，只有兼顾连接方式、交互内容、关系质量的不同层面，才能真正促进网络行为主体之间的融合发展。融合发展是大势所趋，注重网络空间下融合生态的培育，有利于传统与现代的对接，有利于虚拟与现实的统一，有利于民族与世界的和谐与共荣。

其四，和谐生态是推进网络良好生态的旨归。"绿色、和谐、文明"一直是构建网络生态的目标追求。然而，由于网络信息技术的迅速普及，网络生态日益表现出以下情形：网民数量急剧增长、网络内容广泛蔓延、网络活动缺乏规范，网络空间治理水平有待提高，治理机制也相对滞后。在网络空间下，网络生态问题频发，比如病毒性软件的恶性侵袭、色情暴力内容的恣意蔓延、虚假有害信息的大量涌现等，直接损害了网民的

---

① 《马克思恩格斯文集》第1卷，人民出版社2009年版，第335页。

② 习近平：《在践行新发展理念上先行一步　让互联网更好造福国家和人民》，《人民日报》2016年4月20日。

合法权益，严重威胁着网络空间生态的和谐。现实世界是网络世界的根基，网络世界是现实世界的映射，二者相互连接、相互促进，统一于人的生存实践过程中，构成了人的完整的生活世界。因而，网络空间的生态危机也必然影响和制约人类的现实生活，将直接威胁现实社会的和谐与稳定。营建和谐的网络生态环境势在必行，必须努力提高网络空间治理的能力，大力加强网络行为监管的力度，创新监管理念、改进监管方法、健全监管机制，以实现虚拟社会与现实社会的和谐共建。

五　网络精神文明的时代约定

历史条件和生存环境的变迁，不断赋予生存意义以新的时代内涵。在人类的历史进程中，每一个时代都在积极地建构属于自己的意义系统，通过制度设计与模式选择来确定一种视角或是参照的标准来认知自我和解释世界。人们“不仅生活在一种物质和行为的世界，还生活在意义的世界”①。客观地说，意义系统的设定与构建更是一种文化上的创造与价值观的选择，是精神文明建设的实质。探析网络空间对人类生存意义的价值规约，有助于我们深入地认识和建设网络世界。主流意识形态的建构必须正视技术变迁带来的社会转型，爱国主义的精神养成必须遵循网络社会的文化边界，网络精神文明建设既要自觉于民族精神的优良传统，又要积极果敢地汲取世界文明之精华。

（一）公共性：网络文明的精神觉解

在社会实践过程中，人们基于现实生存场景中公共性的缺失或不足，不断创建物质条件、搭建精神基础以追求共同的理想境遇，实现人类社会的解放。网络信息技术的发展，不仅开创了崭新的生存空间，而且孕育和催生了现代的价值观念和伦理精神，重铸着当今社会的意义秩序，促进了公共性理想的实现。

1. 共在体验：话语空间的技术解构

从网络空间的生存方式来看，网络信息技术赋予了虚拟生存场景以独有的共在性，它是“一个巨大的价值共在的共同体，同时，又是一组单个节点的相互联结，每个节点就是被联结在网上的个人，它们又是互

① 转引自韩永进《符号、结构与技术》，人民出版社2007年版，第24页。

通信息的，以各种符号语言系统互相交流与沟通着彼此异质的多元的信息，组成了个人与个人、个人与群体、群体与群体共在的复杂的公共交往景观”[①]。对于网络空间的公共交往而言，这种虚拟生存样式的“共在体验”，表现在“虚拟共时”和“虚拟共域”两种维度。网络信息技术实现了生存图景的虚拟化，物质实体和人物特征的缺席或不在场成为网络虚拟活动的核心表征。网络技术打破了信息传播的时空限制，使网络主体自由进入网络空间、实时掌握话语权成为事实。不同的网络主体在虚拟实践过程中，平等地享受着信息技术所呈现的真实，而又以全新的生存方式超越了现实世界的生存体验。这种时间和空间上的共在表现，不断地解构了传统话语空间的时空壁垒，极大地展示了自由、平等、开放、兼容等技术准则和公共精神，使得网络空间下的生存主体获得了充分的共在性体验。

2. 资讯共享：数字社会的精神纽带

网络社会的信息共享，是网络空间下技术逻辑的初始设定，不仅表征着当代社会的科技水平，也彰显了网络主体在文化价值层面的公共性理念。阿伦特曾这样表述公共性概念，“人们之间公共生活的本质属性，它表现为公开环境中、在具有差异性视点的评判下形成一种共同认识，进而巩固一种维系人们之间共同存在的意识的过程。”[②] 信息技术充分运用信息网络的共享系统，将信息资讯转换成核心的资源，不仅流转于网络空间，而且紧密地连接了虚拟与现实两个截然不同的生存场域。信息资讯的共享是网络社会良性运转的技术驱动，共享精神早已借由技术符号内化为现代人的精神追求，“在意义和价值的建构中，的确体现了一个自由、众人奉献、共同参与的过程”[③]。伴随信息的创建、传播、选择与运用，网络社会的意义秩序也在资讯共享中得以创建，这一共享过程将信息资源化为精神的纽带，促成了网络空间的虚拟实践，优化了网络信

① 袁祖社、高扬：《虚拟与实在二重景观下多元交互主体价值存在的探讨》，《江苏社会科学》2011 年第 3 期。

② 袁祖社：《“公共性”的价值信念及其文化理想》，《中国人民大学学报》2007 年第 1 期。

③ 转引自［美］迈克尔·W. 阿普尔《文化政治与教育》，阎光才等译，教育科学出版社 2005 年版，第 44 页。

息市场的信息资源配置，更滋生了网络文明的发展理念。

（二）主体性：虚实融合的实践景观

网络信息技术以其特有的技术逻辑不仅连接了虚拟与现实两个世界，而且实现了虚拟世界中符号化的自我与现实世界中真实自我的高效结合。在虚拟空间与现实世界交融并存的条件下，网络主体的社会品格与精神气质不断趋向虚实融合，精神生产的过程也不断从角色演绎向主体性发展的方向回归。网络空间的存在与发展既是对现实世界的有益补充和延伸，更是对社会主体在生物性、符号性与社会性上的协调统一，有效地促成了主体的完整性实践。

1. 网络空间的主体角色

现实社会中的个人借由网络端口和信息平台进入网络世界，以数字化、程序化的生存方式自由选择并积极创建了虚拟角色，以网络化的主体身份开展形式多样的虚拟实践活动，既建立了对象化的虚拟社会关系，也对现实主体进行着符号表达和意愿输出。这一过程存在两种意向：其一，虚拟角色只是现实主体的符号自我，其活动目的停留于满足主体的虚拟化需求；其二，虚拟角色是现实主体的真实呈现，其活动目的在于实现主体的技术性生存需求。然而，无论行为主体因何种目的进入网络世界，其存在方式和活动过程都具有了实践性，符号化的虚拟角色皆表征着主体在网络空间中的交往能力，都反映着主体对客观世界的作用方式，同时也体现了虚拟实践主体的主观能动性。同时，主体角色的虚拟化过程是主体借由符号形式而进行的自我发展与创造，网络空间的主体角色是现实主体对自身诉求和发展目标的意向性选择。网络主体对自我的角色选择与符号构建，自然无法规避主体自身的生存体验、价值观念和文化构成。所以，主体性存在不仅决定着网络空间的主体角色，更影响着网络生态的文明构成。

2. 虚拟实践的主体精神

在网络空间的虚拟情境中，虚拟角色的演绎与调整反映着主体在实践中的生存状态和价值诉求，主体的虚拟化存在既全面地映射了现实的本体，更实现了精神主体性的空前解放。以往的精神生产难以避免主体精神创造与现实自我的分离，人们常常借由文化创意活动将主体的精神意向形塑成作品，精神文化产品永远是游离于现实世界之外的存在，无法实现真正意义上的主体客体化和客体主体化的融合。然而，虚拟实践过程中的主体存在以主体意识为导向，依托符号化的形式获得了动态的主体角色，实现了现实自我与符号自我的对接与融合，二者互为表象、互为所指。人们在虚实融合的实践过程中，不断追求主体精神上的意义趋同。由于精神主体性与意识能动性在网络空间得到了最大限度的碰撞和释放，精神生产达到了空前的繁盛，与此同时，网络空间的精神文明与意义秩序的构建也被提到新的高度。反之，网络精神文明建设也必须正确对待网络主体在虚拟实践中主体客体化和客体主体化的融合。

（三）民族性：网络主体的气质品格

网络信息技术的深入发展，不仅带给人们日新月异的生存体验，规约着人类的生存与发展方式，而且也呼唤着民族主体性意识的觉醒。在网络虚拟实践中，坚持民族特色、传承民族精神，强化网络主体的民族身份认同，不仅是网络时代精神文明建设的题中之义，更是增强民族生命力、创造力和凝聚力的应然之举。

1. 网络主体的民族品格

网络信息技术的进步，为人们营建了一个自由、开放、独立、多元的生存环境，网络主体的虚拟化存在和活动方式具有较高程度的隐秘性和假定性，以至于现实社会主体的族属需求不断弱化，取而代之的是以个体需求为动机组合而成的数字化社团，活跃于形式多样、纷繁复杂的技术模块之中。在虚拟与现实两大生存场域的转换中，主体的真实角色与虚拟角色之间尚存在脱节与对立的现象。网络空间下民族品格的养成教育问题更是不容乐观，它既无法逃离虚拟与现实的本质矛盾，又要面临网络空间多元价值和文化的冲突与碰撞。为此，在推进网络精神文明建设的过程中，要积极开拓民族品格的养成方式。其一，坚持虚实融合，开展网络精神文明建设必须立足于现实社会，网络空间的精神氛围是现实社会的直观映射，占据网络场域的前提是确保现实社会这个根本实践场的健康有序。其二，追求自我超越，民族品格的形成经历着自在、自觉到自为的过程，这不仅意味着主体要在学习中不断认识、理解和感悟，更要在实践中促其丰富和发展。坚持“民族性”并不违背与时俱进，为此，建设网络文明要以“民族性”与“时代性”的双重维度来注解中国精神，切实做到在坚守中追求超越。

2. 民族精神的符号表达

网络主体的生产生活实践是依托于高度发达的现代化信息技术系统而得以实现的，实践主体的生存逻辑遵循了技术化的运行模式和操作理念。符号化的存在方式和程序化的制度设定不仅促进了社会的结构性变迁，而且滋生着文化边界的扩展，其意义系统的形成与表达也获得了时代性的符号表征。然而，意义秩序的建构前提是确保网络空间民族精神的符号表征要依托民族心理习惯、融于民族文化传统、顺应民族思维方式、符合民族价值准绳，在多元文化与本土文化的碰撞中，明晰文化边界。活跃于一个技术文明高度发达的社会历史舞台，我们不得不面对关于中华民族历史使命的时代追问：一个拥有五千多年文明的民族，究竟该以怎样的姿态来走进崭新的生存空间，该以怎样的担当来面对科学技术的异化，该以怎样的精神铸就一个国家和民族的品格。实践表明，民族主体不仅要积极果敢地运用现代化的媒介方式来解释自我存在、彰显自我魅力，而且要充分借助技术符号来承载民族精神，不断追求民族现代化进程中的自我觉解和自我凝聚。

（四）社会性：网络社会的意义系统

网络技术的深入发展，既为人类的生存发展提供了新的空间，又相继呈现了一系列网络生态伦理危机。在网络信息社会中，人们过度追求技术逻辑所赋予的符号权利，不断引发网络伦理观念和规范的冲突，这不仅污染和破坏了网络生态环境，而且严重影响着网络社会的良性运行。正确认识信息技术的社会功能，唤醒网络生态系统的道德属性，构建信息社会的意义秩序，日益成为当代精神文明建设的新着力点。

1. 信息技术的社会角色

人类在生产实践的过程中，依据自己对客观世界必然性的认知而不断发明和创造技术工具，以争取自身的自由存在与全面发展。技术的发展历程与人类社会的成长相伴相生，技术不仅具有工具属性，还彰显着丰富的价值内涵。从技术社会学的视角出发，技术的存在与发展原本就是一种社会现象和社会过程，分析技术的社会角色，将更有助于解释和解决因技术发展而引发的系列社会问题。信息技术给当今时代的社会以及个人带来的影响，远比历史上任何一次技术革命来得更为深远、更为彻底。诸多现代意识与伦理精神在网络信息技术的作用下得到全新的发掘和强化，然而，技术的发展也伴随着不可回避的生存困境，如诚信危机、信息污染、数字鸿沟和网络犯罪等，人们在实践中不断觉醒：技术力量的伟大在于对人类社会发展的助推，但其永远无法取代人的主体地位与精神。为此，构建网络空间的意义系统，要切实吸收技术社会学的观点，既要认清技术对社会的功能与作用，更要重视社会对技术的影响、期待和需求，从而为解决网络社会问题、构建网络精神文明开辟全新的视角。

2. 网络社会的伦理诉求

网络社会的现实发展与精神文明建设问题既具有时代性规约，亦不乏实践性旨意。罗马俱乐部的创建人奥雷利奥·佩西认为："人类命运所依赖的最重要的因素是人类素质"。这个"人"不是指单个的人，而是指作为"类"的人。网络信息技术的发展水平体现在人们以怎样的样态呈现于数字化的生存空间，网络生态环境的纯洁性与网络交往行为的文明性是网络精神文明程度的直观表现，我们必须有意识、有步骤地塑造一个文明、稳定、健康的数字化生存环境。网络社会的伦理诉求不是简单地将人类社会的道德伦理传统运用于网络社会，而是亟须一套具有针对性、广谱性、实用性的伦理规范和道德准绳，在引导网络秩序的同时提升人类自身的道德伦理素养。为此，我们既要客观认识网络社会的发展阶段，更要注重网络道德的现实问题；既要关注网络生态系统的和谐、稳定发展，更要重视网络主体的行为自律和道德自觉，积极建设中国特色网络文明，打造网络良好生态，以实现社会主义现代化建设的全面胜利。

六　网络命运共同体的发展愿景

理论的价值在于贴近现实、解释现实，当人类的生存空间已经依托技术而横亘于虚拟与实在两大物理空间，当人类的现实生活已经自由流转于虚拟与现实两个生活世界，此时的理论创新也应然地做出发展性的转变。马克思认为人的真正的共同体"是生活本身，是物质生活和精神生活、人的道德、人的活动、人的享受、人的本质"①，共同体的存在是个人实现自由发展的手段和条件，是人之所以为人的根本和表征。事实

① 《马克思恩格斯全集》第3卷，人民出版社2002年版，第394页。

表明，网络信息技术为命运共同体的创建提供了条件，为民族发展和世界共荣搭建了平台。“互联网发展是无国界、无边界的，利用好、发展好、治理好互联网必须深化网络空间国际合作，携手构建网络空间命运共同体。”① 网络信息时代，技术的发展再次丰富了人的多维规定性，将现实性与超越性相统一，将实然性与应然性相结合。我们要努力搭建一个共存共生、共享共治、共建共荣的网络空间，积极倡导和建设人类命运共同体的美好愿景。

（一）利益共同体：为全球网络治理探索中国方案

在网络空间下，连接一切是互联网运行的核心本质，不同行为主体之间的跨界融合与协同创新日益成为现代化的发展理念。马克思认为：“在现实世界中，个人有许多需要。”② 也正是需要的存在，促使人们不断地探索和追寻，人们为了改良运输工具制造了汽车，人们渴望听到千里之音发明了电话，人们企图探知太空研制了飞船，然而，人类前行的脚步从未停歇，人们在认识和改造物理世界的同时，又架构了一个真实而丰富的信息世界。移动互联网络本着“连接一切”的理念延伸了人际交往，提高了生产效率和生活质量，真正实现了交往随处发生、信息无处不在的互联状态。“没有连接，就没有跨界；没有跨界，就谈不上融合和创新。”③ 在中国接入国际互联网的20多年来，积极参与并全力推进着互联网领域的深入发展，一个广泛连接、充满活力的发展格局业已形成。在网络创新发展过程中，中国积极探索实践方案，将“互联网＋”纳入国家战略行动计划，顺应经济发展新常态，以互联网为创新发展的风口顺势而为，建立广泛的利益共同体，开创全球网络实践的新局面。

（二）责任共同体：为全球网络建设融入中国担当

“共建全球互联网的命运共同体实际上是中国对世界互联网、中国对世界技术未来趋势一种担当。”④ 携手共建网络空间命运共同体的时代旨

---

① 习近平：《在第三届世界互联网大会开幕式上的视频讲话》，《人民日报》2016年11月17日。

② 《马克思恩格斯全集》第3卷，人民出版社1960年版，第326页。

③ 马化腾等：《互联网＋：国家战略行动路线图》，中信出版社2015年版，第111页。

④ 习近平：《在第三届世界互联网大会开幕式上的视频讲话》，《人民日报》2016年11月17日。

归，要求我们不仅要联合起来迎接挑战，更要联合起来面对机遇，这种联合基于理念的共识与行动的一致，这种联合成于责任的担当与使命的践行。习近平总书记在第三届世界互联网大会上着重强调，“中国愿同国际社会一道，坚持以人类共同福祉为根本，坚持网络主权理念，推动全球互联网治理朝着更加公正合理的方向迈进，推动网络空间实现平等尊重、创新发展、开放共享、安全有序的目标。”① 在全球化的网络建设过程中，果敢地担当共建使命，不仅源于中国是互联网大国的客观现实，更表现为中国努力建设成为互联网强国的果敢和自信。只有充分发挥互联网技术的先导力量，全面提高网信事业的现代化建设，以科技创新驱动未来发展，将科技成果惠及全体人类，才能真正落实让科技造福人类的美好梦想。

（三）安全共同体：为全球网络治理坚持中国主张

网络信息技术发展迅速、影响广泛、前景无限，为人类社会的未来发展开辟了广阔的空间。然而，伴随网络信息技术的深入发展，一些潜在性问题也不断凸显，例如网络发展不平衡所引发的数字鸿沟仍在持续拉大，网络空间规则不健全所引发的网络侵权、网络犯罪等失范现象不断增多，网络社会秩序不合理所引发的信息垄断、信息孤岛等问题日益明显……网络空间下的发展症结不断向人类的网络化生存发起挑战。现代网络技术重建了传统的时空边界，不仅拓展了人类的生存发展边界，也将生存发展过程中的现实症结广泛地蔓延和泛化。面对上述问题，中国以人类命运发展为视角，紧密结合全球网络发展的理论认知和实践经验，积极提出以下主张：“主权国家有权在本国范围内管理互联网事务，主权国家之间应该通过多边议程平等对话进行互联网治理，联合国等多边机制应该在互联网管理中发挥更大作用。”② 创建网络安全共同体，既需要尊重网络主权，追求平等、合理的话语空间，打破网络霸权；也要汇集全球之智，凝聚各国之力，鼓励开放合作、互利共赢的发展理念。

---

① 习近平：《在第三届世界互联网大会开幕式上的视频讲话》，《人民日报》2016 年 11 月 17 日。

② 张蕾、刘梦、刘坤：《为全球互联网治理贡献中国智慧》，《光明日报》2016 年 11 月 19 日。

第三节　网络空间下人的发展进路

在人类解放过程中，网络信息技术的普及和运用为人的自我确证和自我解放提供了现实条件和现实道路。人在网络空间下的存在方式，进一步回答了“人类解放何以可能”的哲学追问，也再一次验证了技术进步对人类文明的历史意义。网络信息科技将人们的生产生活紧密相连，极大地缩减了人与人之间的交往距离，为人类开拓了更为广泛的生存空间，人们的生存体验和发展进路得到了全新的延伸和规约。

一　创新生存观念，扩展网络实践模式

在网络信息时代，“我们正在迅速逼近人类延伸的最后一个阶段——从技术上模拟意识的阶段。在这个阶段，创造性的认识过程将会在群体中和总体上得到延伸，并进入人类社会的一切领域，正像我们的感觉器官和神经系统凭借各种媒介而得以延伸一样。”[①] 网络信息技术对现实社会的虚拟化模拟，改变着传统的虚实关系，淡化了人们对实然世界存在感的触觉体验。为了全面适应现代化的生存方式，必须积极调整传统的生存观念，科学把握虚拟与现实的内在关联，才能有效地扩展网络空间下的生存实践模式。邬焜认为，“网络是知识的解放者、信息的解放者、信息创造和传播的解放者、社会权利的解放者、人际关系的解放者、人的思维方式的解放者、人的价值观念的解放者、人的生活方式和行为方式的解放者，极言之是人本身的解放者、人类社会的解放者”[②]。然而，网络本身只是一种技术性存在，其功能和价值的发挥归根到底取决于技术使用者的实践方式和实践能力，人们只有展开智慧性、创造性的实践活动，才能真正发挥网络信息技术的巨大解放作用。归根结底，虚拟生存是主体的能动性实践，网络信息技术发展所形成的网络世界是人类创

---

① ［加］埃里克·麦克卢汉、弗兰克·秦格龙编：《麦克卢汉精粹》，何道宽译，南京大学出版社 2000 年版，第 144、150 页。

② 邬焜：《论人类信息活动方式与文明形态、价值观念变革的一致性》，《重庆邮电大学学报》（社会科学版）2007 年第 1 期。

新活动的实践结果，同样是人的对象性存在，人们可以有目的、有计划地对虚拟生存环境与虚拟实践条件进行创设和改良。所以说，现代人的生存观念和实践理念直接关系着网络空间的未来景观，也直接关系着人类与网络关系的未来走向。创建科学合理的生存观念，对于信息时代的网络实践活动具有重要的指导作用，也是促进人的自由全面发展的思想前提。

（一）积极培育虚实相生的实践理念

网络信息技术对当代社会人的生存发展产生了深远的影响。虚拟生存、虚拟发展、虚拟实践等概念也得到人们的广泛关注和认同，然而，"虚拟"一词的内在旨归，却始终存有异议。"在传统实在观中，所谓'实'是指具有客观实在性（也就是现在存在）的事物，'虚'是指只具有未来可能性的事物，两者的界限是很分明的，非实即虚。"① 但是，伴随网络信息技术的深入发展，"虚拟"不断被赋予更多的实在性特征。在网络社会中，信息不仅表现为一种资源，更规约了一种存在，从根本上改变了"现实性"与"可能性"之间的界限，进一步区分了"现实感"与"可视感"之间的差别。"理论只要彻底，就能说服人，所谓彻底，就是抓住事物的根本。"② 我们必须用发展的眼光来对待虚实之间的关联，既不能盲目泛化虚拟生存的内涵，将"虚拟实在"与"客观现实"完全等同；也不能有意否定虚拟生存的价值，将虚拟认知仅停留于技术层面，而阻碍人的全面发展。

（二）努力创建虚实相生的实践条件

在当代，网络信息技术的发展带给人们以虚拟化的生存体验和发展空间，为人的自由全面发展绘制了理想的蓝图。在网络空间下，技术的现代发展延伸了人类智能，高强的运算速度、精准的计算能力、强大的信息储备、丰富的数据资源，既有助于技术的变革，又有助于人类的自我超越。立足现实，信息化的发展征程仍处于起步和探索阶段，网络虚拟空间对实然物理世界的超越并不完全，虚拟与现实的矛盾、技术与人文的对弈、理想与现实的鸿沟、单向与多元的拷问，一系列的时代难题

---

① 贾英健：《虚拟生存论》，人民出版社 2011 年版，第 285 页。

② 《马克思恩格斯选集》第 1 卷，人民出版社 2012 年版，第 10 页。

有待我们去破解。然而，人的现代化发展是以物质的依赖与超越为前提的，客观的物质条件和实践环境决定了人们的生产能力和发展水平。虽然物质生产水平与人的发展不是绝对的正相关，实践条件的优越并不能表明人的发展水平就一定先进，但是，人始终无法脱离客观条件而实现自我超越和自我发展。人类社会历史进程中每一次重大的技术变革都在一定程度上提升了人类认识世界和改造世界的能力。信息时代的生产力水平越是发达、生产对象越是丰富，人类的主体地位就越能得到体现，人类的生存发展需求就越是能够得到满足。在网络虚拟实践过程中，我们必须积极能动地创建客观物质条件，坚持“以人为本”的发展理念，积极创设虚实和谐、虚实相生的实践环境，以促进人的现代化发展。

（三）全面推进虚实相生的实践方式

实践是人的生存方式和发展手段，虚拟实践与现实实践作为人类社会实践的两种不同样态，具有天然的同一性。但是由于二者实践目标、实践中介、实践能力、实践范围以及实践成果的不同而呈现出极大的分裂性，这种分裂性的状态将直接影响人的完整存在和全面发展。信息时代，虚拟实践迅速崛起，不仅改变了人类的实践观念和思维能力，而且极大地延展了实践主体的行为能力以及行为方式。人的主观创设不断以数字化、信息化、虚拟化、符号化、程序化的方式外化为技术成果，将现实社会生活中难以呈现或是无法呈现的愿景，落建于网络空间之中。一方面，在实践过程中，追求虚拟与现实的良性互动与共生，其首要前提是将计算机网络技术广泛应用于现实社会的诸多领域，这是二者紧密结合的技术前提，也是虚实相生的技术保障。网络社会与现实社会越是紧密的结合，人们对虚拟生存的认可和依赖就越是深入。尤其是“互联网+”行动计划的提出，更是将传统行业的创新发展与网络信息技术的应用相对接，实现了线上和线下的融合发展。另一方面，积极创建虚实相生的实践方式，要以促进人的全面发展为目标，明确人的发展方向。在开展网络虚拟实践的过程中，要时刻秉持网络伦理道德的价值规范，明晰道德界限、加强道德约束、传播正能量。与此同时，网络实践的顺利开展要以实践活动的秩序性为保障，积极完善网络监管机制、增强网络治理能力、构建网络服务体系，以丰富实践内容、确保实践质量。

二　提高价值认同，引导网络文化方向

在现代化社会转型的过程中，其矛盾的复杂性和问题的特殊性时刻威胁着中国人民的道路自信、理论自信和制度自信，影响着人民的民族情感和社会认同。反向追问，究竟什么原因导致国民自信心不足？实践证实了一个极为重要的因素是信息缺位。信息缺位并不代表信息空白，而是指信息资源的具体数量以及人们认识世界的现实程度，旨在对比纸媒时代的文字解读与网媒时代的立体成像之间的差异。一方面，信息缺位会带来民众的茫然和恐慌，进而对外在世界产生畏惧和逃离，滋生着自我认同的危机；另一方面，信息缺位使得民众对外在世界莫名向往，缺乏理性比较而获取信息资源，进而导致自我否定和盲目崇拜。现实社会的发展症结、社会矛盾在网络空间进一步升级和放大，多元文化的汇聚、多元价值的激荡引发了新一轮的认同危机。从表面看，网络文化盛极一时，技术的发展带给人们以平等的文化创造条件、自由的文化选择机会以及全面的文化共享权利。探其根本，网络文化繁荣的背后，依然存在诸多问题。在网络文化实践过程中，网民的民族认同感仍有待提高。网络信息时代的到来，网络空间下的技术连接和信息流转，实现了世界范围内的互联、互通和互动。网络文化发展不仅以技术为依托，更要以价值为先导，要积极引导网络文化的发展方向，鼓励民众借由网络获取丰富的信息资源，对世界展开全新的解读。建立在选择和鉴别基础上的民族认同和文化自信，将彰显出更为深远的凝聚力和向心力。在网络文化实践中，我们要切实做到不忘本来、吸收外来、面向未来，将自信果敢的文化品格和团结奋进的民族情怀，转化为更基本、更深沉、更持久的精神力量，为实现中华民族伟大复兴的中国梦提供动力源泉和智力支持。

其一，推进传统性与现代性的融合。网络信息技术为中国的现代化社会转型提供了科技支持，为中国的民族复兴提供了物质保障。网络空间的设计理念和运行逻辑是连接一切与创新融合，一个以互联网为基础的全新生产链正在形成。美国著名的社会学家希尔斯认为，“传统是围绕人类的活动领域而形成的代代相传的行事方式，是一种对社会行为具有规范作用和道德感召力的文化力量，同时也是人类在历史长河中的创造

性想象的沉淀。”① 网络空间对民族文化的继承和弘扬，必然伴随着民族传统的现代性改造，也必然伴随着网络社会主体的民族精神和民族品格的现代性培育。超越传统与现代的二元对立，走出西方式现代化异化和人的异化困境，反本开新，这不仅是技术赋予时代的历史机遇，更是网络空间给予传统民族文化的融合性表达，即坚持将传统性的“本来特质”、现代性的“外来资源”与发展性的“未来方向”紧密融合，以实现中华文化、中华文明和中华民族的伟大复兴。为提高网络空间下人的价值认同，我们要积极创设更加健康、有利的文化生态。

其二，坚持自觉性与组织性的结合。网络信息技术在当代的发展，为我们搭建了一个全新的实践场域，对人们的生产和生活产生了深远的影响。人类实践活动的深入拓展，必然引发人们实践观念和实践思维的转变，传统的价值体系和文化边界面临着现代化的冲击，一个兼容虚拟与现实的新型实践观、价值观呼之欲出。在网络空间下，组织化的利益集团遵循技术逻辑而获得了广泛的话语空间，全力地表达着各自的价值主张，并通过对互联网的程序化设计来建立自身的合法性。为此，网络文化的技术性表达（即行为主体在网络空间开展文化实践的活动方式），这种以技术的程序化逻辑为链条的文化发展方式和文化结构设计，必须坚持将网络社会主体的文化自觉与技术组织方式相结合，换言之，既要重视民族精神对网络文化的内发性聚合，也要回应网络社会对现实世界发起的组织性邀约，这是网络空间文化发展的基本原则。

其三，追求开放性与民族性的嵌合。网络空间的文化逻辑就是要打通异质文明间的壁垒，探索一条有效把握开放性与民族性相结合的现代文明创新之路，以确证在多元文化竞争与包容的网络空间内，实现自身民族的生存与发展、实现多元文明的相济融合。网络文明的形成与发展，将延续人类持久贯之的精神自觉，将在自我确证与共同发展的过程中，不断冲破传统体制的束缚和现实社会的困境，为自由、解放、和谐的现代化发展而努力。人们的生存发展问题不仅面向实然的未来，更时刻面向虚拟世界的现在。坚持开放性的发展原则，原因在于网络信息技术重新规定了人类文明的新界面，人类要向未来开放、向世界开放、向虚拟

① ［美］爱德华·希尔斯：《论传统》，傅铿等译，上海人民出版社 2009 年版，第 46 页。

的自身开放。与此同时，我们不能被动地受制于数字符号的表达逻辑，不能机械地复制现实，而要积极发挥人的主体性和创造性，将现实社会中的民族传统、精神品格、文化传承汇入数字化的技术世界，追求传统与现代、民族与世界、虚拟与现实的和谐共荣。

三　创新教育实践，开展网络人格培育

人是网络虚拟实践的主体，是探讨虚拟生存与虚拟发展的核心要素。人的科技素质与人文素养，不仅关乎网络空间的未来形态，甚至直接决定着人类的生存境遇和发展能力，关乎人类社会的现代文明与人类自身的全面发展。英国著名学者克莱夫·贝尔指出："只有在足够众多的文明个人聚集在一起形成一个核心向四外放射光芒、渗溢甘露的时候，才有可能出现一个文明社会。"[①] 为此，探求人在网络空间下的发展进路，必须高度重视网络行为主体的素养培育，必须大力开展人文教育，注重网络社会人的人格养成和素质提升，开展丰富的网络精神生产活动，积极培育身心健全、人格统一、虚实和谐的全面发展的现代人。

（一）注重网络信息结构的隐性教育价值

网络信息技术的发展促进了时代的变迁，实现了精英媒体向网络媒体的顺利转型，一个多元、开放、共享的信息资源结构业已形成，既为人们创建了全新的生存空间，也规约了人们的发展图景。在网络空间下，林林总总、纷繁复杂的网络信息资源广泛涉及了价值体系、文化背景、政治信仰、经济结构、利益关系等不同方面，要求人们具有更为系统和健全的信息判断、信息辨别、信息选择以及信息整合的能力和素养。网络信息结构在内容、质量、形式、分布、传播等方面规制了人们的虚拟生存向度和信息处理方式。在网络空间下，人们虽然可以主观设定自己的意义世界，但是也时刻被客观信息世界所解构和重塑。美国著名社交网络服务网站——"脸书"（Facebook）的创始团队，曾在 2012 年启动了一项样本容量为 68.9 万人的实验项目，旨在验证计算机输出的文本信息能够传染情绪，个体的身体、心理状况都有可能受到社交网络相关信息的影响，以及通过个体在"脸书"上的情绪表达将能够用来预测他

---

① 转引自鲍宗豪《数字化与人文精神》，上海三联书店 2003 年版，第 96—97 页。

“脸书”好友接下来几天的情绪变化（也就是两者成正相关关系)。[①] 参与实验的数据科学家在为期一周的实验里，通过设立控制组，将样本分为两个小组，第一组用户的那些正面情绪（positive emotion）友邻信息被删减，第二组用户的那些负面情绪（negative emotion）友邻信息被删减。最终，这项研究得出一个结论：情绪是可以通过互联网的人际网络蔓延的。那些在信息流中被剔除了正面信息的用户会变得消沉，而且越来越消沉；而那些在信息流中被剔除了负面信息的用户会变得积极，而且越来越积极。

虽然，这项研究曾一度引发诸多争论，对于庞大的“脸书”用户容量而言，实验样本容量并不具有说服力，但是，这项实验却给网络思想政治教育工作者以深远的启示。“隐性思想政治教育是指在一定的教育环境和教育情境中，教育者引导受教育者在直接体验和分享中受到思想政治教育的活动方式及其过程。”[②] 从一定程度上讲，通过调整网络信息资源结构而影响网民的情绪变化和价值养成，与设定网络思想政治教育目标和教育过程之间具有相关性。网络行为主体作为资讯消费者，既拥有自由选择信息资讯的权利，也难以避免信息结构对自身的潜在影响。网络信息资源结构可以通过网络议程设置和议题框架设定等多种方式进行调整，具有“不自见，自明；不自显，自彰”的隐性教育功能，对于网络人格的价值养成具有深远、累积、持久的影响。为此，思想政治教育应充分发挥网络的隐性教育价值，注重网络信息结构对网络主体人格培育的隐性教育价值，提高思想政治教育的实效性。

（二）发挥网络意见领袖的榜样引领作用

面对日新月异的信息技术以及日益普及的网络应用，人们的日常生产、生活与互联网的联结程度日益紧密。无论是网络与人们的结合范围，还是人们与网络的依赖程度都已经发展到了一定的高度。信息时代，网

---

① 脸书（Facebook）是美国的一个社交网络服务网站，于 2004 年 2 月 4 日上线，于 2012 年 3 月 6 日发布 Windows 版的桌面聊天软件，是世界排名领先的照片分享站点。从 2006 年 9 月 11 日起，任何用户输入有效电子邮件地址和自己的年龄段，即可加入。2015 年 8 月 28 日，单日用户数突破 10 亿人。截至 2016 年 12 月 21 日，Facebook 推出音频直播。

② 王嘉：《网络意见领袖研究：基于思想政治教育视域》，中国文史出版社 2014 年版，第 147 页。

络空间既是思想政治教育创新发展的前沿阵地，又是思想政治教育的高危领域。网络信息技术的普及使得“人人面前都有一个麦克风”，虽然极大地拓展了人们的话语空间，但也相继引发了诸多舆论争端。近年来，网络信息社会的发展症结并没有得到有效的规避，比如，碎片化的信息接收方法引发了一系列的负面效应，信息制造者为了获得广泛的网络关注，在制造信息资源的过程中，不惜忽略内容、排斥真相，盲目追求点击量和转载量，以博人眼球的“标题”和片面失真的“截图”来制造信息热点。大量未经验证的信息被广泛传播，网络谣言、网络侵权、恶意炒作等现象屡见不鲜，严重误导了普通网民的是非观、价值观，甚至引发了不同程度的社会失信和社会恐慌。网络空间日益成为“思想文化信息的集散地和社会舆论的放大器”，对人民的精神生产和文化生活产生深远影响。尤其是在网络行为主体的价值观念、文化素养、行为能力等方面的人格养成过程中，网络意见领袖的引导作用愈加显著。网络意见领袖作为网络行为主体中最为活跃、最富影响力的网络族群，积极关注政治、经济、文化、社会等领域的热点议题，通过议程设置、观点引导、信息传播、关系维持等形式影响网民的意见形成和行为选择。

自2010年以来，微博得到中国网民普遍认可，快速增长的用户量助长了一批“网络大V”，他们具有规模巨大的受众和粉丝。“据统计，在新浪和腾讯微博中，粉丝过百万的大V有3300人，粉丝过千万的大V有200人。而我国日均发行量最大的报刊《参考消息》日发行340万份，我国第一大报《人民日报》日发行280多万份。”[①] 鲜明的数据对比，足以证明网络意见领袖在引导网络舆论走向、促进网络意见生成、构建网络价值标杆等方面的影响和作用。然而，网络意见领袖只是经过长期人气积累或是技术运作而产生的关注度高、活跃性强的网络人群，其观点立场、价值引导、意见内容、行为方法却良莠不齐、正误并存。我们必须肯定网络意见领袖的影响力，但也必须认识到其中的不足和风险。只有鼓励网络意见领袖以责任担当为使命，以正能量传播为义务，才能对广大网民形成积极健康的价值引导和行为示范，才能发挥网络意见领袖的

① 转引自王嘉《网络意见领袖研究：基于思想政治教育视域》，中国文史出版社2014年版，第3页。

榜样教育功能。在网络教育实践中，将传统榜样教育与发挥网络意见领袖的影响作用相结合，既要着力突破传统榜样教育的模式化、形式化、单一化等困境，又要努力发挥网络意见领袖的积极、正向、健康的引领作用，避免网络非理性情绪的蔓延以及群体极化。发挥网络意见领袖的榜样引领作用，不仅有助于网络人格的培育，而且有助于网络舆论环境的优化。

（三）培养网络行为主体的自我教育能力

在网络空间下，人们不仅获得了自由的生存发展空间，而且拥有了广泛的自主权力，一种全新的自我生活状态得到了技术性的呈现，一个自我生活的网络时代已经到来。人们不仅可以自由选择进入网络世界的终端设备，更可以自由选择网络世界的信息资源，自主地创设个体的意义空间。福柯的自我技术思想得到实践性验证，“允许个人运用自己的办法或借助他人之帮助对自己的躯体、灵魂、思想、行为、存在方式施加某种影响，改变自我，以达到某种愉悦、纯洁、智慧或永恒状态。”① 在网络实践过程中，行为主体不断进行自我建构和自我创生，从思想认知到精神品格，从行为能力到伦理素养，不断地进行自我控制和自我管理。自我教育是衡量教育是否有效的一个标志，又是思想政治教育的归宿。②

相对于现实社会中的思想政治教育活动而言，网络思想政治教育的实践过程更要凸显自我教育的地位，这不仅是因为网络空间具有自由选择、自主约定的技术逻辑，更是保证教育对象自觉自愿、自律自教的认知前提。网络信息时代，面对技术进步所带来的条件变迁，我们必须积极创新思想政治教育的方法论，以网民自主性为基础，充分尊重受教育者的主体地位，充分发挥受教育者的主动性。在网络空间下，行为主体的自我教育活动，必须有目标、有规划地展开。首先，自我定义是前提。在复杂多元的网络空间下，面对纷繁庞杂的信息资源，行为主体必须以自我确证和自我发展为目标，以自我体验和自我幸福为动力，明确定义自我的实践方向和行为路径。其次，自我选择是关键。行为主体应以明

① ［美］道格拉斯·凯尔纳、斯蒂文·贝斯特：《后现代理论：批判性的质疑》，张志斌译，中央编译出版社 1999 年版，第 79 页。

② 张耀灿等：《现代思想政治教育学》，人民出版社 2006 年版，第 372 页。

确的行为目标为指引，理性、科学地进行信息选择，趋向有利资源、规避负面危险，不断提高自身驾驭信息、甄别信息以及取舍信息的能力。最后，自我实现是旨归。人们积极尝试网络化的生存方式，不仅是缘于一种单纯的体验和享受，更在于人们对自我发展和自我实现的现代化探索。人们在网络空间下的自我教育过程，正是人们不断获得自我确证和全面发展的过程。

四　净化舆论环境，鼓励网络意见表达

伴随网络信息技术的深入发展，虚拟的网络空间与实然的现实社会之间紧密相连，互联网技术既是人类社会生产实践的有利工具，又在一定程度上折射和反映着人类社会发展进程中的现实问题。目前，我国正处于全面深化改革阶段，新的发展蓝图、美好愿景和践行目标成为我们前行的指南和动力。实践是发展的，新的机遇必然引发新的问题，面对攻坚时期的改革状况，我们必须时刻保持思想与行动的统一，正如马克思所言，“光是思想力求成为现实是不够的，现实本身应当力求趋向思想”[①]。只有正确认识改革中的现实问题，才能找到科学解决问题的方法。网络空间汇聚了广泛的民声、民意、民思、民想，自然也以症候的样态表征了社会发展的现实状况。在网络空间下，网络舆论时刻关联了现实社会的危机事件，尤其是社会公共安全危机常常先兆性地表露于人们的网络表达和网络传播之中，人们在网络交往过程中的情绪、态度和意见，都将以症候化的样态促使网络舆情发生演变。

讨论人的生存发展问题，不能脱离舆论环境这一关键要素。净化舆论环境、关注网络舆情态势是促进人在网络空间下健康发展的必要手段。所谓舆论，也可以称为民意，“是特定社会系统中成年公民对社会的总的评价、态度以及对特定社会事件、人物所表达的意见和看法的集合”[②]。网络不仅是人们获取信息的主要途径，更是人们发挥主体性、获得表达权与话语空间的技术保障。在网络空间下，网络舆论直观生动地反映了社会发展过程中某种客观性的存在或趋势，是一种社会性“天气”的网

① 《马克思恩格斯选集》第1卷，人民出版社2012年版，第11页。

② 张再兴等：《网络思想政治教育研究》，经济科学出版社2009年版，第271页。

络播报，集中再现了网民对公共事物、热点事件等问题的意见状况。但是，我们不能不承认，网络舆论“极易被歪曲、利用和控制，误导公众和社会，从而造成很大的负面影响”①。发挥人们在网络行为过程中的主体地位，尊重网民自由表达的权利，维护网络舆论环境的天朗气清，构建科学、健康、高效的网络话语体系，日益成为网络建设和人的发展等问题的基础性课题。

（一）提高对网络舆论的认识能力

从表象来看，网络舆论是网络空间下虚拟实践主体的意见表达，与现实社会中的意见表达主体、意见生成方式、意见作用对象相比，缺乏实在性和确定性，故而常常被人们所忽略或轻视。与此同时，在网络空间下，零成本、零追责的意见表达方式，极大地增加了网络舆论的复杂性，聚集了网络舆论危机的潜在风险。从实质来看，网络舆情的发生源常常是现实社会生活中的具体问题。网络空间是现实社会的技术性呈现，是对现实生存空间的延伸，直接或间接地再现了实然物理世界的生活景观。从这个意义来看，网络舆情正是现实社会中社情民意的技术化表达，或是碎片化，或是放大化地传递着行为主体的情感、观点和意见，直接关联着现实社会实践的方方面面。此外，网络舆论又具有强大的社会影响力和传播力，以一种累积和放大的舆论力量制约着网络空间的话语平衡，对人们的价值选择、情感表达和意见生成等方面产生深远的影响。所以，探析人在网络空间下的生存发展路径，必须高度重视生存场域的舆论状态，必须紧密关注网络空间的舆情变化，既要强化主体对网络舆论的敏感性，也要增强主体对网络舆情定性的准确性，这是提高主体对网络舆论认识能力的主要手段。

（二）加强对网络舆论的掌控能力

为了促进人在网络空间下的现代化发展，必须优化人们的网络舆论环境，充分重视环境的育人功能，这就要求我们要加强对网络舆论的掌控能力。信息选择、信息加工、信息把关是净化网络舆论环境和鼓励网络意见表达的实现手段。在网络表达和网络传播过程中，行为主体应该结合网络议程设定的目标，有目的地对网络舆论信息进行筛选和重组，

① 张再兴等：《网络思想政治教育研究》，经济科学出版社 2009 年版，第 271 页。

这是实现舆论期许的基本前提。人们对网络舆论的掌控能力直接导致了网络话语权力的分化。网络话语权力结构通常可分为三层："权力顶层是网络意见领袖，具有较强的网络意见表达和网络信息扩散权力；中间层是有个人影响的积极扩散者和无个人影响的积极发言者；权力底层是单纯的接收者。"① 网络空间的话语权力关系直接影响着网络行为主体的意见表达，也制约着网络行为主体的自我发展。在网络表达和网络交往过程中，我们既要积极鼓励网络信息资源的"发布者"，科学构建网络信息的"把关人"，也要全面培育网络舆论的"传播者"。加强对网络信息资源的整合与管制，强化对网络行为主体的培育与治理，从信息发布、信息把关、信息传播、信息应用等环节来掌控网络舆论的发展态势，积极打造一个多元而有秩、复杂而有序的网络舆论生态。

（三）提升对网络舆论的引导能力

马克思认为，"人类始终只提出自己能够解决的任务，因为只要仔细考察就可以发现，任务本身，只有在解决它的物质条件已经存在或者至少是在生成过程中的时候，才会产生"②。伴随网络虚拟实践的深入以及网络信息技术的发展，人们并不会一味被动地受控于网络舆论的操纵，而是会逐渐甄别信息、取舍信息，引导网络舆论的走向。网络舆论虽然是网络行为主体进行意见表达的舆情实况，但其作用方式却在一定程度上实现了有目的性、导向性的价值引导，影响着信息受众的主观认知和行为选择。面对纷繁复杂的网络舆论环境，我们必须努力提升对网络舆论的引导能力，通过信息制造、信息流通、信息传播等环节来加强网络舆论的价值性和意义性。树立正确的人生观、价值观、世界观是实现自身全面发展的思想前提，也是实现个人发展与社会进步同向同质的内在要求。积极引导网络舆论方向，使其朝着符合社会规范和道德准则的方向发展；积极拓展意见引导主体，传播社会主流意识形态，弘扬社会核心价值观，聚合社会发展正能量，极力规避极端性、情绪性、突发性、逆反性、失控性的舆论困境。在网络虚拟实践过程中，要以充分了解网络舆论实情为前提，要以提高意见领袖引导能力为手段，要以净化网络

① 郭玉锦等：《网络社会学》，中国人民大学出版社2010年版，第200页。

② 《马克思恩格斯选集》第2卷，人民出版社2012年版，第3页。

舆论环境为目标，有效提升行为主体对网络舆论的引导能力。在积极发挥网络意见领袖的引导作用的同时，通过网络立法、制度建设等途径共同治理网络舆论环境。

五 凝聚社会共识，优化网络秩序体系

信息时代，网络信息技术以全新的力量改变着人们的互动方式和关联逻辑。在网络实践中，人们创建了丰富的社会关系，结成了多样的组织结构。“在中国，互联网似乎扮演了这两种功能：它既是媒体的一种新形式，又是社团的一种新形式。”① 现代信息技术赋予使用者以极强的自发性，在网络结构中，虽然每一位网络用户都具有不同的网络角色，但又仿佛自身始终位于网络化结构的中心。从直观上看，个人处理自身与他人、自身与社会的关系，就像操作自己的电脑一样，但是网络化的社会结构与实然社会结构不同，具有特定的程序约定和技术逻辑。网络空间是一个开放的系统，不断与现实世界进行着物质、能量、信息的交换，以维持自身系统的有序化和稳定性。美国著名数字化专家埃瑟·戴森认为：“当旧有的结构渐渐失去影响力时，怎样才能不仅在网络内部并且也在网络社区之间对电脑进行管理呢？网络需要哪些内部的规章制度和管理结构呢？……网络像任何一个家一样，它有自己的规矩，但也有一定的准则。”② 网络社会秩序的形成与网络社会结构的调整，共同构成了人在网络空间下的发展进程。因此，优化网络共识秩序、保障网络结构稳定理应成为促进人的网络化发展的实践进路。

（一）从无序到有序：构建网络道德体系

网络信息技术的迅速普及，使得网络空间与现实世界的映照关系更加全面和清晰，复杂而多元的信息流构建了电子化的公共领域，催生了活跃又独立的公民社会。由于网络文明的建设程度严重滞后于信息技术的发展水平，使得网络空间的生存秩序极为混乱，呈现出大量无序现象，例如，网络欺凌、网络虚无、网络霸权、网络谣言、网络欺诈等现象频

① 郑永年：《技术赋权：中国的互联网、国家与社会》，东方出版社 2014 年版，第 66 页。

② ［美］埃瑟·戴森：《2.0 版：数字化时代的生活设计》，胡泳、范海燕译，海南出版社 1998 年版，第 12 页。

频出现。网络空间之所以存在大量无序现象，既源自于现实生活秩序的网络化进程缓慢，也源于网络社会新秩序的严重缺位。一方面，网络空间是现实社会的技术化表现，网络问题是现实社会问题的技术化延伸，现实社会中的利益矛盾、发展症结将会制造网络生活的混乱和失序；另一方面，网络空间是人们的全新生存空间，虚拟生存是人们的全新生存体验，一切社会秩序和社会规范仍处于正在建设的状态之中。网络社会秩序从无序到有序的创建，是在建立规则和执行规则的过程中实现的。“要建立一套规则使无序的关系有序化，那么这套规则必然符合社会公平正义的原则。”① 这是构建网络道德体系的价值基准，也是推进网络虚拟实践的客观要求。人们在网络虚拟实践中所面临的生存危机与发展困境，并不能单纯依靠技术手段而获得有效的解决，必须建构一套平等的适用于所有社会成员的网络伦理道德规范，以促进网络行为主体之间的相互合作、互惠互利。积极建构网络交往主体的心理契约②，明确网络道德界限、遵循网络道德规范是人在网络空间下实现自由全面发展的思想前提和精神保障。

（二）从逆序到顺序：健全网络服务体系

IBM 智慧城市主管迈克尔·迪克森曾指出，“因特网就是基础设施，就像水资源一样，是被平均分配在社会中的。因特网已经改变了社会运转的方式，就像电力曾经改变了社会运转的方式一样。它提供了电力的基础设施。人们可以利用这些服务来丰富自己的生活。”③ 然而，我们不得不承认一个事实：在网络空间下，网络社会结构具有扁平化、分散化的特征，形式多样的网络族群日益形成，个性化、局限化的行为规则非但不能促进网络社会结构的有序化发展，而且会引发社会失序的混乱状况，甚至会使社会陷入逆序状态。“逆序是指由于某种原因而形成了一些规则，这些规则对少数人有利而对大多数人不利，其作用是与公平正义的社会规则作用相反的，它们会侵袭和破坏社会的秩序从而使整个社会

---

① 苏国辉：《关系调适：人的一种生存方式》，中央编译出版社 2013 年版，第 95 页。

② “心理契约”是一种交往的合意，即是指交往主体是在假想对方有可能与自己想法、需求、兴趣相同或相近的基础上建立的一种合意。参见郭玉锦、王欢《网络社会学》，中国人民大学出版社 2005 年版，第 264 页。

③ 转引自闵清《信息时代虚拟实践与人的发展研究》，光明日报出版社 2016 年版，第 205 页。

向无序化发展。”① 网络社会逆序现象的存在，不仅会损害人们对现有制度体系的信任，而且会威胁人们对网络化生存与发展的期望。世界银行在《2006年世界发展报告》中指出：“当权力集中在少数人手中或者集中在社会精英层时，社会将出现并保持不公平的制度。”② 产生网络社会逆序现象的直接原因是少数精英群体为了获得更广泛的利益空间，设定了一系列不平等规则，将网络当作谋取特殊利益的工具。由此可见，网络空间的社会逆序状态是人与人、人与机、人与网络之间关系的扭曲和异化，会造成网络社会以及个人发展的强大阻力。为此，只有打破逆序规则的壁垒，倡导和谐共荣的理念，培养网民的合作意识，健全网络公共服务体系，才能打造公平正义的发展空间。

（三）从劣序到优序：优化网络治理体系

在漫长的人类社会实践中，人们先后经历了一个从低级到高级、从简单到复杂的发展历程。在社会实践过程中，人们深刻地认识到，“只有在共同体中，个人才能获得全面发展其才能的手段，也就是说，只有在共同体中才可能有个人自由。”③ 人们在实践过程中，时刻进行着行为规则和意义秩序的建构，这不仅是为了维持关系系统的和谐稳定，更是为了保证社会实践的有序发展。规则一旦确立就具有相对稳定性，规则实施的时间越长，人们对这种规则的依赖性就越大，规则的惯性作用表现得就越明显。在当代，信息技术的发展日新月异，网络社会的问题层出不穷，我们既不能僵硬地照搬现实世界的社会规则，也不能僵化地固守网络空间的既定规则。我们必须清醒地认识到，当社会规则不再适应社会发展需求的时候，就会严重地阻碍社会的发展和个人的进步，我们可以将这种低效的社会规则称为劣序。发挥优序规则的效应与打破劣序规则的惯性具有同构性，其实现的基础是必须不断形成具有普遍约束力的行为规制，使网络社会的利益结构趋向合理，使网络社会的关系系统趋向优序。正如学者赖金良教授所言：“我们人类其实是生活在两个世界中，一个是已然实然的世界，另一个是未然应然的世界，它们分别代表

---

① 苏国辉：《关系调适：人的一种生存方式》，中央编译出版社2013年版，第96页。

② 世界银行：《2006年世界发展报告》，清华大学出版社2006年版，第107页。

③ 《马克思恩格斯选集》第1卷，人民出版社2012年版，第199页。

着人的存在与期望、现实与理想、实存与可能。”① 积极探索优序规则、理性取缔劣序规则是实现社会持续、和谐发展的关键。在网络虚拟实践中，只有坚持以网络技术为保障，以网络道德为规约，以网络法制为基础，才能构建全方位、立体化的网络治理体系，才能实现网络社会秩序的高效优序，才能促进人在网络空间下的自由发展。

六　规避生存危机，创建网络发展新约

从20世纪中后叶开始，互联网便以强劲的势头嵌入了人类的社会生活和生产实践，在当下，人们已然深刻地体验到，网络时代的革命性巨变。目前，网络信息化浪潮对人类生存发展的变革性影响仍在加剧，人类实践方式的变革不但没有结束，甚至才真正开始。在网络虚拟实践中，人的生活方式、生产方式、思维方式、交往方式等方面的变革将会持续推进，人的虚拟生存问题和虚拟发展困境也将不断凸显。实践的深入不仅揭示了新的问题，也孕育了解决问题的手段和方法。针对网络生存发展问题，如何优化网络空间的资源配置、如何减少网络生存的发展代价、如何把控网络发展的安全风险，日益成为关注网络建设和促进人的全面发展的核心议题。正如马克思所指出的：“环境的改变和人的活动或自我改变的一致，只能被看做是并合理地理解为革命的实践。”②

（一）优化网络资源配置

在网络空间下，人们的生存状况与发展过程极不规则，主要原因在于网络空间资源配置体系的复杂化和极端化。恩格斯指出：“在人人都必须劳动的条件下，人人也都将同等地、愈益丰富地得到生活资料、享受资料、发展和表现一切体力和智力所需的资料。”③ 为了有效调节网络领域的“马太效应”，为了成功跨越网络世界的数字鸿沟，为了科学建构网络空间的生存体系，为了全面促进网络生态的虚实和谐，必须集中优化网络空间的资源配置，打造科学高效的网络运行系统。在此过程中，我们至少应从以下三个层面来最大限度地发挥网络资源的效用。首先，加

---

① 赖金良：《哲学价值论研究的人学基础》，《哲学研究》2004年第5期。

② 《马克思恩格斯选集》第1卷，人民出版社2012年版，第134页。

③ 同上书，第326页。

强网络基础设施的建设。网络信息技术的全面普及和广泛应用是实现网络空间与现实世界完美结合的基本前提，是实现虚拟与现实和谐共生的技术保障，是实现网络资源优化配置的直接表现，这不仅包含网络规模的扩大和网民数量的增加，更要注重从“网络大国”到“网络强国”的理念转换。加快实施网络强国战略，既是提高国家综合竞争力的必由之路，更是实现“两个一百年”奋斗目标的关键之举。其次，加强网络人才队伍的培育。注重网络科技人才的培育，不仅是因为科技是人的创造性产物，更重要的原因在于，网络信息技术具有如此广泛而深远的影响，其影响和变革的对象是全体人类，而不是局部的科技精英，只有提高网民的整体素养和运用能力，扩大网络人才队伍的组建，才能充分地发挥网络信息技术在人类社会实践中的价值。最后，加强网络知识创新的步伐。在现代化进程中，信息化、网络化已成为社会发展进步的显著标志，尤其在国际竞争中，现代信息技术和网络技术水平更是直接关乎各国的经济发展、社会稳定和科技进步。注重知识创新、促进科技研发是网络空间下获取优势生存资源、抢占网络发展先机的应然之举。

（二）减少网络发展代价

现代技术的创新发展必然伴随着对传统社会的解构和现实社会的超越。发展作为一个哲学术语，指称了事物的运动变化过程和方向，发展的本质是新事物的产生和旧事物的灭亡，即新事物代替旧事物。可以说，事物的发展过程是一个在变化中不断趋向前进的过程，具有普遍性、动态性和方向性。然而，事物的发展变化又极具未知性，在新旧事物的交替转换之间具有特殊性和复杂性。虽然实践主体可以通过遵循事物运动变化发展规律来促进事物的发展，但是主体对事物发展规律的认识是有限的、规律发生作用的条件是客观的，这就表明了主体在实践过程中并不能完全掌控事物的发展结果。为此，我们必须理性地承认事物发展过程中的偶然性，必须客观预估事物发展结果的不可控概率。网络信息技术在当代的发展，不仅表征了生产力水平的提高，而且规约了人类社会关系的网络化调整。网络化的发展进程也同样有着自身的规律性和偶然性，我们既要承认在网络虚拟实践过程中主体认识的有限性，也要果敢包容网络发展可能面对的挑战和危险。在信息时代，人类社会的实践活动面临着全新的历史局限性，社会发展阶段、主体认识能力、网络社会环境等主客观条件，影响着主体应对时代挑战和发展风险的能力，也决定了人们在网络虚拟实践中的成绩与代价。从一定意义上来说，人类社会正是在付出代价、认识代价与克服代价的过程中发展起来的，它以否定的形式助推了人类社会的进步。为此，我们只有正视网络虚拟生存过程中的发展代价，积极探索和创建具有针对性、实效性的防范管理机制，才能真正实现现代科技文明工具理性与价值理性的统一，才能有效规避人的生存危险、减少人的发展代价，促进人的现代化发展。

（三）把控网络安全风险

早在1992年，时任联合国秘书长的加利在联合国日致辞时说，第一个真正的全球化时代已经到来了，而真正启动全球化时代的重要引擎可以说是互联网，互联网为全球化时代提供了直接的技术支持，并在技术基础上进一步编织全球性的人与人的社会关系。网络信息技术的发展使得网络空间日益成熟和完备，人与人之间的连接也趋于普遍和日常。然而，在这个自由、开放、平等、包容的网络生存领域内，安全问题越来越成为人们生存和发展的基石。数字化的比特城堡延展了现实社会的安全边界，符号化的网络空间凝聚了战略博弈的新势力量，国家行为体、国家联合体、非国家行为体等力量不断形成。德国技术哲学家拉普认为："技术是复杂的现象，它既是自然力的应用，同时又是一种社会文化过程。"① 伴随网络信息技术的深入发展，网络安全问题关涉了政治、经济、文化等多个领域，不仅影响着个人的生存与发展，更深刻地威胁着国家的安定和社会的和谐。为此，我们不但要树立严密的安全防御意识，更要提高全面把控安全风险的能力，这是营建网络良好生态和促进人的现代化发展的必由之路。

① ［德］F. 拉普：《技术哲学导论》，刘武等译，辽宁人民出版社1986年版，第57页。

结　语

网络空间下人的全面发展

网络信息技术的深入发展和迅速普及，既为人类的生存发展创建了全新的空间，也为人类的生存发展演绎了全新的方式。在网络空间下，人们遵循时代的规约和技术的逻辑，探寻着自由全面发展的实践路径，收获了现代文明下的生存体验。网络空间是人类追求自由表达、平等对话、广泛连接而创造的对象性存在，我们既要充分肯定网络信息技术的进步意义，也要理性认识网络技术逻辑的程序牢笼。在当代，以人的发展为基点，如何平衡科技与人文、传统与现代、理性与非理性之间互构、互解的状态，如何摆脱现实困扰，逐步实现从自在到自觉的发展过程，如何正视符号化、程序化了的交往模式，达到个体人格的和谐发展，将是网络时代实现人的全面发展的核心问题。在人的现代化发展过程中，既不能消极地逃避现实社会的发展羁绊，也不该被动地受控于网络空间的统治规则。为了规避网络空间下人在发展过程中的异化和失范等风险，要求虚拟生存主体必须有目的、有向度地展开实践，坚持虚实互构、虚实同生、虚实共荣，以实现人的全面协调发展和整体优化。在信息时代的虚拟实践中，人类一如既往地积极探索，理性地面对信息时代的机遇与挑战，科学地进行自我认识与自我实现，为促进自身的自由全面发展和人类社会的全面进步而不懈努力。

首先，实现个人创生与社会集成的统一。思想政治教育的发展既以社会发展和人的发展的现状为现实基础，也以推动社会发展和人的发展为最终目的。个人的发展与社会的发展是共生共存的，一方面，社会的发展是个人发展的前提；另一方面，社会是由无数独特的个人而组成的，个人的发展构成了社会的发展。所以，社会发展是个人发展的主要内容，个人发展是社会发展的根本目标。在工业化秩序下，社会被锁定在明确的物理维度中，个人被铆定在了固有的集体和组织机体内，僵化、刚性的系统结构束缚并制约着个体活力的发挥。一般意义而言，人的实践的受动性归根结底是受到时空的局限，信息、技术、知识、财富的流动促成了人类活动对于自然时空局限的突破。网络社会的发展不仅使社会生活脱出了以往的固定形态，更使得人们的关系扩展到整个世界，个人也更为异质多元，不断将自己推向新的边际状态。在马克思看来，人的本质既不是先天存在的，也不是与人的现实生活无关的抽象的存在，而是人在自身现实的具体的感性的实践活动中创造的结果，是对人的现实的社会关系总和的体现与反映。“网络空间作为由共识、相像或兴趣凝聚而成的全新社会空间，正在逐渐消除现实生活中的各种社会边界，从而为人们表达甚至重塑自我认同与社会认同，提供了一个比现实社会更加广阔、更加开放、更加自由的平台和场域。”[①] 在当代的网络社会生活中，以人的生存场域为出发点，人的发展向度不再局限于单纯的生存空间，自然地转向了虚拟与现实两大场域，追求着虚实和谐的统一发展，这既是实现人的全面发展的应然选择，也是现实生活实践的必然产物。无论是社会事实，或是社会现象，都不可避免地在实践主体的主观心智结构上，保有互相建构的痕迹，个人的创生与社会的集成具有同构性，个人与社会两大主体是互构、共生的。在网络信息时代，虚拟时空为个人和社会的协调发展开拓了空间，为个人的全面发展和社会的和谐共荣搭建了平台。现实社会和虚拟社会的交融，大大地提升了社会与个人发展的弹性、柔韧、包容和耦合能力。充分利用现实和虚拟两个生存空间，有利于个人和社会自主、自由、自觉地进行虚实和谐发展，有利于人与社会的统一协调，进而走向“和而不同”的大同局面。

其次，追求技术理性与人文价值的对接。网络时代，科学技术被广泛而全面地应用于各行各业，成为推动社会进步的关键力量，极大地提升了人的理性力量、认识水平和思想境界，其强大的控制力和扩张力影响着人的生存状态、生存方式和生存质量，在社会活动实践中起着十分重要的作用。网络信息技术的设计逻辑和运行程序，使得实践主体成功

---

① 黄少华：《网络空间的族群化》，《兰州大学学报》（社会科学版）2013 年第 1 期。

地摆脱了自身的有限性，以符号化的数字推演模拟着自身的智力思考和意识表达，这是技术对人类生存状态和发展境遇的极大解放。然而，随着知识经济的来临和高新科技的兴起，科技显现出巨大社会作用的同时，人类对它的依赖性也日益增强。人们在科技创造的巨大财富面前，日益感到自己的创造物正在以一种外在、异己和敌对的力量控制着自身，甚至人日益被自己身体延伸的工具体系——科学技术所确立和建构的物质力量所支配。科学技术以其严密的内在逻辑反过来制约实践主体的行为方式，越来越成为统治人的力量，这已不再是一个偶然或孤立的社会现象，它已成为发达工业社会中人的生存的一般异化状态，造成了人文价值的失落和生命意义的迷失。“正如任何技术都难以摆脱对人的异化一样，网络信息带给我们诸多福祉的背后，也不可避免地带有技术的弊端。”① 在追求人的自由全面发展的过程中，网络空间下技术异化现象愈加凸显，为了有效地弥合技术理性与人文价值之间的断裂，我们必须坚守正确的理论立场。习近平总书记强调指出，要研究把握信息网络时代政治工作特点规律，用好用活网络平台，占领网络舆论阵地，推动政治工作传统优势与信息技术高度融合。网络信息时代人的现代化发展，要求我们既不能无原则、无基准地依赖网络平台，也不能盲目、被动地受制于信息技术，而要明确技术的工具属性，突出人的主体地位，追求技术理性与人文价值的对接，使科技真正成为人的“自由的生命表现”。为此，网络时代必须重建科学技术的价值基准，呼唤人的主体性回归。事实证明，技术的进步使得人的生存空间分为虚拟与现实两种，要想实现人的自由全面发展，就必须努力实现现实空间与虚拟空间的良性转换；要想在个体自我发展过程中避免主体的人格分裂，就必然要全面分析人的生存环境和生态结构，全面认识社会关系和社会存在的表现方式，这是全面实现人的本质的客观要求。

最后，探行人的完整存在和促进人的全面发展，不仅是人在网络空间下生存发展的时代诉求，也是思想政治教育的根本任务。人的生存既包括实然物理世界的现实生命活动，也包括主体不断验证自我、突破自我的创造性、超越性的实现过程，这是促进人自由发展的基础和前提。

① 贾英健：《虚拟生存论》，人民出版社2011年版，第267页。

信息网络化时代，网络信息社会以数字化信息为资源，以技术化程序为逻辑，实现了生产力的巨大解放，改变了工业时代的生产方式和生活方式，正在空前地影响着人类的文明进程，培育并提升了人的主体自由精神。自由精神的生成将进一步激发人的理性和智慧，更好地实现人的自由发展。虚拟技术作为人类社会实践充分发展的产物，从实物性的虚拟现实设备，到数字化的虚拟生活世界，其来源都在于人类对现实世界的感性认识和理性认识的升华。与此同时，作为人造物的网络虚拟技术又大大地促进了人的自由全面发展。虚拟生存为人类的全面发展和自由解放创建了新的空间，为人类的生存交往和本位性回归开创了新的模式。人的现实生存与虚拟生存相互交织、互构共变、虚实共生，共同实践着人自身完整性存在和全面性发展的理想。随着人的生存生态的变迁，实现现实世界与虚拟世界的和谐发展成为推进人的全面发展的核心问题。理想的数字化和谐社会不仅为人类创造新的生态环境，而且有利于创造新的生活价值。和谐共生的网络化社会体系，是一种“秩序性”的、具有“和合”共生精神的社会建构，实现“从和合的实性追求到和合的虚性追求”①。在网络社会背景下，要想实现人的虚实和谐发展，就必须全面认识人的生存环境，正确对待人的虚拟生存方式，实现虚实和谐共生的理想目标，打造“在线平等”、虚实并存的和合生态，使人在虚拟与现实之间全面占有自己的本质，实现人类自由、自觉、全面的发展。

---

① 张立文:《和合哲学论》，人民出版社 2004 年版，第 88 页。

参考文献

一　中文著作类

《马克思恩格斯选集》第 1 卷，人民出版社 2012 年版。

《马克思恩格斯选集》第 2 卷，人民出版社 2012 年版。

《马克思恩格斯选集》第 3 卷，人民出版社 2012 年版。

《马克思恩格斯选集》第 4 卷，人民出版社 2012 年版。

《马克思恩格斯全集》第 1 卷，人民出版社 1995 年版。

《马克思恩格斯全集》第 2 卷，人民出版社 1972 年版。

《马克思恩格斯全集》第 3 卷，人民出版社 2002 年版。

《马克思恩格斯全集》第 6 卷，人民出版社 1961 年版。

《马克思恩格斯全集》第 19 卷，人民出版社 1963 年版。

《马克思恩格斯全集》第 23 卷，人民出版社 1972 年版。

《马克思恩格斯全集》第 42 卷，人民出版社 1979 年版。

《马克思恩格斯全集》第 47 卷，人民出版社 1979 年版。

《马克思恩格斯文集》第 1 卷，人民出版社 2009 年版。

《马克思恩格斯文集》第 2 卷，人民出版社 2009 年版。

《马克思恩格斯文集》第 8 卷，人民出版社 2009 年版。

《马克思恩格斯文集》第 9 卷，人民出版社 2009 年版。

《列宁选集》第 3 卷，人民出版社 2012 年版。

《列宁选集》第 4 卷，人民出版社 2012 年版。

《列宁全集》第 39 卷，人民出版社 1986 年版。

《毛泽东选集》第 1 卷，人民出版社 1991 年版。

《毛泽东选集》第 2 卷，人民出版社 1991 年版。

《爱因斯坦文集》第 3 卷，商务印书馆 1979 年版。

[德] M. 海德格尔:《海德格尔选集》(下),孙周兴译,上海三联书店1996年版。

[法] 布鲁诺·雅科米:《技术史》,蔓君译,北京大学出版社2000年版。

[美] 理查德·A. 斯皮内洛:《世纪道德:信息技术的伦理方面》,刘钢译,中央编译出版社1999年版。

[德] F. 拉普:《技术哲学导论》,刘武等译,辽宁人民出版社1986年版。

[美] 埃瑟·戴森:《2.0版:数字化时代的生活设计》,胡泳、范海燕译,海南出版社1998年版。

[美] 尼古拉·尼葛洛庞蒂:《数字化生存》,胡泳、范海燕译,海南出版社1997年版。

[英] 戴维·米勒、韦农·波格丹诺:《布莱克维尔政治学百科全书》,邓正来译,中国政法大学出版社1992年版。

[德] 马丁·海德格尔:《演讲与论文集》,孙周兴译,生活·读书·新知三联书店2005年版。

[美] 爱德华·希尔斯:《论传统》,傅铿等译,上海人民出版社2009年版。

[美] 安德鲁·芬伯格:《可选择的现代性》,陆俊等译,中国社会科学出版社2003年版。

[荷] E. 舒尔曼:《科技文明与人类未来》,李小兵等译,东方出版社1995年版。

[英] 安东尼·吉登斯:《现代性的后果》,田禾译,译林出版社2000年版。

[英] 安东尼·吉登斯:《现代性与自我认同》,赵旭东等译,生活·读书·新知三联书店1998年版。

[美] 迈克尔·海姆:《从界面到网络空间——虚拟实在的形而上学》,金吾伦、刘钢译,上海科技教育出版社2000年版。

[美] 戴维·申克:《信息烟尘:在信息爆炸中求生存》,黄锫坚等译,江西教育出版社2001年版。

[英] 尼克·库尔德利:《媒介、社会与世界:社会理论与数学媒介实践》,何道宽译,复旦大学出版社2014年版。

[美] 西蒙·库兹涅茨:《现代经济增长》,戴睿等译,北京经济学院出版

社 1989 年版。

［英］保罗·霍普:《个人主义时代之共同体重建》，沈毅译，浙江大学出版社 2010 年版。

［日］尾关周二:《共生的理想：现代交往与共生、共同的思想》，卞崇道等译，中央编译出版社 2001 年版。

［美］劳伦斯·莱斯格:《思想的未来：网络时代公共知识领域的警世喻言》，李旭译，中信出版社 2004 年版。

［美］曼纽尔·卡斯特:《认同的力量》，夏铸九等译，社会科学文献出版社 2003 年版。

［美］曼纽尔·卡斯特:《千年终结》，夏铸九等译，社会科学文献出版社 2003 年版。

［美］曼纽尔·卡斯特:《网络社会的崛起》，夏铸九等译，社会科学文献出版社 2003 年版。

［德］阿诺德·盖伦:《技术时代的人类心灵：工业社会的社会心理问题》，何兆武、何冰译，上海科学教育出版社 2008 年版。

［美］詹姆斯·E. 凯茨、罗纳德·E. 莱斯:《互联网使用的社会影响》，郝芳、刘长江译，商务印书馆 2007 年版。

［英］安东尼·吉登斯:《社会的构成：结构化理论大纲》，李康、李猛译，生活·读书·新知三联书店 1998 年版。

［美］保罗·莱文森:《数字麦克卢汉：信息化新千纪指南》，何道宽译，北京师范大学出版社 2014 年版。

［法］贝尔纳·斯蒂格勒:《技术与时间——爱比米修斯的过失》，裴程译，译林出版社 2000 年版。

［德］冈特·绍伊博尔德:《海德格尔分析新时代的科技》，宋祖良译，中国社会科学出版社 1993 年版。

［德］卡西尔:《人论》，甘阳译，上海译文出版社 1985 年版。

［德］滕尼斯:《共同体与社会》，林荣远译，商务印书馆 1999 年版。

［英］N. 巴雷特:《塞伯族状态：因特网的文化、政治和经济》，李新玲译，河北大学出版社 1998 年版。

［美］伯纳多 A. 胡伯曼:《万维网的定律——透视网络信息生态中的模式与机制》，李晓明译，北京大学出版社 2009 年版。

[美] 曼瑟尔·奥尔森:《集体行动的逻辑》，陈郁、郭宇峰、李崇新译，格致出版社、上海人民出版社 2014 年版。

[美] 比尔·盖茨:《未来时速：数字神经系统与商务新思维》，蒋显璟、姜明译，北京大学出版社 1999 年版。

[美] 伯纳德·巴伯:《科学与社会秩序》，顾昕等译，上海三联书店 1991 年版。

[美] 赫伯特·马尔库塞:《单向度的人》，刘继译，上海译文出版社 1989 年版。

[法] 米歇尔·福柯:《主体解释学》，佘碧平译，上海人民出版社 2005 年版。

[英] 克里斯托夫·霍洛克斯:《麦克卢汉与虚拟实在》，刘千立译，北京大学出版社 2005 年版。

[英] 约翰·诺顿:《互联网：从神话到现实》，朱萍、茂庆征、张雅珍译，江苏人民出版社 2001 年版。

[英] 马丁·威尔逊:《信息时代》，施昌奎译，经济管理出版社 2000 年版。

[加] 马歇尔·麦克卢汉:《理解媒介——论人的延伸》，何道宽译，商务印书馆 2000 年版。

[美] 阿尔文·托夫勒:《第三次浪潮》，黄明坚译，中信出版社 2006 年版。

[德] 奥利弗·格劳:《虚拟艺术》，陈玲译，清华大学出版社 2007 年版。

[美] 马克·波斯特:《第二媒介时代》，范静哗译，南京大学出版社 2000 年版。

[美] 马克·波斯特:《信息规则》张帆译，中国人民大学出版社 2000 年版。

[美] 马克·波斯特:《信息方式》范静哗译，商务印书馆 2002 年版。

[荷] 约斯·德·穆尔:《赛博空间的奥德赛：走向虚拟本体论与人类学》，麦永雄译，广西师范大学出版社 2007 年版。

[加] 埃里克·麦克卢汉、弗兰克·秦格龙编:《麦克卢汉精粹》，何道宽译，南京大学出版社 2000 年版。

[美] 李·雷尼、巴里·威尔曼:《超越孤独》，杨伯溆、高崇等译，中国

传媒大学出版社 2015 年版。

［荷］简·梵·迪克：《网络社会——新媒体的社会层面》，蔡静译，清华大学出版社 2014 年版。

［美］霍尔：《超越文化》，何道宽译，北京大学出版社 2010 年版。

［英］安德森：《后现代性的起源》，紫辰、合章译，中国社会科学出版社 2008 年版。

［斯洛文尼亚］斯拉沃热·齐泽克：《欢迎来到实在界这个大荒漠》，季广茂译，译林出版社 2015 年版。

［德］鲍辛格：《技术世界中的民间文化》，卢晓辉译，广西师范大学出版社 2014 年版。

［德］海德格尔：《存在与时间》，陈嘉映译，生活·读书·新知三联书店 1999 年版。

［英］维克托·迈尔·舍恩伯格、肯尼斯·库克耶：《大数据时代：生活、工作与思维的大变革》，盛杨燕、周涛译，浙江人民出版社 2013 年版。

［美］尼古拉斯·克里斯塔基斯、詹姆斯·富勒：《大连接：社会网络是如何形成的以及对人类现实行为的影响》，简学译，中国人民大学出版社 2013 年版。

［美］杰伦·拉尼尔：《互联网冲击：互联网思维与我们的未来》，李龙泉、祝朝伟译，中信出版社 2014 年版。

［美］尼克·比尔顿：《翻转世界：互联网思维与新技术如何改变未来》，王惟芬、黄柏恒、杨雅婷译，浙江人民出版社 2014 年版。

［美］马克·格雷厄姆、威廉·H. 达顿：《另一个地球：互联网 + 社会》，胡泳、徐嫩羽、于双燕、胡晓娅译，电子工业出版社 2015 年版。

［美］劳拉·德拉迪斯：《互联网治理全球博弈》，覃庆玲等译，中国人民大学出版社 2017 年版。

［美］马克·波斯特：《信息方式——后结构主义与社会语境》，范静哗译，商务印书馆 2000 年版。

巫汉祥：《寻找另类空间：网络与生存》，厦门大学出版社 2000 年版。

黄少华：《重塑自我的游戏：网络空间的人际交往》，兰州大学出版社 2002 年版。

张明仓：《虚拟实践论》，云南人民出版社 2005 年版。

王前:《技术现代化的文化制约》，东北大学出版社 2002 年版。
陈志尚:《人的自由全面发展论》，中国人民大学出版社 2004 年版。
曾国屏等:《赛博空间的哲学探索》，清华大学出版社 2002 年版。
段伟文:《网络空间的伦理反思》，江苏人民出版社 2002 年版。
高清海等:《人的“类”生命与“类”哲学》，吉林人民出版社 1998 年版。
李伯聪:《高科技时代的符号世界》，天津科学技术出版社 2000 年版。
郑元景:《虚拟生存研究》，社会科学文献出版社 2012 年版。
徐世甫:《虚拟生存论导论》，上海社会科学院出版社 2013 年版。
汪广荣:《虚拟生存与人的主体性发展》，合肥工业大学出版社 2013 年版。
李良荣:《网络与新媒体概论》，高等教育出版社 2014 年版。
李德顺:《价值论：一种主体性的研究》，中国人民大学出版社 1987 年版。
曾令辉:《虚拟社会人的发展研究》，人民出版社 2009 年版。
邬焜:《信息认识论》，中国社会科学出版社 2002 年版。
孙波:《马克思主义人学理论研究：在科学与人文的视野中》，中国社会科学出版社 2014 年版。
吴满意:《网络人际互动：网络实践的社会视野》，人民出版社 2015 年版。
段永朝:《互联网：碎片化生存》，中信出版社 2009 年版。
王嘉:《网络意见领袖研究：基于思想政治教育视域》，中国文史出版社 2014 年版。
张再兴等:《网络思想政治教育研究》，经济科学出版社 2009 年版。
闵清:《信息时代虚拟实践与人的发展研究》，光明日报出版社 2016 年版。
鲍宗豪:《网络与当代社会文化》，上海三联书店 2001 年版。
鲍宗豪:《数字化与人文精神》，上海三联书店 2003 年版。
郭小安:《网络民主的可能及限度》，中国社会科学出版社 2011 年版。
俞吾金:《意识形态论》，上海人民出版社 1993 年版。
齐鹏:《当代文化与感性革命》，文化艺术出版社 2006 年版。
陈志尚:《人学新论：马克思主义人学基本理论和重大现实问题研究》，人民出版社 2015 年版。
邹军:《看得见的“声音”：解码网络舆论》，中国广播电视出版社 2011 年版。

贾英健:《公共性视域：马克思哲学的当代阐释》，人民出版社 2009 年版。
王文宏:《网络文化多棱镜：奇异的赛博空间》，北京邮电大学出版社 2009 年版。
徐秦法:《社会治理中的信仰价值研究》，光明日报出版社 2010 年版。
雷跃捷、辛欣:《网络传播概论》，中国传媒大学出版社 2010 年版。
陈力丹:《精神交往论：马克思恩格斯的传播观》，中国人民大学出版社 2016 年版。
景中强:《马克思精神生产理论研究》，中国社会科学出版社 2004 年版。
郑永年:《技术赋权：中国的互联网、国家与社会》，东方出版社 2014 年版。
王学俭:《现代思想政治教育前沿问题研究》，人民出版社 2008 年版。
孙其昂:《思想政治教育学前沿研究》，人民出版社 2013 年版。
沈拓:《网络人的未来：移动互联网和大数据时代的 100 个预言》，人民邮电出版社 2015 年版。
聂立清:《我国当代主流意识形态认同研究》，人民出版社 2010 年版。
马化腾等:《互联网 +：国家战略行动路线图》，中信出版社 2015 年版。
阿里研究院:《互联网 + 从 IT 到 DT》，机械出版社 2015 年版。
李德伟、顾煜、王海平、徐立:《大数据改变世界》，电子工业出版社 2013 年版。
《互联网时代》主创团队:《互联网时代》，北京联合出版公司 2015 年版。
段永朝:《北大讲义：互联网思想十讲》，商务印书馆 2014 年版。
张华:《当代中国公权力网络监督研究》，合肥工业大学出版社 2013 年版。
贾英健:《虚拟生存论》，人民出版社 2011 年版。
李炳毅:《网络思想政治教育概论》，兰州大学出版社 2005 年版。
刘丹鹤:《赛博空间与网际互动：从网络技术到人的生活世界》，湖南人民出版社 2007 年版。
康兰波:《人的实践本性与信息时代人的自由》，中国社会科学出版社 2013 年版。
陆俊:《重建巴比塔：文化视野中的网络》，北京出版社 1999 年版。
王君玲:《网络社会的民间表达：样态、思潮及动因》，暨南大学出版社 2013 年版。

乔岗:《网络化生存》，中国城市出版社 1997 年版。
郭玉锦等:《网络社会学》，中国人民大学出版社 2010 年版。
杨庆峰:《现代技术下的空间拉近体验》，中国社会科学出版社 2011 年版。
王学俭、刘强:《新媒体与高校思想政治教育》，人民出版社 2012 年版。
沈拓:《网络人的世界》，中信出版社 2015 年版。
韩永进:《符号、结构与技术》，人民出版社 2007 年版。
宋元林等:《网络文化与人的发展》，人民出版社 2009 年版。

二 中文期刊类

黄少华、李魏华、郭叶红:《网络空间中的自我呈现》，《未来与发展》2009 年第 4 期。
唐少杰:《网络问题的哲学断想》，《学海》2000 年第 6 期。
何明升、白淑英:《在线生存：现代性的另一种呈现》，《哲学研究》2007 年第 3 期。
黄少华:《网络空间的族群化》，《兰州大学学报》（社会科学版）2013 年第 1 期。
王晓春:《论网络技术对个人社会化的影响》，《自然辩证法研究》1999 年第 8 期。
陈志良:《虚拟：人类中介系统的革命》，《中国人民大学学报》2000 年第 4 期。
张明仓:《虚拟形态：从虚拟思维到虚拟发展》，《福建论坛》（人文社会科学版）2002 年第 5 期。
高清海:《人的未来与哲学未来——“类哲学”引论》，《学术月刊》1996 年第 2 期。
张奎良:《马克思时空观新论》，《江海学刊》2004 年第 1 期。
袁祖社:《“公共性”的价值信念及其文化思想》，《中国人民大学学报》2007 年第 1 期。
孙伟平:《关于技术人性化的思考》，《湘潭师范学院学报》（社会科学版）2003 年第 3 期。
刘建洲:《“网人共生”的理解社会——虚拟社会中人类生存方式的探析》，《湖北社会科学》2000 年第 12 期。

易作连:《虚拟与真实：网络社会中的人类生存方式》,《湘潭师范学院学报》(社会科学版)2002年第5期。
高振强:《人的虚拟生存与现当代哲学的新视界》,《河北学刊》2003年第1期。
邬焜:《网络生存方式与传统生存方式之间的价值冲突》,《系统科学学报》2003年第3期。
余良耘:《技术追问的三个维度》,《科学技术哲学研究》2005年第3期。
周若辉:《数字化时代人的生存方式革命及特征》,《湖湘论坛》2006年第3期。
贺善侃:《论虚拟实践的哲学依据》,《上海师范大学学报》2006年第4期。
彭列汉:《虚拟现实：认识的第三种形式》,《理论月刊》2003年第2期。
谭希培、金雪芬:《现实与可能之间的主体间性》,《中南大学学报》2005年第5期。
何明升、李一军:《网络生活中的虚拟认同问题》,《自然辩证法研究》2001年第4期。
张昱:《论虚拟条件下主体的生存方式》,《吉林大学社会科学学报》2001年第3期。
张昱:《论虚拟社会》,《广东社会科学》2002年第1期。
刘同舫:《网络文化的精神实质》,《天津社会科学》2005年第6期。
边馥苓、王金鑫:《现实空间、思维空间、虚拟空间——关于人类生存空间的哲学思考》,《武汉大学学报》(信息科学版)2003年第1期。
余乃忠、陈志良:《辩证法的限度与“虚拟”的是非》,《河南社会科学》2010年第4期。
周甄武:《论人的虚拟性》,《东岳论丛》2007年第5期。
桑业明:《反思与构建：虚拟和现实的对立与融通》,《河北学刊》2004年第5期。
朱珊:《作为人类一种存在方式的虚拟——对虚拟的哲学思考》,《哲学研究》2009年第12期。
刘友红:《人在电脑网络社会里的“虚拟”生存》,《哲学动态》2000年第1期。

徐世甫:《主体技术·拟象·公共领域——论虚拟社区》,《南京社会科学》2006 年第 5 期。

田佑中、陈磊:《论因特网时代的社会时空》,《南京政治学院学报》2001 年第 6 期。

杨沐:《论信息文明时空观的特征》,《探索》2009 年第 2 期。

黄东桂:《关于网络社会的伦理思考》,《学术论坛》2000 年第 6 期。

章铸、吴志坚:《论虚拟实践——对赛博空间主客体关系的哲学探析》,《南京大学学报》2001 年第 1 期。

胡心智:《信息网络技术的哲学思考》,《马克思主义与现实》1998 年第 5 期。

胡群英:《人的群体存在、社会存在与共同体存在的哲学辨析》,《廊坊师范学院学报》2009 年第 4 期。

王伯鲁:《广义技术视野中人的技术化问题剖析》,《自然辩证法通讯》2005 年第 6 期。

刘燕:《媒介认同:媒介主体身份阐释及其网络认同建构》,《新闻记者》2009 年第 3 期。

徐琳琳、王前:《网络技术引发的虚拟自我认同危机与伦理建构》,《科学技术哲学研究》2009 年第 6 期。

蒋显荣、魏芳:《意识机理的丹尼特虚拟模型与埃德尔曼进化模型的哲学本体论比较》,《前沿》2015 年第 10 期。

冉思伟:《分析空间逻辑及其哲学分析——部分与整体的空间关系》,《宁波大学学报》(人文科学版)2014 年第 6 期。

张之沧:《虚拟空间与“人、地、机”关系》,《南京师范大学学报》(社会科学版)2015 年第 1 期。

王丽鸽、李炳毅:《网络空间主流意识形态建构的理路探析》,《中国社会科学院研究生院学报》2016 年第 5 期。

王丽鸽、李炳毅:《试论网络社会下人的虚拟生存与全面发展》,《兰州大学学报》(社会科学版)2017 年第 1 期。

三　中文报纸类

习近平:《胸怀大局把握大势着眼大事　努力把宣传思想工作做得更好》,

《人民日报》2013 年 8 月 21 日。
《习近平总书记在文艺工作座谈会上的重要讲话公开发表》，《人民日报》2015 年 10 月 15 日。
习近平:《大力弘扬伟大爱国主义精神　为实现中国梦提供精神支柱》，《人民日报》2015 年 12 月 31 日。
习近平:《坚持正确方向创新方法手段　提高新闻舆论传播力引导力》，《人民日报》2016 年 2 月 20 日。
习近平:《在践行新发展理念上先行一步　让互联网更好造福国家和人民》，《人民日报》2016 年 4 月 20 日。
习近平:《结合中国特色社会主义伟大实践　加快构建中国特色哲学社会科学》，《人民日报》2016 年 5 月 18 日。
高语阳:《网络犯罪已占犯罪总数近三分之一》，《北京青年报》2016 年 10 月 14 日。
习近平:《在第三届世界互联网大会开幕式上的视频讲话》，《人民日报》2016 年 11 月 17 日。
张蕾、刘梦、刘坤：《为全球互联网治理贡献中国智慧》，《光明日报》2016 年 11 月 19 日。

后　记

弹指流年，拂歌尘散。思华年，旧景起连。往事浓淡，色如清，已轻；经年悲喜，净如镜，已静。

致兰大——

百年一回眸，与你相逢；十年铸一梦，一梦今生！

致恩师——

程门立雪，铭感于内，当以岁月报师尊。

致至亲——

寒来暑往，夏别冬离，盼了花开，盼雪落，苦了您的思念！

致益友——

简静岁月，一半浅喜，一半深爱；不忘彼此，不说再见。

致梦想——

求学千里路，绵延了灵魂的悸动；书山万里行，婉约了一世的追寻。

致电科——

仰望星空、志存高远；脚踏实地、诚敬谦和。

回头看点滴故是，遵循时间在叙事；

不避古来和今世，终将幻化成运势。

时间，是无语的雕刻，往昔浮现，恍若莲花盛开……时间见证着成长，记忆守候了希望。

朝夕耕耘，图春华秋实；十年寒窗，求学有所用。道离愁，话别殇，匆匆且随风，弦起，将行……

王丽鸽

2019 年 8 月 30 日